이 땅에 태어나서

송기호 교수의 우리역사읽기 1

이 땅에 태어나서

초판 1쇄 발행 2009년 12월 25일
초판 3쇄 발행 2010년 11월 20일
개정증보판 1쇄 발행 2015년 8월 24일
개정증보판 3쇄 발행 2023년 12월 25일

지은이 송기호

펴낸곳 서울대학교출판문화원
주소 08826 서울 관악구 관악로 1
도서주문 02-889-4424, 02-880-7995
홈페이지 www.snupress.com
페이스북 @snupress1947
인스타그램 @snupress
이메일 snubook@snu.ac.kr
출판등록 제15-3호

ISBN 978-89-521-3663-3 04900
978-89-521-0997-2 (세트)

송기호 교수의 우리역사읽기 1

한국인의
삶과 죽음

이 땅에
태어나서

송기호 지음

서울대학교출판문화원

개정증보판을 내면서

생활사 세 책을 낸 지 거의 5년 만에 후속으로 세 책을 더 내게 되면서 앞의 세 책을 다시 손대게 되었다. 처음에는 체재의 통일을 기하기 위해서 표지를 바꾸거나 삽화를 빼고 간단히 문장을 고치는 수준에 그치려 하였다. 그러나 그동안 글을 계속 연재하고 때때로 생활사 강의를 하면서 모아두거나 정리해둔 자료를 하나씩 추가하다 보니, 예상치 못하게 큰 작업이 되고 말았다. 이렇게 해서 작년 여름방학은 4, 5, 6책을 교정하는 한편으로 1, 2, 3책을 증보하는 데에 모두 소진하고 말았다. 오류를 수정한 것은 소수에 불과하고 내용을 대폭 보충하고 사진을 많이 추가하였기에 이 책들을 개정증보판이라 부르게 되었다. 이로써 독사들에게 좀 더 많은 정보를 제공할 수 있게 되면 좋겠다.

이번에 교정을 보아준 대학원생 김지희, 편집을 맡아준 서울대학교 출판문화원 관계자 여러분에게 감사를 표한다. 나 개인적으로는 빨리 건강이 회복되어 마지막 권을 출간함으로써, 10여 년에 걸친 대장정의 길을 마무리하고 일곱 빛깔 무지개 표지 띠가 완성되길 바라 본다.

2015년 8월

관악산 아래에서

머리말

과거에서 지금 '우리'를 찾다

동아시아 삼국은 문화가 비슷하지만 다른 면도 의외로 많다. 의료체계만 해도 그렇다. 중국에서는 중의와 양의가 통합되어 있으나 일본에서는 전통의학이 거의 사라졌다. 우리에게도 양의와 한의가 있기는 하나 중국과 달리 대립과 경쟁의 관계가 되어버렸다. 세 나라 모두 전통의학이 있었건만 근대에 서양의학을 받아들이는 과정에서 각각 제 갈 길로 가버리고 말았다. 이는 삼국 문화의 차이를 상징적으로 보여주는 것이다.

과거에는 우수한 문화와 열등한 문화가 있다고 생각했다. 고대에 우리의 우수한 문화를 일본에 전해주었다고 지금까지 가르쳐오고 있다. 그렇지만 중국의 우수한 문화가 우리에게 들어왔다는 사실에 대해서는 입을 다문다. 그 배경은 아마 짐작이 될 것이다. 이렇게 우열을 따지는 사고방식은 지금과 같은 세계화 시대에는 맞지 않는다. 모든 문화는 제각기 고유한 가치를 지니고 있기 때문이다.

필자가 생활사에 관심을 가지게 된 것은 1980년대부터였다. 이제 칠판에 판서만 하는 역사 강의는 지양해야 할 때가 되었다는 생각에서였다. 사실 한국사를 전공하기로 고등학교 때에 이미 마음먹었지만, 성적이 제일 나오지 않은 과목이 바로 국사였다. 예비고사에서나 입학시험에서도 많이 틀린 과목에 속했다. 흥미를 전혀 유발하지 못하고, 무조건 외워야 하는 암기 과목으로 전락해버린 현실을 잘 말해준다. 대학에 들어와 접한 역사 개설서도 정말 무미건조했다. 초등학교까지는 역사에 지대한 관심을 가지고 부모도 역사책을 많이 사주지만, 중학교와 고등학교를 거치면서는 점차 역사에서 정을 떼는 과정을 거치게 되는 게 우리 교육의 현주소다.

역사에는 두 가지가 있다. 하나는 역사의 발전이니 구조니 제도니 하는 골치 아픈 문제들을 논하는 지극히 학술적이고 이론적인 것이다. 그러나 근대 학문이라 하면서 이런 주제만 파다 보니 주체인 인간 그 자체는 역사 서술에서 사라지고 말았다. 우리 역사서에서 생동적인 삶이 빠져버린 것은 이 때문이다. 이를 보완해줄 수 있는 것이 두 번째 역사인 '이야기로서의 역사'다. 어렸을 적 할머니가 해주던 옛날 이야기는 지금도 잊히지 않는다. 거기에서는 사람 냄새가 나기 때문이요, 이야기 속 인물이 뭘 생각하고 있을지 머릿속에 떠오르기 때문이다. 생활사도 바로 그러한 분야에 속한다.

워낙 빨리 바뀌는 세상이 되다 보니 지금 자라는 세대는 전통시대를 그야말로 상상으로만 이해할 것이란 생각이 든다. 요즘 퓨전 사극을 보면 전통시대상을 제대로 가지고 있는 사람이라면 도저히 이해할 수 없는 장면들이 나온다. 가상 현실 속의 역사인 것이고, 그게 또 자연스럽게 받아들여지고 있다.

필자의 경험으로는 1970년대에 우리 사회가 급변하기 시작하면서 생활상이 크게 바뀌어갔다. 그러기에 그 뒤에 태어나 역사를 전공하는 젊은이들이 과거를 상상하는 모습은 우리와 꽤 다를 것이다. 농사짓는 것을 보지 못한 학생이 농업사를 전공할 경우를 상상해보라. 한자도 제대로 읽지 못하면서 역사를 전공하러 들어오는 지금의 상황만 봐도 충분히 짐작될 것이다. 학문의 가장 기초인 한문 강독이 인기가 없어서 각 대학 사학과에서 폐지되기 시작한 지 꽤 오래되었다. 그런 점에서 필자는 전통시대 끝자락에 서 있고, 이제는 이질적인 세대의 젊은이에게 그들이 전혀 겪어보지 못한 생소한 과거를 강의를 통하여 이해시켜야 하는 형편이 되었다.

또 하나의 이유는 해외 생활의 경험이었다. 두 차례 연구년을 미국과 캐나다에서 보내고 수시로 주변 국가를 답사하면서 어떻게 우리를 타국인에게 설명할 수 있는가 하는 고민을 하게 되었다. 한국사를 전공하는데 왜 서양에 와 있느냐 하고 궁금해하는 질문을 받곤 했다. 그럴 때마다 우리와 전혀 다른 세계를 겪어봐야 우리 역사, 우리 문화가 눈에 들어온다고 설명해주었다. 우리 문화와 유사한 중국과 일본에서는 겪어보지 못한 체험을 하면서 그를 통해 우리적인 것이 무엇인가를 깨닫게 된다. 또 동아시아를 전혀 모르는 서양인에게 우리가 중국이나 일본과 무엇이 다른지를 설명해야 할 때가 많다. 이때에 민족주의적인 시각은 아무런 쓸모가 없다. 그것은 우리 삶의 전통에서 해답을 찾아야만 하는 것이다.

마지막으로는 개인적인 이유다. 20대 후반부터 발해사 연구에 전념하면서 대학원 때에 '송발해'란 별명까지 얻었다. 1990년을 시작으로 중국 만주를 14회, 러시아 연해주를 17회 답사했고, 일본의 발해 관련 유적도 몇 차례 답사했다. 그러나 연구 자료가 워낙 제한되어 있어 정년 때까지 발해만 연구하기가 어렵겠다는 생각도 들었다. 그래서 미시적으로 아주 좁게 발해를 연구했으니, 이제 연구 후반기에는 한국사 전체를 조망하는 거시적인 연구를 해봐야겠다는 욕심이 들었다. 이렇게 준비하게 된 것이 생활사다.

1980년대부터 마음만 먹고 있다가 이제는 시작해야 할 단계라고 생각해서 1995년 1학기부터 대학원 수업을 생활사 슬라이드 자료집 제작으로 진행했다. 이때에 고대생활사 자료집을 슬라이드북과 함께 완성했다. 내친김에 1996년 2학기에는 중세생활사, 1997년 1학기에는 근현대생활사를 완성했다. 이렇게 대학원생들과 함께 공들여 만든 슬라이드 자료는 대학 교양 교재로 활용되었고, 심지어 중·고등학교 교사들에게까지 퍼져나갔다. 이 무렵부터 국내 서점에는 생활사 책들이 하나씩 꽂히기 시작했다.

또 하나 계기가 된 것은 당시에 '새끼 BK'라고 부르던 서울대학교 연구비로 대학원생들과 생활사 자료집을 작성하게 된 것이다. 2000년 5월부터 2002년 4월까지 2년간 작업을 해서 자료집을 낼 수 있었다. 그런 다음에 2002년부터 국사학과에 '한국사와 생활문화'라는 전공탐색 과목을 개설하여 제법 호응을 얻었고, 학생들이 새롭게 역사에 관심을 갖는 계기를 마련했다고 자부할 수 있게 되었다.

이상과 같은 공동 작업과는 달리 필자는 개인적으로 삼국사기, 삼국유사에서 고려사를 거쳐 조선왕조실록까지 탐독하면서 자료를 뽑아내는 작업을 틈틈이 해왔다. 첫 시작이 아마 1998년이 아닌가 기억된다.

조선왕조실록은 2001년 1월 초에 시작해서 2008년 3월 말에 와서야 완독할 수 있었다. 이렇게 10년의 세월을 보냈다. 2006년 초에 출간한 『한국 고대의 온돌』도 생활사에 대한 문제의식에서 비롯된 연구 결과물이었다.

문제는 뽑아낸 자료를 어떻게 분류하고 정리할 것인가 하는 것이었다. 그때에 서양사학과 주경철 교수가 번역한 페르낭 브로델 책이 떠올랐다. 경제세계를 일상생활, 시장경제, 자본주의 3개 층위로 나누어 하층에서 상층으로 서술한 방식을 모방해보겠다는 소박한 마음에서 내 자료를 5부로 분류했다. 그것이 제1부 인간과 자연, 제2부 가족과 혼인, 제3부 사회와 신분, 제4부 국가와 제도, 제5부 외교와 이민족이었다. 이렇게 분류해서 모은 자료량은 현재 원고지 2만 매 가까이 된다. 국가에서 편찬한 사료가 중심을 이루므로 제4부가 제일 많을 수밖에 없고, 제3부가 그 뒤를 따른다. 이에 비해서 제1부는 제4부의 7분의 1에 불과할 정도로 적다. 이런 사료의 불균형은 서술 분량에도 영향을 미치게 되었다.

이런 거대한 작업은 국역본이 없었으면 불가능한 일이었다. 조선왕조실록을 열람할 수 있는 국사편찬위원회, 수많은 번역물을 인터넷으로 서비스하고 있는 한국고전번역원민족문화추진위원회, 그리고 기타 누리미디어나 동방미디어, 한국학술정보 등 각종 웹사이트의 존재는 절대적인 도움이 되었다. 한국민족문화대백과사전, 표준국어대사전과 같은 온라인 사전의 도움도 컸다. 특히 외국에 체류 중일 때에는 이들 사이트의 위력을 더욱 실감할 수 있었다.

그러나 자료만 축적하고 있었으면 무의미했을 것이다. 마침 서울대학교 공과대학 이병기, 김재관 교수와 인문대학 정상준 교수의 권유로

『공학교육』에 '한국 민족의 기원'을 네 차례 연재한 것을 계기로 해서, 다른 주제를 대한토목학회지에 연재해달라는 부탁을 다시 받게 되었다. 아직은 때가 되지 않았다고 사양하다가 2005년 2월호부터 지금까지 50여 차례 연재해오게 되었고, 앞으로도 몇 년 정도를 더 가야 마침표를 찍을 수 있을 것 같다. 연재가 모두 끝난 뒤에 책을 내는 것이 마땅하지만, 그러기에는 아직 시간이 멀었고 또 지금까지 연재한 것을 대폭 보완해야 할 필요성도 느끼게 되었다. 이에 52회 연재한 글을 보완 정리한 다음에 서울대학교출판문화원에 세 권 분량으로 원고를 넘길 수 있었다.

세 권의 책은 한국을 이해하기 위한 서론적인 글들인 프롤로그로 시작해서 앞서 언급한 5부 가운데 제3부까지를 다룬 것이다. 그것이 이번에 차례로 낼 『이 땅에 태어나서』, 『시집가고 장가가고』, 『말 타고 종 부리고』이다. 첫째 책은 우리 역사를 바라보는 기본 시각을 다룬 서론 부분과 제1부 '인간과 자연'에 해당하는 부분으로 구성했다. 둘째 책은 제2부 '가족과 혼인' 전체와 제3부 '사회와 신분' 일부를 대상으로 삼았고, 셋째 책은 앞의 책에 이어서 제3부 나머지 부분을 다루었다. 앞으로 나올 책은 제4부와 제5부의 내용이 될 것이다. 그런 다음에 최종적으로 총괄적인 에필로그를 쓸 생각이다. 여기서는 우리 삶의 역사에 보이는 보편성과 고유성, 가변성과 불변성을 중심으로 정리해보고 싶다.

내용 구성은 주로 현실 문제와 연결되는 주제를 정해서 과거 사료 자체가 어떠했는지를 시간적 흐름에 따라 드러내는 방식을 주로 택했다. 특히 연대가 확실한 연대기를 중심으로 했고, 나머지 자료들은 보조적으로 활용했다. 그러한 보조자료로는 조선시대 일기도 아주 유용하게 이용했다. 2006년 밴쿠버 UBC에 연구년으로 있으면서 허남린 교수를 중심으로 『쇄미록』, 『재조번방지』 독회를 했던 것도 큰 도움이 되었다.

취사선택한 자료들을 주로 제시하면서 필자의 주관적 언급은 이들 자료를 연결하는 교량 역할만 하였다. 그러니 독자는 내 말을 빼고 제시된 사료만 읽어도 좋을 것이다. 오히려 필자의 설명에는 잘못된 부분이 들어 있을 것 같아 두려움마저 앞선다. 또 제시된 사료는 원문과 대조하면서 내 문장으로 다시 만들었지만, 역시 여기에도 오역이 있을까 두렵다. 그 부분에 대해서 독자의 지적이 있으면 고쳐나갈 각오가 되어 있다.

쉽게 읽을 수 있는 이야기로서의 역사를 지향하면서, 이 책에는 관련 사진과 그림 자료를 많이 수록하려고 노력했다. 비주얼 세대에 맞는 역사책이 필요하고, 그림과 사진을 통해서 사실적인 역사 이미지를 구축하게 할 수 있기 때문이다. 저작권 문제가 복잡해서 취미 삼아 찍어왔던 필자의 사진을 되도록이면 활용하려 했으나, 유물 사진이나 회화 사진은 어쩔 수 없이 다른 도판의 도움을 받았다. 사진 사용을 허락해준 국립중앙박물관, 서울대학교박물관, 규장각한국학연구원, 경주박물관 김승희 님, 그리고 여기서는 밝히기 어려운 여러분께 감사의 말을 전하고, 또 일부는 허락 없이 전재했기에 용서를 구한다. 또 서울대학교출판문화원의 배려로 삽화도 넣었다. 고증 문제가 불거질 수 있을 것이란 우려도 있었지만, 좀 더 독자에게 가까이 다가가고자 노력한 것이니 그냥 참고 자료로 이해해주면 고맙겠다.

이 글을 연재해온 4년여 동안 처가 어르신들이 모두 세상을 뜨셨다 마음으로 의지했던 분들이 가까이 계시지 않으니 공허한 마음을 주체할 수 없다. 부모님처럼 모셨던 정주석, 정식 두 분 영전에 늦게나마

이 책을 바친다. 또 국문학과를 다니는 큰딸 인지가 처음부터 원고를 읽어주어 무엇보다 뿌듯하다. 내 잘못된 글버릇을 고치는 계기가 될 수 있었다.

그 밖에도 대한토목학회지에 연재할 수 있는 다리를 마련해주신 김재관, 정상준 교수와 교정을 도와준 김수진 대학원생에게도 감사를 표한다. 또 경제적 어려움에도 내 고집에 못 이겨 컬러 인쇄를 해주고 1년이나 걸려서 좋은 책으로 탄생시켜준 정미경 씨를 비롯한 서울대학교 출판문화원 편집진에게도 고마움을 전한다.

2009년 11월

울긋불긋 춤추는

관악산 자락에서

차례

프롤로그

커피, 아파트 그리고 산 | 우리나라 자화상 1 | 우리나라 자화상 2
다양한 지방색 | 끈질긴 전통문화 | 사대와 자주

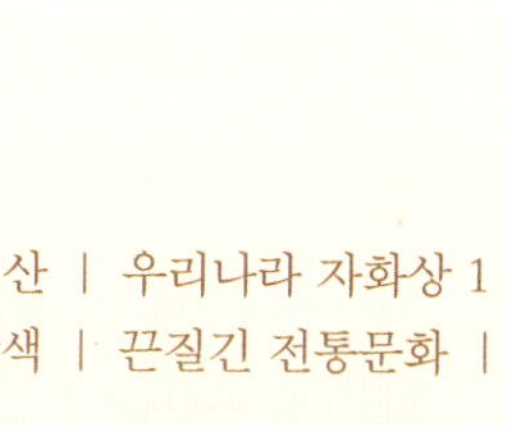

커피, 아파트 그리고 산

그림 1 세 대 중 두 대가 커피 판매기(2008. 7.)

한 프랑스인이 처가의 나라 한국에 대한 인상기를 쓴 책에서 "내가 보기에 한국의 어디를 가든지 항상 볼 수 있는 세 가지 요소가 있는 것 같다. 그것은 산봉우리, 커피 자판기 그리고 마지막으로 아파트이다"고 지적하였다. 어디를 가나 으레 산을 볼 수 있고, 백 원짜리 동전 몇 개면 커피를 빼먹고, 전국 곳곳에 아파트가 널려 있다. 이것들은 우리에게 너무나 익숙한 존재라서 한국의 대표적 풍경인가 의아스럽기까지 하다. 그러나 외국인에게는 유별나게 느껴지는가 보다.

이처럼 너무나 일상적이기에 우리 자신은 놓쳐버리는 것이 있다. 우리의 자화상으로 스스로 그릴 수 없는 부분을 메워주는 것이 외국인의 눈이다. 그러기에 외국인의 과거 여행기는 언제나 소중한 역사 자료가 된다. 그래서 외국을 여행하게 되면 여행 기록을 남기라고 학생들에게 강조한다. 그들이 그냥 흘려버릴 것을 우리 눈이 증언해줄 수 있기 때문이다.

자화상을 비춰주는 거울이 또 하나 있으니 역사 기록이 그것이다. 동양에서는 전통적으로 역사를 거울鑑이라 생각하였다. 『자치통감』이니 『동국통감』이니 하는 역사서에 '감' 자가 들어간 이유를 이해할 수 있을 것이다.

외국인에게 우리 자신과 우리 사회의 특색을 어떻게 설명해야 할지 난감했던 적이 있었을지 모르겠다. 그럴 경우 역사 자료를 뒤져보면 그 해답을 얻을 수 있다. 장차 이야기하고자 하는 것이 이것이다. 역사 기록을 통해서 우리의 자화상, 우리 삶의 모습을 한번 되돌아보는 여행을 이제부터 해볼까 한다.

앞에서 커피가 나왔으니 여기서부터 운을 떼어보겠다. 한·중·일을 다녀보면 우리가 유난히 커피 문화에 젖어 있는 것을 금세 알 수 있다. 중국에서는 사람을 만나면 차부터 내놓는다. 어디를 가든지 보온병이 항상 준비되어 있다. 자판기의 천국인 일본에도 커피를 파는 기계를 찾아보기 어렵다. 영국에도 티룸tea room에서 여유를 가지고 스콘scone이란 빵과 함께 차를 마시는 문화가 있다.

그러나 우리는 자판기의 주종이 커피 판매기다.그림 1 시골에서도 들일하면서 다방에서 커피를 배달해 마시는 세상이 되었다. 이제 다방은 시골에서나 볼 수 있을 정도로 간판이 점차 사라져가고 있지만, 티룸의 의미를 지닌 다방茶房에서 차 대신 커피를 파는 곳이 우리나라이다.

과거 베트남전쟁에 파병된 아들이 부쳐 온 선물 보따리 안에서 발견한 거무스름한 물건이 한약인가 해서 달여 마신 뒤에 온 동네 사람들이 그날 밤에 잠을 이루지 못했다는 에피소드를 라디오에서 들은 적이 있다. 불과 40년 전의 일이니, 금석지감을 느끼게 한다. 필자는 대학에 들어가서 처음 다방에 가보았고, 3학년 때에 지도교수가 커피, 설탕, 크림을 내놓으면서 마음대로 타먹으라고 할 때에 어찌 타는지 알지 못해서 당황했던 기억이 있다.

1978년 5월에 수입자유화 조치로 커피 원두 수입이 자유로워지면서 비로소 본격적인 커피 문화가 형성되었다. 그 전에는 커피를 구하기 어려워서 심지어 '꽁피' 다방도 심심치 않게 단속되었다. 꽁피는 담배 꽁초를 섞어서 만든 불량 커피였다. 이제는 손님 접대에도 흔히 커피를 내온다. 지금은 그런 말을 잘 쓰지 않지만, 얼마 전까지도 앞으로 만나자는 것을 "언제 함께 커피를 들지요" 했다. "언제 술 한잔 하지요"란 말처럼.

몇 년 전부터는 원두커피 열풍이 불어서 커피 전문점이 우후죽순처럼 늘어났다. 커피 수입액이 2007년 2억 3,000만 달러였던 것이 2011년에 7억 1,700만 달러로 210.7퍼센트나 증가했다고 한다. 2011년에는 경제활동인구 2,400만 명이 1인당 하루 한 잔 반씩, 연간 500잔 이상을 마신 셈이다.

일회용 커피인 커피믹스가 2009년과 2010년에 이마트에서 가장 많이 팔린 상품이라 한다. 커피믹스는 한국이 원조 생산국이다. 1976년에 처음 나와서 이제는 온 국민이 즐기는 기호품이 되었다. 외국인들도 이를 즐기게 되어 수출까지 하고 있다.

그런데 이 일회용 커피로 돈을 번 얘기를 여행 가이드로부터 들은 적이 있다. 인천에서 온 한 아주머니가 무엇으로 중국에서 돈을 벌 수 있을까 궁리를 하면서 다녔는데, 몇 년 뒤에 한국인 관광객이 많이 가는 후난성 장자제張家界에서 우연히 만났을 때는 이미 떼돈을 벌었다는 것이다. 장자제 꼭대기에서 일회용 커피를 팔아서 그렇게 되었다고 한다. 경치 좋은 곳에 올라서 커피 한 잔 하고 싶은 생각은 우리나라 사람만 하기 때문에, 아무리 장사에 이골이 난 중국 사람도 미처 생각하지 못했던 것이다. 음식 문화의 차이를 이용한 발상이었다.

우리도 전통적으로 차를 즐겨 마셨는데, 왜 갑자기 커피 일색이 되었을까? 우리가 가장 서구화해서 그런가? 일본이 더 서구화했으니 이 말은 맞지 않는 것 같다. 그러면 가장 주체성이 없어서 그럴까? 그렇게 보기에도 뭔가 미진하다. 이 궁금증을 역사 자료에서 한번 풀어보겠다.

임금이 말하기를, "중국에서는 차를 그렇게 좋아하는데도, 어찌하여 전매법에 따라 그 단속을 엄하게 하는가? 우리나라에서는 대궐 안에서도 차를 쓰지 않으니, 좋아하는 것이 이처럼 서로 다르다" 하니, 신하가 "중국 사람은 모두 기름진 고기를 먹기 때문에 차를 마셔서 기름기를 빼내려는 것입니다. 보통 손님을 접대할 때에도 반드시 차를 먼저 내고 나중에 술을 들여옵니다"고 아뢰었다. _세종실록 12년(1430) 12월 8일

조선 초기에는 궁궐에서도 차를 즐겨 마시지 않은 것 같다. 중국 사람은 기름기 있는 음식을 먹기 때문에 차를 마시지만, 우리나라는 그렇지 않아서 차 문화가 발달하지 않았다고 한다. 중국을 여행하면서 기름진 음식을 접해본 사람이라면 이 말을 금방 이해할 수 있을 것이다.

1488년에 중국에 표류했던 최부가 중국 사람과 나눈 대화에서도 이

런 정황을 엿볼 수 있다.

진원이 신에게 "당신 나라에서는 손님을 대접할 때 차를 씁니까?"라고 물었습니다. 신이 "술을 쓰고 차는 사용하지 않습니다" 하니, 진훤은 "우리나라 사람들은 손님을 대접할 때 모두 차를 쓰는데, 정이 두텁고 멀리서 온 사람이면 간혹 술을 쓰기도 합니다"고 했습니다. _『표해록』 성종 19년(1488) 3월 18일

우리는 역시 차보다는 술인가 보다. 중국에서 차가 알려진 것은 3세기 이전이지만, 7~8세기경에 차를 마시는 습관이 일반화해 지금까지 꽃을 피우고 있다. 그러기에 '다반사茶飯事'란 말이 생겨났으니, 차 마시고 밥 먹듯이 흔한 일이라는 뜻으로 사용된다. 이에 비해서 우리나라에 유입된 차 문화는 고려 때에 꽃을 피웠다가 조선시대에 쇠퇴했다. 고려 때에는 불교와 결합되어 차 마시는 습관이 보급되었다. 12세기 전반의 사정을 전하는 『고려도경』에는 고려 사람이 차 마시기를 즐기기 시작했는데, 국산 차는 쓰고 떫어서 중국에서 사 온 차를 좋아한다고 적혀 있다. 그런데 조선시대에 불교를 배척하면서 이와 함께 시들해져버린 것이다.

차를 잘 마시지 않았던 모습은 임진왜란 때의 기록에서도 확인할 수 있다. 다음은 조선을 도우러 왔던 명나라 장수와 나눈 대화를 선조가 신하에게 전한 것이다.

지난번 나에게 "귀국에는 차가 있는데 왜 채취하지 않는가?" 했다. 또 측근을 시켜 차를 가져오라고 하여 보여주며, "이것은 남원에서 생산된

것인데 그 품질이 매우 좋다. 그런데 귀국 사람들은 왜 이것을 마시지 않는가?" 하고 묻기에 내가 "우리나라 습속에는 차를 마시지 않는다" 했다.

또 "이 차를 채취해서 요동에 내다 판다면 10근에 은 1전을 받을 수 있으니 생활에 보탬이 될 것이다. 서쪽 변방인西蕃人들은 기름기 있는 음식을 즐겨 먹어 하루라도 차를 마시지 않으면 죽을 지경이다. 그래서 중국에서 차를 채취하여 팔아서 1년에 전쟁용 말 1만여 필씩을 사고 있다" 하기에, 내가 "이것은 육안차六安茶 종류가 아니고 작설차다" 하였다. 다시 답하기를 "그것은 마찬가지다. 귀국에서는 인삼차를 마시는데 그것은 탕이지 차가 아니다. 그것을 마시면 가슴 속에 열기가 오르니 마음이 상쾌해지는 차를 마시는 것만 못하다. 귀국의 신하들이 차를 마신다면 마음이 열리고 기운이 솟아나서 온갖 일을 처리할 수 있을 것이다" 하였다. 이에 내게 차 두 봉지를 주었는데, 이는 당신도 차를 마시면 일을 잘할 수 있을 것이라는 뜻으로 깨우치려는 것처럼 보였다.

_선조실록 31년(1598) 6월 23일

역시 기름진 음식 때문에 중국에서 차를 마시지 않을 수 없다고 했다. 그런데 조선에서는 16세기에도 차를 잘 마시지 않고 그 대신에 인삼차를 마셨다. 중국 사신을 접대할 때에도 차를 내다가 어느 때부터인지 인삼차로 바뀌었다. 다음은 정조에게 건의한 내용이다.

칙사를 맞아들이고 보내면서 다례를 행할 때에 매번 인삼차를 내고 있습니다. 인삼이 진귀한 식품이기는 하지만 늘 마시는 차가 아니어서 그

맛을 알지 못해 오히려 좋아하지 않는 경우가 생깁니다. 올봄에 다례를 행할 때에 직접 본 것을 가지고 말하더라도, 손님으로 온 사신이 찻잔을 받아 들고 한 번 맛보더니 마시지를 않았으니, 그 뜻을 알 만합니다. 만약 품질이 좋은 다른 차를 가져다 쓰면 온당하게 될 듯하니, 이러는 것으로 규정을 정하도록 하소서. _정조실록 23년(1799) 12월 27일

'다례茶禮'는 차를 마시는 예법을 이르며, 지금은 '다도'라고도 한다. 명절에 지내는 제사를 '차례'라 하는데, 이것은 중국 제사에 차를 올리는 절차가 있어서 유래된 말이다. 다례와 차례는 동일한 한자인데, 우리말에 '차'와 '다'로 갈린 것은 중국 남부 발음과 북부 발음의 차이에서 비롯된 것이라 한다.

조선 후기에도 차가 제대로 생산되지 않아서 중국에서 수입해 쓰거나, 인삼차처럼 대용물을 이용했다.

차에는 토산물이 없고 북경 시장에서 무역해 온다. 때로는 작설·생강·귤로 대신하기도 한다. 관청에서는 찹쌀을 볶아 물에 담가서 이를 차라고 한다. 최근에는 백두산에서 나오는 삼나무 싹을 이용하기도 한다.

_『경도잡지』 풍속, 다연茶烟

지금의 보리차, 옥수수차 따위를 연상시킨다. 아무튼 정조는 중국 사신을 접대할 때에 인삼차 대신 다시 차를 쓰도록 정했다. 이것은 차 문화가 되살아나던 상황과 맞물려 있다. 다음은 이보다 2년 전에 정조가 아랫사람에게 유시한 내용이다.

요즘 풍속에 차 마시는 것이 습관이 되었는데, 근년에 와서 약원藥院에서 날마다 공급하는 달인 차를 특별히 물리친 것은, 영남 백성을 생각해서 내게 조달하는 것을 줄이려는 나의 변변찮은 고심에서 나온 것이다. _정조실록 21년(1797) 9월 27일

그림 2 화로에 차 끓이는 장면(김홍도)

이를 보면 차를 마시는 것이 어느 정도는 일상화됐다. 다만, 영남 백성의 고통을 감안하여 차 마시는 것을 잠시 중단했던 것뿐이다. 차가 이렇게 보편화한 것은 우리 음식이 변했기 때문이 아니라 고담준론하는 선비 문화, 다시 말해 이념의 확산과 연관이 깊다. 그러기에 조선 후기 선비를 그린 그림을 보면 차를 달이는 화로가 꼭 등장한다.그림 2

그런데도 근대에 외국인의 눈에는 차 마시는 습관이 발달하지 않았다고 묘사되어 있다. 당시 국내를 여행했던 러시아인은 "조선에서는 우리나라나 중국, 일본에서처럼 차를 많이 마시지 않았다"고 적었거나, "조선에서는 차가 필수라기보다는 선택적인 음료였다"고 적었다. 또 다른 외국인은 "조선 사람은 차나 커피를 마시지 않는다. 사람들 대부분은 그런 것을 본 적도 없다. 식사를 마치면 뜨거운 물을 마시는데

…"라고 지적했다. 이것은 차 문화가 모든 사람에게 보급된 것이 아니라 중앙의 지식인이나 사찰 등 일부 계층에 국한되었기 때문일 것이다.

이처럼 우리나라는 음식이 기름지지 않은 데다가 주변 어디에서나 냉수를 쉽게 접할 수 있어서, 굳이 차를 마시지 않아도 되었다. 게다가 밥을 먹은 뒤에 마시는 숭늉도 훌륭한 차 대용품이었다. 숭늉은 '익힌 냉수'라는 의미의 한자어 숙냉수熟冷水에서 유래한 말로서, 고려 때에는 찬물을 '식은 물', 숭늉을 '익은 물'이라 했다. 반면에 중국은 물이 탁해서 그냥 마실 수 없었기에 차를 끓일 수밖에 없었다. 물에 석회질이 녹아 있는 유럽에서는 차 대신에 맥주나 포도주가 발달했다.

일본에서는 중국처럼 차 문화가 발달했다. 무로마치 시대1336~1573의 승려인 무라타 주코村田珠光, 1422?~1502는 독특한 일본 다도茶道의 창시자로 알려져 있다. 1443년 일본에 사신으로 갔다온 신숙주는 "사람마다 차 마시기를 좋아하여, 오고 가는 사람들이 길가의 찻집茶店에서 차를 사서 마신다"고 적었다. 신유한1681~?의 사행 기록에서는 "천한 남녀가 하나도 물을 마시는 법이 없고 반드시 뜨거운 찻물을 마시고, 집집마다 차를 곡식보다 더 소중하게 여긴다"고 하였다. 지금 일본에서는 중국과 달리 우려내는 입차가 아니라 가루로 만든 말차를 애용한다. 그런데 담백한 음식을 먹는 일본에서 어떤 이유로 우리와 달리 차 문화가 발달했는지 궁금하다. 혹시 화산암 성분의 물에 원인이 있는지 모르겠다.

차는 차가운 성질이 있어 속을 훑어내리기 때문에 기름진 음식과 궁합이 맞는다. 이처럼 차 문화가 음식과 연관이 있다는 생각에 미치면, 커피 문화가 발달한 이유도 조금은 이해가 된다. 해방 이후에 사회가 복잡해지면서 그 스트레스를 이기기 위해서인지 음식이 더욱 자극적으로 변해왔다. 2005년 2월에 금강산에 가서 북한 음식을 먹어보니 심심하고 담백하였다. 그것이 원래 우리 음식일 것이다. 이에 비해서 지금은 짜고 맵고 달아졌다. 이렇게 자극적인 식사를 한 뒤에 은은하고 옅은 향기를 지닌 차를 마시면 그 묘미를 느낄 수 있겠는가. 더 자극적인 커피가 입에 맞을 수밖에 없다. 이제는 커피 자판기가 없는 곳이 없을 정도가 되었다. 차 문화가 순식간에 사라진 이유를 이제야 짐작할 수 있을 것이다.

그렇다면 세종이 말한 우리 음식은 어떤가. 우선 1992년 1월 1일에 발표한 김일성의 신년사가 떠오른다. "모든 사람이 다같이 흰쌀밥에 고깃국을 먹으며 비단옷을 입고 기와집에서 살려는 우리 인민의 세기적 염원을 실현하는 것은 사회주의 건설에서 당면하여 우리가 달성해야 할 중요한 목표"라고 한 대목이 남한에서 화제가 된 적이 있었다. 이 목표는 김정일을 거쳐 김정은까지 대를 이어 반복될 정도로 최대의 숙원이 되었다. 우리도 어렸을 때에는 명절날이 되어야 이밥과 고깃국을 먹었다. 그러기에 이밥과 고깃국을 꿈꾸는 북한이 안쓰러웠던 기억을 혹시 디듬이낼지 모르겠다. 그런데 이 신년사는 고려 후기 추적13세기 인물의 말과 오버랩된다.

추적은 늙어서도 밥을 잘 먹었는데 항상 이렇게 말했다. "손님 대접은 쌀밥이나 무르게 짓고 생선을 썰어서 국이라도 끓이면 되거늘 하필 많은 돈을 써가며 팔진미를 구할 필요가 있는가?" _『고려사』 추적 전기

고려 후기에 삼별초를 토벌한 김방경1212~1300이 원나라에 갔을 때에

도 이런 말을 들었다.

황제는 따뜻한 말로 위로하고 승상의 다음 자리에 앉도록 한 뒤에 진수성찬을 내렸다. 흰밥과 생선국魚羹도 내려주면서 "고려 사람들은 이를 좋아하지" 했다. _『고려사』 김방경 전기

고깃국 대신에 생선국으로 바뀌어 있는데, 불교 국가인 고려에서는 동물 살생을 금지했기 때문일 것이다. 그렇지만 쌀밥과 국이 기본인 것은 확실하다. 이것이 우리의 기본 식단으로 중국이나 일본의 것과 구별된다.

젓가락과 숟가락을 동시에 사용하는 것도 우리의 독특한 전통이요, 지금 쇠로 만든 젓가락을 쓰는 것도 우리의 독특한 문화가 되었다. 박지원은 『열하일기』에서 "중국 음식은 모두 젓가락을 사용하고 숟가락은 없었으며, 계속 권하거니 받거니 하며 작은 잔으로 기쁨을 나눈다. 긴 숟가락으로 밥을 뭉쳐 단번에 먹고는 곧 끝내버리는 법이 없이, 가끔 작은 국자로 국물을 떴을 뿐이다"고 적었다. 지금도 중국에서는 젓가락으로 식사를 하고 티아오 껑調羹이라고 하는 작은 사기 숟가락으로 국물을 마신다. 일본에서는 숟가락을 상류층이 사용한 적이 있지만, 젓가락으로만 식사를 하는 것이 일반적이다. 『재조번방지』에 젓가락과 숟가락을 사용한다고 한 것은 상류층을 가리키는 말일 것이다. 젓가락만 사용하니 일본에서는 뜨거운 국물을 먹는 문화가 발달하지 못했다.

이런 차이 때문에 중국과 일본에서는 밥 공기를 들고 먹는 데 비해서 한국은 놓고 먹는다. 중국 밥은 우리나 일본처럼 찰지지 않기 때문이기

도 하다. 우리는 어렸을 때에 밥그릇을 들고 다니면 거지나 그런다고 혼이 났다. 그러나 일본은 정반대로 아이들을 가르쳤다.

그런데 내 고향 경상도 북부 사람들에게는 좀 유난스럽다 싶은 예의범절이 있었다. 식사할 때 밥그릇을 손에 들고 먹어서는 안 된다는 것이 그중의 하나이다. 어린 시절, 무심코 밥그릇을 손에 들고 밥을 먹으면 불호령이 떨어지고는 했다. 어른들은 천한 사람들이나 그렇게 밥을 먹는다고 했다. …

일본인은 꼭 밥공기를 든 채 밥을 먹는다. 일본인들에게, 밥그릇 혹은 밥공기를 바닥에 놓은 채로 밥을 먹는 것은 소나 개 같은 짐승밖에 없다. 그러므로 사람은 반드시 밥공기를 들고 먹어야 한다. 천한 사람들인가? _이윤기 글, 142~144쪽

또 중국에서는 이 빠지거나 금이 간 그릇을 내놓는데, 우리는 그러면 크게 화를 낸다. 이 또한 문화적 차이를 보여준다. 중국에서는 그릇이 상할 만큼 사람을 많이 대접했다는 상징적 의미가 있다고 한다. 그러나 우리는 새 그릇으로 손님을 맞이하는 것이 예의다.

이와 동시에 밥과 국의 결합도 매우 한국적이다. 그 역사는 적어도 800년은 거슬러 올라갈 수가 있다. 밥에 국이 따라붙어야 하니 우리 음식을 장만하는 것은 번거로운 일이었다. 세종이 신하를 불러서 말한 대목이다.

(원나라 잔당인) 타타르가 성을 공격할 때에 이기지 않은 적이 없었던 것

은 유목민으로서 음식을 많이 하지 않기 때문이다. 여진족의 풍속도 이와 같다. 그런데 우리나라 사람은 그렇지 않아서 항상 음식으로 일을 삼으니, 급할 때가 되면 어떻게 할 것인가? _세종실록 31년(1449) 3월 6일

음식 때문에 전투도 효율적이지 못하다는 것이다. 그러니 식사를 적당히 때우는 유목민을 당해낼 수가 없다. 그도 그럴 것이 일단 차가우면 안 되는 것이 우리 음식이다. 뜨거운 국물이 있어야 목에서 잘 넘어간다.

우리 음식은 따뜻해야 하고 국물이 있어야 한다. 이 때문에 우리 군대의 전투식량이 문제가 된 적이 있다. 특별한 취사도구 없이 줄만 당기면 김이 모락모락 나는 따끈한 밥을 먹을 수 있게 했는데, 이때 수증기가 심하게 발생해서 적에게 노출될 위험이 큰 데다가 20분이나 걸리는 발열 시간 때문에 급할 때는 먹을 수 없다고 지적된 것이다.

러시아 식당에 가보니 냉장고에서 갓 꺼낸 음식을 그대로 내놓는 경우가 있었다. 여러 번 전자레인지에 데워달라고 해도 거의 그대로 가져온다. 2008년 7월 연해주로 가는 러시아 비행기에서 차가운 샌드위치를 식사로 내놓아 제대로 먹지 못했다. 유럽을 여행할 때에는 차가운 일반 샌드위치보다 이탈리아식 샌드위치인 파니니panini가 우리에게 적격이다. 치즈가 들어가서인지 따스하게 데워주어 속이 편하다. 기름범벅인 중국 음식을 먹기도 어렵지만, 뜨거운 국물 없이 내오는 스시와 소바 정식도 먹고 나면 속이 편하지 않다. 그런가 하면 이집트 카이로에서 아스완으로 가는 야간열차를 탔을 때에는 물기 하나 없는 도시락이 나와 제대로 손을 대지 못한 적도 있다. '물이 적은 곳에서는 이렇게 먹는구나' 하는 생각이 들었다.

그래서 우리는 산마다 들마다 솥단지 걸어놓고, 요새는 휴대용 가스레인지에 끓이고 볶고 지져야 한다. 솥단지 뚜껑 뒤집어놓고 지지고 볶고 하던 옛날 잔치 풍경을 연상하면 얼마나 번잡한 일인지 짐작이 될 것이다. 2000년 가을에 압록강을 따라 답사를 하면서, 통일이 되면 이렇게 아름다운 강가에 제일 먼저 매운탕 집, 카페 등이 들어설 것이란 기우를 해본 적도 있다.

서양에 가보니 간단히 음식을 싸가지고 가서 레스트 에어리어rest area에서 끼니를 때울 수 있었다. 굳이 불을 피울 필요가 없다. 그러나 우리는 음식에 불이 따라붙어야 한다. 미국이나 캐나다를 자동차로 여행할 때에 유용하게 쓴 것이 휴대용 가스레인지였다. 그러기에 패스트푸드와 같은 음식이 발달할 수가 없다. 어느 여행지에나 음식점 간판이 정신 산란하게 붙어 있는 것이 이 때문이다. 음식을 일로 삼을 수밖에 없는 것이 우리의 문화인 셈이다.

이제 커피와 함께 언급된 산과 아파트로 눈을 돌려보자. 지방을 다니다 보면 갑자기 논 한가운데에 아파트가 불쑥 솟아 있어 여행 기분을 망치는 일이 많다. 경부고속도로를 따라 상경하다 보면 아파트가 산 너머 정면으로 시야에 들어오는 곳이 있다. 그러면 노정 안내판을 보지 않더라도 천안에 다가왔다는 것을 알 수가 있다. 운전하다 보면 항상 눈에 거슬리는 곳이다.

우리는 전통적으로 집을 높게 짓지 않았다. 그 이유는 다음 자료에서 알 수 있다.

삼가 도선밀기를 상고하건대 "산이 드물면 높은 누각을 짓고 산이 많으면 낮은 집을 지으라" 하였는데, 산이 많은 것은 양陽이 되고 산이 희소하면 음陰이 되며, 높은 누각은 양이 되고 낮은 집은 음이 됩니다. 우리나라에는 산이 많으니 만일 집을 높게 짓는다면 반드시 땅의 기운을 손상할 것입니다. 그 때문에 태조 이래로 대궐 안에 집을 높게 짓지 않을 뿐만 아니라 민가에 이르기까지 완전히 이것을 금지했습니다.

지금 듣건대 조성도감造成都監에서는 원나라의 건축 규모를 인용하여 몇 층이나 되는 누각과 다층집을 짓는다고 하니, 이것은 도선의 말을 그대로 좇지 않은 것이요 태조의 제도를 준수하지 않는 것입니다. 하늘은 강剛하고 땅은 유柔한 덕이 갖추어지지 못하면 남편이 주관하고 여자가 순종하는 도리에 화합되지 못하는 것과 같습니다. 장차 무슨 불의의 재앙이 있을 것이니 삼가야 하지 않겠습니까? _『고려사』 충렬왕 3년(1277) 7월

우리는 전통적으로 음과 양의 조화를 염두에 두어왔다. 사찰에 가면 누각에 북이 달려 있는 것을 보았을 것이다. 북을 만들 때에 한쪽은 암소 가죽, 다른 한쪽은 수소 가죽을 쓴다고 한다. 그래야만 음양이 조화를 이루어 소리가 잘 난다고 생각해왔다. 이와 같이 음양을 맞추어서 산이 많으면 낮게, 산이 없으면 높게 집을 지어야 한다고 하였다.

여기서는 풍수지리설을 제창한 도선의 권위를 빌려 얘기하였지만, 실은 우리의 자연 지세가 높은 집에 어울리지 않게 되어 있다. 곳곳에 낮은 구릉과 산지가 펼쳐져 있으니, 거기에 높은 건물을 지으면 스카이라인이 깨지게 된다. 이에 따라 옆 나라에만 가도 볼 수 있는 이층집이나 고층집을 우리의 전통가옥에서는 발견할 수 없다. 다음은 근대 서양인의 기록이다.

이 큰 도시서울의 그 많은 집들 중에 2층 이상의 집은 몇 채 안 되는데, 그 2층집들은 모두가 서양인들이 온 이후에 지어진 것이다. 이 점이 내가 보고 들은 다른 도시들과 서울의 차이점 중 가장 두드러진 것이다. _제이콥 로버트 무스 책, 72쪽

그림 3 낮은 집들 사이에 불쑥 솟은 시골의 아파트 (경북 풍산, 2008. 1.)

그러다가 1960년대부터 아파트가 들어서기 시작했고, 이제는 시골 구석에도 두루 퍼지게 되었다. 그러나 주변 환경은 고려하지 않고 무작정 하늘로 올라가니 눈이 피곤할 수밖에 없다.그림 3 1980년대 초에 벌어진 일본의 교과서 왜곡 파동 때에 국민 성금을 모아서 지은 독립기념관을 떠올려보자. 개관 당시에 현판 크기가 동양 최대인가 세계 최대인가 하고 자랑스럽게 내세운 적이 있었다. 그러나 막상 가보면 고개를 들기에도 부담스러울 정도로 높이 솟아 있고 분위기가 을씨년스럽기까지 하다. 민족적 콤플렉스와 군사문화가 어우러져 무조건 크게 만든 유산이 이것이다. 그런 점에서 전통시대에 왜 높은 건물을 잘 짓지 않았는지 이제는 되새겨봐야 할 것이다.

한편, 고대 중국에서는 남선북마南船北馬라고 해서 남쪽에서는 하천을 통하여 배를 주로 이용했고 북쪽에서는 산이 많아서 육로 교통수단인 말과 수레를 사용하였다. 일본에서도 이와 유사하게 관동 지방은 말, 관서 지방은 배란 말이 있다. 그러나 우리에게는 이런 표현이 없다.

우리나라는 산이 많아서 평탄한 곳이 적다. 그러다 보니 도로 교통이 제대로 발달하지 않았다. 1890년대에 한국을 여행한 비숍 여사도 이것을 아주 불편해하였다. 배를 타고 남한강을 오르고 등짐을 지게 해서 오솔길을 걸어 금강산에 갔다. 다음은 그녀의 기록이다.

말을 타거나 터덜터덜 걷거나 간에 어느 경우에나 한 시간에 4.8킬로미터 이상은 갈 수 없는 한국의 도로는 거의가 이름이 없다. 인공적으로 만들어진 도로는 거의 없어서 여름에는 먼지 자욱한 길, 겨울에는 눈 녹은 진창길이 되는데 그나마 청소하고 보수하지 않아 길 표면은 매우 울퉁불퉁하고 돌출한 돌멩이가 많다. 대부분의 경우 도로들은 말과 사람들의 통행에 의해 발자국이 나서 어느 정도에 이르면 '길'이라는 것이 인정되는 그런 수순을 밟고 있었다. … 심지어 서울의 중앙으로 통하는 '6대로'까지도 다리들의 상태가 부실하기 쉬워서 다리를 건널 때면 마부는 그 다리가 그들의 중량을 지탱할 수 있는지 확인하기 위해 말보다 서너 걸음 앞에서 걷는다. … 가장 사정이 나은 제물포와 서울 사이의 길도 겨울에는 진창이 30센티미터에서 1미터 20센티미터까지 이르는 구간들이 있었다. 내가 광범위하게 체험한바, 이 잘 알려지지 않은 교통의 불편은 한국의 발전에 있어 커다란 장애임에 틀림이 없다.

_이사벨라 버드 비숍 책, 154~155쪽

이런 도로 사정 때문에 우리나라에서는 수레가 발달할 수 없었고, 지역 간의 이동도 쉽지 않았다. 조선왕조실록을 보면 수레의 사용 문제가 자주 언급되고 있다.

임금이 하연 등에게 "역驛마다 말이 적고 약하여 운수하기가 아주 어렵다. 그런데 지방에서 지금 사사로이 수레를 만들어 사신의 짐을 운반한다고 하니, 중국을 본받아서 수레를 만들어 썼으면 하는데 어떠한가?" 하고 물었다.

하연 등이 대답하기를, "우리나라 땅이 중국과 같이 평탄하면 수레를 쓰는 것이 어렵지 않습니다. 그러나 세종 때에도 역마다 수레를 쓰게 하였는데, 길이 험해 사용하기 어려워 결국 폐지했습니다. 이제 비록 법을 세울지라도 제대로 쓰지 못할 것입니다. 민간에서는 평탄한 곳에서 지금도 쓰고 있으나, 역참의 인부들이 수송하는 데에 이를 쓴다는 것은 듣지 못했습니다" 하였다. 임금이 "경들의 의논이 옳다"고 했다.

_문종실록 1년(1451) 2월 13일

수레를 사용하지 못한 것은 도로가 발달하지 않은 데에 원인이 있다. 도로가 발달하지 않은 것은 땅이 너무 굴곡졌기 때문이었다.

또한 그것은 외침을 자주 받은 입장에서 외국의 침략을 어렵게 하려는 소극적인 방어전략 때문이기도 하였다. 순조 22년1822 8월에 청석진靑石鎭을 혁파하라는 명령을 내린 것도 이 때문이다. 개성을 북쪽에서 호위하는 산줄기가 있는데, 30리 정도의 기다란 산골짜기를 통과해야만 지날 수 있다. 이 길목에 청석진을 두어 군사기지로 삼았는데, 이곳에 이주시킨 사람들이 험하고 좁았던 길을 평탄하게 만들고, 땅을 개간해서 숲을 황폐화시켰기 때문에 이런 조치가 내려진 것이다. 이리하여 변방을 방어하는 뜻에 맞지 않는다는 신하의 상소를 임금이 받아들여 허락하였다. 이곳은 고대에도 청목산이나 청목령이라 불리던 요충지였고,

소설 『임꺽정』에는 청석골 도둑의 소굴로 그려진 곳이다.

길을 넓히지 않는 이런 소극적 방어 전략 때문에 19세기 말까지도 도로가 발달하지 않았고, 이는 자연히 도로를 기반으로 하는 경제적 발전에도 장애가 되었다.

홍양호1724~1802가 상소문에 썼듯이 "수레는 먹이지 않아도 되는 말이요 길을 다니는 집과 같아서 이보다 편리한 기구가 없는데"도 우리나라에서 발달하지 못한 또 다른 이유는 수레를 끌 적당한 소나 말이 없었다는 데 있다. 정조 때에 홍낙유가 상소한 대목이다.

> 우리나라에서 수레를 이용하지 못하는 것은 수레를 마련하기 어려워서가 아니라 말이 용도에 부적합하기 때문입니다. 저쪽중국 사람들의 큰 수레를 보면 반드시 건장한 말 6, 7필을 쓰면서 한 사람이 부리는데 우리나라 말이 어떻게 이를 감당하겠습니까? _정조실록 22년(1798) 8월 16일

복우승마服牛乘馬란 말이 있다. 중국에서 소는 멍에를 씌워서 부리고 말은 위에 타서 수레를 끌게 한다는 말이다. 동이전에는 한반도 남부의 진한과 신라에서도 소와 말을 이렇게 사용했다고 기록되어 있다.

그런데 산이 많은 고구려에서는 조금 달랐던 듯하다. 고구려 벽화를 보면 소는 수레를 끄는 데 사용하고 말은 타는 데 사용하였다.그림 4 조선시대 그림에도 수레를 끄는 소가 보인다. 이덕무가 1768년 황해도를 여행한 기록에서도 광탄廣灘 이북에서는 소 수레를 쓴다고 하여 남북에 차이가 있었음을 알 수 있다.『청장관전서』 서해여언 도로가 울퉁불퉁하니 빨리 달리는 말이 수레를 끌면 정신이 없었을 것이다. 그래서 느릿느릿 가는

그림 4 고구려 덕흥리 벽화의 소 수레

소가 적당했을 것이다. 전통적으로 소는 무거운 물건을 운반하는 데에 사용하였고, 말은 멀리 가는 데에 사용하였다. 그런데 위에서 보듯이 중원에서는 수레 끄는 데에 말을 사용할 수 있었지만, 우리나라에서는 소나 말도 적고, 있는 짐승마저 이를 끌기에 적합하지 않았다.

그래서 우리 역사에서는 영화 '벤허'나 아시리아 벽화에 나오는 전차를 찾을 수가 없다. 장대한 수레 전투 장면은 중원의 너른 평야에서나 펼쳐질 수 있는 것이었다.그림 5 중국에서는 그 나라의 부유함을 수레 몇 대를 가지고 있는가를 기준으로 분류하였으니, 천승국千乘國, 만승국萬乘國 등의 말이 이래서 나왔다. 그러나 우리 역사에선 이 기준을 적용할 수 없었다. 문종 때에 중추원사 김효성이 상소한 말에서 전차 사용

그림 5 진시황릉 출토 수레(2010. 2.)

이 불가한 이유가 잘 드러난다.

당나라 방관房琯이 거전車戰, 수레 전투을 하다가 대패한 이후에는 중국에서도 쓰지 않습니다. 하물며 우리나라는 산천이 험하고 막히어 거전을 하기가 더욱 어렵습니다. 그러므로 삼국시대로부터 고려에 이르기까지 거전이 있었다는 것을 듣지 못했습니다. 그러니 거행하기가 어렵습니다. _문종실록 즉위년(1450) 7월 18일

수레 대신에 우리나라에만 독특하게 발달한 것이 지게다. 지게는 도로가 있든 없든 어디든지 물건을 운반할 수 있다. 그래서 서양인의 여행기에는 특이하고 신기하게 비쳤다.

지게는 중국과 일본에서 같은 목적으로 사용되는 긴 막대기보다 짐을 싣는 데 훨씬 유용하다. 나는 지게가 조선의 발명품이라고 생각하는데 다른 민족들이 이를 사용하는 것을 본 적이 없기 때문이다. 지게는 무거운 짐을 나르는 데 세상에서 가장 좋은 도구라고 할 수 있다. _제이콥 로버트 무스 책, 183쪽

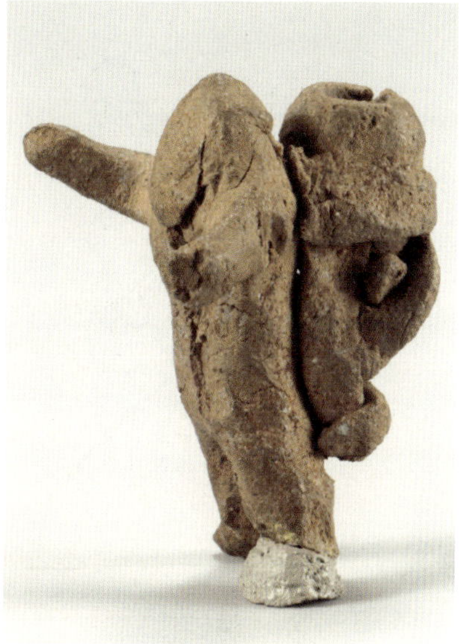
그림 6 지게 진 토우

이 여행자의 기록에 따르면, 성인 남자가 쉬지 않고 1마일을 지고 갈 수 있는 무게가 약 230킬로그램에 달한다고 한다. 2008년 베이징 올림픽 때 장미란 선수가 세운 역도 세계 신기록이 인상 140킬로그램, 용상 186킬로그램이었던 것과 한번 비교해볼 만하다. 이처럼 지게는 아주 간단하면서도 사람의 등 근육을 최대한 활용할 수 있는 훌륭한 운반 수단이었다.

지게는 고대에 이미 확인되므로 그 역사가 아주 오래된 한국 고유의 문화이다. 5~6세기경으로 추정되는 경주 황남동 출토의 토우는 두 팔을 벌린 채 지게를 메고 있다.그림 6 지게 위에는 입이 큰 항아리를 얹어 둥그런 띠로 고정했다. 6세기에 세워진 부여 능산리 절터에서도 지게 발채가 발굴되었다.

이보다 이른 기원후 3세기경의 풍습을 전하는 『삼국지』에는 마한 사람들이 일하는 모습이 등장하는데, 혹시 지게 모습을 중국인이 처음 보

그림 7 아이를 업고 머리에 인 여인과 지게 진 남자(김홍도)

고 다소 기괴하게 묘사한 것이 아닌가 생각된다. 그렇다면 그 기원은 더 올라가게 된다.

나라 안에 할 일이 생기거나 관청에서 성곽을 쌓게 되면, 용감하고 건장한 젊은이들이 모두 등가죽을 뚫어 밧줄을 꿰고 한 발쯤 되는 나무를 끼운다. 온종일 소리를 지르며 일해도 아프게 여기지 않는다. _『삼국지』 마한 전기

김홍도의 「장터길」이란 그림에는 아이를 업고 머리에 인 여인과 지게를 진 남자가 나오는데,그림 7 이 장면은 외국에서 볼 수 없는 가장 한국적인 정경이라 할 수 있다.

이런 점에서 이고 다니는 봇짐장수와 지고 다니는 등짐장수, 즉 보부상은 한국에만 있었던 장사치이다. 6·25 전쟁 때에 '남부여대男負女戴'하고 피난길에 오른 것도 역시 한국에서만 가능한 일이었다.

중국에서는 남부여대란 말 대신에 부대負戴 또는 부부처대夫負妻戴란 말을 많이 쓴다. 예를 들어서 춘추시대 초나라의 열녀로 전해지는 접여接輿의 처에 관한 전기에 "남편은 솥과 시루를 지고, 부인은 방직기를 이고" 떠나서 영화를 버리고 세상을 등졌다고 한다. 이처럼 고대에는 우리와 같은 남부여대의 풍습이 있었으나, 세월이 흐르면서 변해간 듯하다.

남부여대와 더불어 포대기에 아이를 업는 것까지 합치면 가장 한국

그림 8 함북 주을의 여인들

적인 생활상을 보게 된다. 아이를 뒤로 업는 육아법 때문에 기성세대는 다리가 O자형으로 휜 경우가 많다. 필자도 그러하다. 우리는 포대기에 아이를 업는 것이 편하지만, 외국인은 매우 낯설고 어려워한다. 다문화 가정에 관한 프로그램을 보니, 아이 얼굴을 마주하지 않고 뒤로 업어서 꼭 떨어질 것처럼 불안하다고 외국 장모가 말한 장면이 있었다. 외국에서는 아이를 앞으로 안거나 옆으로 끼인는 것이 대부분이다.

여성이 머리에 물건을 이는 것은 서양인에게도 흥미를 끌 정도로 독특한 풍습이었다. 1930년대에 스웨덴인 스텐 베리만이 함경북도 주을에서 찍은 두 사진을 보면, 모두들 묘기를 부리는 것처럼 보일 정도이나.그림 8 사진의 오른쪽 여인은 포대기를 두른 것으로 보아 아이를 업었을 것이다.

지게를 연구한 김광언은 "지게는 우리 겨레 발명품이다. 벌써 신라시대 전부터 손으로 들기 버거운 것은 모두 지게로 날랐다. 세계 어떤 민

그림 9 멕시코인의 물건 운반(2006. 12.)

그림 10 아이 업은 아이누인(2009. 6.)

족도 사람의 등에 얹어 짐을 나르는 기구로 이보다 더 나은 것을 만들지 못하였다. 19세기 말 이후의 외국 여행자들이 지게 사진과 글을 많이 남긴 까닭도 이에 있다. 한국전쟁 때 외국 군인들도 'A Frame'이라 부르며 뛰어난 기능에 감탄하였다. 지게가 없었더라면 탄약이나 식량 따위를 산 위의 고지로 나르는 데에 큰 애로를 겪었을 것이다"고 적었다.

지게와 유사한 것으로 일본 북부의 아이누족, 멕시코 등 아메리카, 인도와 네팔 등지에서 사용하는 '띠지게'가 있다. 물건을 등에 지되 끈을 앞으로 해서 이마에 두르는 방법이다. 멕시코의 노점상이 물건을 운반하는 모습그림 9에서 등짐의 띠를 이마에 어떻게 고정하고 있는지 알 수 있다. 서울대학교박물관에는 어린아이를 띠지게로 업고 있는 아이누 인형이 소장되어 있다.그림 10

이와 달리 중국에서는 장대를 어깨에 걸쳐서 물건을 나르는 편담扁擔이 발달했다. 한 길쯤 되는 막대기 양쪽 끝에 무게가 균형을 이루도록 매달아서 운반한다.

남자는 어깨에 메고 등에 지지 않는다. 긴 나무 막대기의 양 끝에 물건을 매달아 어깨에 메는데 편담이라 부른다. 한 번에 멜 수 있는 무게는 100근이며, 물이나 땔감을 운반하는 데에도 이 방법을 쓴다. 먼 길을 가는 자는 행리行李, 여행 물건를 침구鋪蓋와 함께 길쭉하게 하나로 말아서 어깨에 얹고, 힘이 부칠 때는 좌우로 번갈아 옮겨 멘다. 천 리 길을 가더라도 이렇게 한다. 대체로 짐은 어깨에 메며 등에 지지 않는다. _『연행일기』 산천풍속총록山川風俗總錄

여기서도 언급했듯이 등에 지는 것은 가장 한국적인 것이다. 그런데 에밀 부르다레는 조선 견문기에서 "조선 짐꾼은 터키 사람처럼 엄청난 짐을 등에 짊어지는데, 힘든 기색도 보이지 않고 덩치 큰 사람처럼 아주 온순하다"고 하여 터키와 유사한 것으로 설명했다. 터키는 멀리 떨어져 있지만, 우리와 유사한 것이 많은 모양이다. 그는 "보료를 주인은 이부자리로 사용하고, 손님은 터키식으로 앉는 방석으로 사용한다"고도 적었다. 러시아인 가린 미하일롭스키도 "가게 옆에 사람들이 터키식으로 앉거나 쭈그려 앉아 있다"고 비교해서 설명했다.

편담은 현재 동남아에서도 목격할 수 있고, 우리나라에서도 물을 길을 때에 이와 유사한 것을 사용한 적이 있다. 19세기 「경기감영도」의 길거리를 보면, 등에 물건을 진 남자와 머리에 인 여자 두 사람과 함께 편담을 지고 가는 사람도 보인다.그림 11 일본에 사신으로 간 조명채1700~1764의 견문기에서 볼 수 있듯이, 일본도 중국처럼 물건을 날랐다.

그림 11 길거리 풍경

왜의 풍속에는 본래 짐을 지거나 이는 법이 없다. 가벼운 물건은 막대기 양쪽 끝에 매달아서 한 사람이 메고, 무거운 것은 막대기 가운데에 걸어서 두 사람이 앞뒤로 멘다. 그림을 보니 중국인도 그러하다. _『봉사일본시문견록』 1748. 3. 1.

조선 후기 그림인 「초량왜관도」의 거리를 자세히 보면 편담을 한 왜인의 모습을 볼 수 있다.

말이 귀하고 수레가 없으니 사람들은 걸어 다닐 수밖에 없었다. 이규경李圭景, 1788~1856은 우리나라 사람들이 잘 걷는 이유를 다음과 같이 적었다.

자고로 우리나라 사람은 달리듯이 아주 잘 걸어서 준마에 비길 정도다. 이것은 우리나라에 말이 귀하고 수레가 없어서 도보에 익숙하기 때문

그림 12 북한산 등산(2008. 11.)

이니, 낮에 걷기 위해서 밤에 식량을 준비하는 것은 흔히 있는 일이다. 잘 걷는 사람은 다른 사람의 갑절을 가는데, 이는 특이한 것이 아니다.

_『오주연문장전산고』 동인선주변증설東人善走辨證說

산은 우리에게 선물도 주었다. 서양에서는 산이 별로 없어서 곳곳에 공원을 조성하여 휴식처로 삼고 있지만, 우리는 그럴 필요가 없다. 우리는 산이 전국토의 60~70퍼센트를 차지하나, 유럽은 들판이 그만큼을 차지한다. 그래서 유럽에는 가까이 갈 만한 산이 없지만, 우리는 주말이면 가까운 곳으로 산행하며 건강을 다지는 독특한 문화를 만들어 냈다.그림 12

특히 2004년부터 시작된 주5일 근무제는 우리나라를 등산 천국으로 만들어놓았다. 이 때문에 세계에 유례를 찾기 어려울 정도로 아웃도어 상품이 불티나게 팔렸고, 이제는 등산복이 누구나 입는 일상복이 되었다. 관악산에는 매달 두 차례 등산객을 위한 노래자랑이 벌어져, 노랫소리가 계곡에 퍼진다. 그뿐 아니라 주말을 산에서 보내게 되니, 교회나 성당을 찾는 사람들이 줄어든 반면에 사찰은 오히려 번창하게 되었다.

우리나라 자화상 1

100여 년 전에 쓴 한국 여행기를 읽다 보면 한국인에 대해서 예상외로 호의적으로 서술하여 고개가 갸우뚱해지는 대목을 발견하게 된다.

한국인들의 일상적 표현은 당혹스러움을 느끼게 할 정도로 활기차다. 얼굴 생김새는 가장 잘생긴 사람들을 기준으로 보아 힘이나 의지의 강인함보다는 날카로운 지성을 나타낸다. 한국인들은 확실히 잘생긴 종족이다. 체격도 좋은 편이다. 성인 남자의 신장은 163.4센티미터이다.
_이사벨라 버드 비숍 책, 19쪽

평균 이상의 신장과 힘든 일에 견딜 수 있는 튼튼한 체력을 지닌 한국인은 우수한 종족임에 틀림없다. 그러나 정신 면으로 시선을 돌리면 우리는 다른 면을 보게 된다. 우수한 체력에 비해 정신력은 그에 못 미치는데, 그들은 분명 최상의 자질을 갖추고 있으면서도 마치 너울처럼 심한 무기력증에 빠져 있다 … 육체적으로는 아닐지 모르나 지금 한국인들은 정신적으로 쇠잔한 상태이다. _까를로 로제티 책, 10쪽

앞은 영국인의 저술이고, 뒤는 이탈리아인이 쓴 내용이다. 뒤 책에서는 국가가 무너져가는 상황이라 정신적으로 무기력에 빠져 있지만, 육체적으로는 훌륭한 민족임을 기술하고 있다. 한국인의 육체적 우수성은 두 책에서 동일하게 지적되고 있다. 다른 영국 화가는 일본인의 신장과 비교해서 이렇게 표현했다.

한국인의 자질 중에 제일 뛰어난 것은 의젓한 몸가짐이다. 나는 어느 화창한 봄날 일본 경찰이 남자 죄수들을 끌고 가는 행렬을 보았는데, … 그들의 키는 한국 죄수들의 어깨에도 못 닿을 정도로 작았다. 죄수들은 오히려 당당한 모습으로 걸어가고 그들을 호송하는 일본 사람은 초라해 보였다. _엘리자베스 키스 외 책, 153쪽

역시 한국을 여행한 프랑스인 샤를 바라도 우리 아이들에 대한 인상을 다음과 같이 적었다.

우선 남자 여자 할 것 없이 모든 아이들이 말랐지만, 균형은 잘 잡혀 있는 몸집이다. … 반짝거리는 까만 눈동자는 쾌활함으로 생기가 넘친다. … 팔과 다리의 선은 균형이 매우 잘 잡혀 있다. 몸 전체가 마치 활처럼 뒤로 젖혀진 상태이고, 그만큼 가슴을 앞으로 활짝 내민 체형에 허리 부위는 섬세한 곡선을 그려내고 있다. 한마디로 그 앙증맞은 몸집은 전체가 보기 드문 미학적 완벽에 가깝다고 할 수 있다. _샤를 바라·샤이에 롱 책, 157~158쪽

서양인이 쓴 기행문을 읽다 보면, 한국에 대한 인상 두 가지를 공통적으로 지적하는 것을 발견할 수 있다. 하나는 신체적 우수성이고 다른 하나는 흰옷 입는 것이다. 과연 우리가 일본인이나 중국인보다 우수하다고 할 수 있는가? 정말 그럴까 반신반의하게 된다.

위와 같은 자료를 보게 되면, 그 뒤에 우리가 서양인에게 가지게 된 콤플렉스는 어디에서 유래되었는지 궁금해진다. 아마 국운의 쇠퇴와 더불어 자신감을 상실하게 되고, 급기야는 문화적·경제적뿐만 아니라 육체적으로도 서양에 뒤진다는 왜소 콤플렉스에 사로잡히게 된 것이 아닐까 생각된다. 우리가 동양인 가운데에서 결코 뒤지지 않는 신체적 아름다움을 지녔던 사실을 새삼 발견하게 되어 놀라움을 금치 못하겠다.

그러면 과거 우리는 스스로 어떠한 나라로 생각했는지 한번 시간을 거슬러 올라가 보자. 우리의 자화상을 추적하다 보니 제일 많이 눈에 띄는 것이 '물산이 적은 나라', '약소국가'란 생각이었다. 이번에는 이 두 가지로 얘기를 풀어보겠다.

고려 말에 이제현1287~1367은 우리 국토에 대해서 이렇게 표현했다.

다시 생각하건대, 우리나라는 영토가 1천 리에 불과하고, 그중에 산림, 내와 못 등 경작하지 못하는 토지가 10분의 7이나 됩니다. 토지에 세를 부과해도 제대로 조운해 오지 못하고, 백성에게 부세를 받아도 관리의 봉급을 주기에 부족한 형편입니다. _『고려사』 이제현 전기

삼한 땅은 사방에서 배와 수레가 모여드는 곳이 아니어서 물산의 풍요로움과 재화의 이익이 없다. 백성들은 토지 생산력만 바라보며 사는데,

그림 1 대표적인 고구려 산성인 백암성(2002. 8.)

압록강 이남은 거의 모두 산이고, 해를 거르지 않아도 되는 기름진 경작지는 거의 없다고 할 정도로 극히 적다. _『익재난고』 사찬史贊, 경왕景王

우리나라는 70퍼센트가 산악이다. 산 위에 성을 쌓아 비상시에 방어시설로 이용하는 산성이 독특하게 발달한 것도 이 때문이다.그림 1 중국 평원에는 산성이 있을 수 없고, 일본에도 한반도 계통 사람들이 쌓은 산성만 있다. 이런 지형이니 비옥한 평야가 적어 생산물도 빈약할 수밖에 없다. 지금은 독재의 산물이라 비판하는 1970년대의 건전가요 중에 '조국찬가'가 있다. "동방의 아름다운 대한민국 나의 조국"으로 시작하는 노래다. 제법 비장한 분위기를 띠고 있어서 고등학교 시절 클럽 활동을 할 때에 조국을 생각하며 불렀던 기억이 있다. 그런데 이 노래 가사에 "오곡백과 풍성한 금수강산 옥토낙원"이란 구절이 있는데, 한국 역사를 전공하고 있는 지금까지도 이 구절은 허구란 생각을 지울 수가 없다.

그림 2 석모도 염전(2004. 6.)

중국 북경에서 홍콩으로 가는 비행기를 탄 적이 있는데, 북경 공항을 이륙할 때 보니 비행기 위에서도 온통 지평선만 보일 정도로 산이 없었다. 그 땅에서 나는 물산은 실로 다양할 것이고, 그 모습은 우리가 여행할 때 겪듯이 상상조차 하기 힘들 정도의 각종 요리로 나타난다. 이에 비해 우리는 물산이 적다 보니 문화유산이 거대하고 화려하기보다는 서민적이고 아기자기한 것들이 주류를 이룬다. 우리 문화를 두고 찬란하다 하는 것보다는 서민적이라 부르는 것이 사실에 더 맞는 것이다.

그러니 조선 전기에 우리가 내세울 수 있고 다른 나라에 비해서 많이 산출되는 주된 생산물은 소금그림 2, 물고기, 미역 세 가지 정도였다. 다음은 예조참의 이선제가 세종에게 올린 글의 일부다.

대개 소금은 인민의 일상생활에서 하루라도 없어서는 안 되는 것이어서 천지간에 없는 곳이 없지만, 우리나라는 삼면이 바다에 닿아서 모두 소금 굽는 땅이 되니 더 말할 것 있습니까? 소금 굽는 것만이 그러할 뿐 아니라, 고기잡이와 미역따기도 역시 마찬가지입니다.

이제 보고 들은 것으로 말씀드리면, 가마솥으로 달여서 하루 밤낮을 지내서 하얗게 나오는 것은 동해의 소금이고, 진흙으로 솥을 만들어 혹은 하루에 두 번이나 달여 짜게 만든 것은 서남쪽의 소금인데, 서남에서는 노역이 조금 헐하면서 수익은 동해의 갑절이나 됩니다.

고기잡이에도 역시 기술이 많은데, 어살을 매서 잡기도 하고, 그물로 잡기도 하고, 혹은 배를 타고 바닷물을 따라 낚아서 잡기도 하여, 잡는 수량이 많고 적음의 차이가 있으나, 서남이 더욱 많습니다.

미역은 다른 나라에는 없는 것으로 오직 우리나라에만 곳곳에 다 있습니다. 제주에서 나는 것이 더욱 많아서, 현지인들이 이를 쌓아서 부자가 되고 장삿배가 왕래하면서 매매하는 것도 모두 이것입니다.

이 세 가지는 하늘과 땅이 유독 우리나라에만 후하게 내려준 것이니, 실로 우리나라의 진기한 재물입니다. _세종실록 29년(1447) 9월 23일

우리가 자랑할 수 있었던 것은 바다에서 나는 물건들일 따름이었다. 반면에 땅에서 나는 생산물은 우리가 먹기에도 허덕일 정도로 빈약한 편이다. 이런 사정은 근대에 와서도 변하지 않았다. 다음은 우리나라 관리가 일본 전권대신에게 설명한 내용이다.

우리나라는 바다 동쪽에 치우쳐 있어 바닷가에 갈대만 무성하고 염분이 많아 땅이 척박합니다. 그리하여 단 한 곳도 재화가 집결되는 곳이 없습니다. 토산물로 말하더라도 곡식과 무명뿐이며, 금·은·진주·옥 같은 보물이나 능라·금수 같은 사치품은 전혀 없습니다. _고종실록 13년(1876) 1월 20일

이렇게 물산이 풍부하지 않으니, 근대화 과정에서 가공수출에 주력하지 않을 수 없었다. 다른 나라에서 원자재를 들여와 가공한 뒤에 수출하여 이윤을 창출해야만 했다. 지금에 와서 무형의 자산 영역이 크게 확장되면서 우리가 살 길이 더욱 넓어진 것은 천만다행이다. IT·BT와 관련된 많은 산업, 한류로 대변되는 각종 드라마가 그런 것들이다.

그림 3 드라마 '대장금'

2004년 5월 중국에 발해 유적 조사를 간 적이 있다. 그런데 만나는 연구자마다 전공 얘기는 제쳐두고 당시에 방영되던 '보고 또 보고'란 드라마를 즐겨본다고 하여 연속극을 보지 않는 나를 당혹스럽게 했다. 그해 9월에 몽골 학술회의에 갔을 때에는 '대장금'이 인기를 끌고 있었고,그림 3 2005년 2월 초에 베트남 출장을 갔을 때에는 '올인'이라는 드라마가 열풍을 일으키고 있었다. 이란에서는 '대장금'의 시청률이 80퍼센트를 넘었고, 스리랑카에서는 뒤늦게 방영되어 믿어지지 않는 시청률인 99퍼센트를 기록했다고 한다. 이처럼 무형의 자산이 우리의 국부를 창출하고 있다.

국부가 적으니 지배자라고 해도 서양 귀족처럼 사치스런 생활을 할 수가 없었다. 서양과 같은 호사스런 건물은 더욱 꿈을 꿀 수 없었다. 다음 글은 고려시대의 사정을 전하는 것이다.

삼한은 땅이 척박해서 백성들이 가난합니다. 또 사람들이 산에 의지하거나 바다를 끼고 별처럼 흩어져 살고 있으니, 군현이나 도시가 번화하게 발달하지 못했습니다. _『고려사』 유청신 전기

삼한은 우리나라의 별칭이다. 1323년에 유청신이 원나라에 붙어서 고려를 직속지로 삼아달라고 요청했고, 이때에 우리나라가 보잘것없는 나라임을 내세워 실익이 없다고 원나라 조정에 호소했다. 앞에서 이제현 전기를 인용한 것과 이 글이 모두 이때에 쓰인 것이기에 우리나라를 다소 과소평가했겠지만, 이제현의 다른 글을 보더라도 그것이 전혀 사실에 어긋나는 것은 아니다.

중국 항주의 인구가 1275년에 100만 명을 넘었고, 일본 도쿄 일대는 19세기에 100만 명을 넘었다고 한다. 반면 서울 도성 안팎의 인구는 1897년에 22만 명 정도였다고 하고, 다른 자료에 따르면 19세기 이후 서울의 실제 인구는 30만 명 이상으로 추정될 뿐이라고 한다. 근대에 위안스카이袁世凱가 조선 정세에 대해서 쓴 글은 다음과 같이 시작한다.

조선은 동쪽 모퉁이에 치우쳐 있는 나라로서, 영토는 3천 리에 불과하고 인구는 천만 명도 못 됩니다. 또 거두어들이는 부세도 200만 석이 못 되고 군사도 수천 명에 불과하니, 만국 가운데 가장 빈약한 나라입니다. _고종실록 23년(1886) 7월 29일

이렇게 경제적 조건이 열악했으니, 지배층도 재부를 축적하기는 쉽지 않았다. 영조 때에 이종성의 상서에 그러한 처지가 잘 나타난다.

우리나라는 가난한 나라입니다. 서울이나 지방의 선비나 백성 가운데 큰 부자이거나 녹을 먹는 사람 외에는 대개 궁핍한 사람이 많은데, 그중에서도 양반이 가장 많고 또 가장 가난합니다. _영조실록 26년(1750) 6월 22일

양반까지도 배를 주릴 정도였다. 그런데도 조선은 많은 재화를 확보하는 정책이 아니라 그 반대의 길을 추구했다. 적은 재화를 어떻게 균분하느냐에 중점을 두었다. 유학에서 말하는 '균均'이 이것이다. 사치 풍조에 대한 지속적인 단속도 그러한 정책의 하나라 할 수 있다. 다음은 대사헌 정창순이 당시의 폐단을 보고한 내용이다.

우리나라는 가난한 나라입니다. 국토가 한쪽에 치우쳐 있는 데다가 산과 계곡이 절반이나 차지합니다. 또 인구와 가구 수도 적으면서 놀고먹는 사람이 다수입니다. 재물을 생산할 자원이 풍부하지 않으니 재물을 사용하면서 마땅히 절약해야 할 것입니다. 그런데 검소를 숭상하는 교화가 검은 명주옷을 입을 사람들에게서 나타나지 않고, 사치를 경쟁하는 풍습이 갈수록 민간에까지 성행하고 있습니다.

신이 눈과 귀로 보고 들은 것만 말하더라도, 높은 벼슬아치들의 의복이나 음식 제도에서 그전에는 없던 것이 지금 있게 되고 그전에는 검소하던 것이 지금 사치해져 있는 사례가 한둘이 아닐 정도입니다. _정조실록 1년(1777) 7월 18일

이 글은 사치 풍조를 비판하는 내용의 일부다. 중국에서 볼 때에 우리 국토는 한쪽에 치우쳐 있는 조그만 나라다. 그런데도 중국 한 문제漢

文帝가 검고 거친 명주옷弋綈을 입어 검소를 실천한 것과 같은 모습이 지배층에 보이지 않는다고 했다. 어느 시대나 사치 풍조를 비판하게 마련이지만, 우리나라의 경제 형편으로 볼 때에 사치를 방관해서는 안 된다는 지적은 주목된다.

그러나 정반대로 평가한 경우도 있다. 평안도 관찰사 홍양호가 정조에게 올린 글에서는, 위의 글처럼 국토와 물산을 논하면서도 우리나라를 '강한 나라'로 표현했다.

우리나라가 비록 국토가 한쪽에 치우쳐 있지만, 사방 수천 리 크기인데다가 산을 안고 바다에 둘러싸여 있어 강한 나라로 불립니다. 수륙 물산의 풍요로움을 겸비했고 은·철 자원도 많아, 다른 나라와 유통하지 않더라도 재정을 제대로만 운영한다면 국가 재용의 부족을 걱정하지 않을 것입니다. 그런데 하필 중국에서 빌리겠습니까. 지금 만일 돈을 빌려 나라 재용에 보태 쓴다면 이는 남에게 약점을 내보이는 꼴입니다. 그렇게 되면 장차 우리 장단점을 엿볼 것이니, 그것이 두 번째 마땅치 않은 점입니다. _정조실록 16년(1792) 10월 19일

중국의 화폐를 들여와 사용하자는 논의에 대한 반론이지만, 과연 당시에 강국이라 부를 수 있었는지 의문스럽다. 경제적 측면에서 우리나라가 강국이라 주장하고 있지만, 사실은 자존심의 표현으로 보는 것이 옳을 것이다.

땅이 좁고 경제력도 빈약하니 우리나라가 약소국가였던 것은 당연하다. 그러니 외국의 눈치를 살필 수밖에 없었다. 사대주의가 절대적으로

비난만 할 일은 아니고, 생존 전략이란 차원에서 바라보면 다른 해석이 가능할 것이다. 고려시대에 이첨1345~1405이 한 말을 들어보자.

이첨이 말하기를 "우리나라는 예로부터 신하국으로서의 절개를 잘 지켜왔습니다. 옛날 양나라 무제가 후경에게 핍박당하고 있을 때에 우리나라가 사신을 조회하러 보냈는데, 그 나라에 가보니 조정과 저잣거리가 무성한 풀밭이 되어 있었습니다. 사신이 이것을 보고 눈물을 흘리므로 후경이 그를 체포하여 꾸짖었습니다. 이에 사신이 '옛날의 융성하던 때와 같지 않기에 웁니다'고 대답하자 후경이 그를 의로운 사람으로 여겨 석방했습니다. 또 당나라 현종이 안녹산의 난리를 피하여 서쪽으로 촉 땅에 가 있을 때에도, 우리나라 사신이 찾아가니 당나라 현종이 크게 기뻐하여 몸소 10운韻의 시를 지어 그에게 주었습니다. 이 사실들은 다 역사책에 실려 있으므로 분명히 찾아볼 수 있습니다.

또 원나라 말기에 북쪽 상도로 옮겨 갔을 때에도 우리나라가 찾아가서 오히려 각별히 위문했던 것은 저희들이 목격한 일입니다. 그러므로 신하국의 절개를 지키는 것은 어떤 나라도 우리에 미치지 못합니다. 하물며 지금 위세가 당당한 명나라에 대하여 어찌 감히 신하국의 절개를 어그러뜨리겠습니까?" 했다.

지문하 김사형도 말하기를 "우리나라가 멀리 변방에 위치하여 산천은 험악하지만, 제후국의 도리를 잘 지킨다면 누가 감히 우리를 업신여기겠습니까?" 하니, 왕이 이 말을 깊이 새겨들었다. _『고려사』 이첨 전기

주변에 늘상 강대국이 버티고 있으니 신하국을 자처하는 생존방식을

택하지 않을 수가 없었다. 이는 물론 자존심 상하는 일이다. 우리 시대에 친미와 반미를 둘러싸고 사대와 자주의 싸움이 일어나는 것도 현실론과 이상론 사이에서 방황하는 우리의 민낯을 드러내는 일이다. 이렇게 자존심과 현실 사이에 괴리가 나타나면서 애써 현실을 외면하려는 태도도 보인다. 영조가 경기감사 유엄과 대화한 내용을 보자.

왕이 경기감사 유엄을 불러들였다. 이때에 심양문안사의 행차가 있었는데, 서울과 지방에서 떠들썩하여 뜬소문이 크게 떠돌았다. 이에 임금이 몹시 근심하여 도성을 지키는 것과 강화도에 들어가는 것 가운데 어느 쪽이 좋을지 유엄에게 물으니, 유엄이 "우리나라는 외적을 걱정할 필요가 없습니다" 했다.

왕이 "무슨 말인가?" 하자, 유엄이 "우리나라는 약한 나라입니다. 몽골이 오면 청나라 사람의 경우처럼 접대해야 하고, 비록 서달西韃이 온다 하더라도 또한 이와 같이 할 뿐입니다" 했다. 이에 임금이 아무 대답 없이 주서를 돌아다보며 "이런 말들은 모두 기록할 필요가 없다"고 일렀다.

【사신史臣은 말한다. "우리나라는 참으로 약한 나라다. 그러나 유엄의 대답은 어찌 이리 무례하단 말인가? 견식 있는 사람들이 한심하게 여길 만하니, 임금의 대답이 없었던 것도 마땅한 일이다."】_영조실록 19년(1743) 8월 17일

서달은 해서달자海西韃子를 가리키는 것으로, 여진족의 일파다. 이들이 거주했다는 해서강海西江은 현재의 쑹화강이다.그림 4 어쩌면 유엄이 우리

그림 4 만주족, 즉 과거 여진족의 중심지였던 지린시 쑹화강(2005. 7.)

의 실정을 직시해서 한 말일지 모른다. 외적에 대항하는 것보다 순응하여 그들을 맞아들이는 편이 현실적이라 생각했을 것이다. 그러나 영조는 기록 담당자를 돌아보며 이런 말은 기록할 필요가 없다고 하여 자존심을 선택했다. 그렇지만 왕이 기록하지 말라고 해서 그 말을 곧이 곧대로 따르지 않았던 것이 조선시대 역사 기록자였다. 그래서 이 기록도 이렇게 살아남았다. 조선왕조실록에 신빙성을 두는 것은 이 때문이다.

아무튼 유엄의 말에 자존심이 구겨졌던 것은 왕뿐이 아니었다. 어쩔 수 없이 사실 그대로 기록해야 하는 사신, 즉 사관도 반감을 가지게 되었고, 그에 따라 자신의 견해를 말미에 달아놓았다. 실록을 읽다 보면 사관의 견해를 붙여놓은 곳이 보이지만 흔하지는 않다. 그만큼 사관도 못마땅했던 것 같다.

1997년에 하버드대학 옌칭연구소에서 1년간 머문 적이 있었다. 같은 시기에 케네디스쿨에 다니던 재경부 관리가 했던 말이 기억에 남는다. 그곳에는 한국, 중국, 일본의 젊은 관리들이 많이 유학하고 있었는데, 중국과 일본의 유학생들이 기세 싸움을 하며 서로 못 본 척하고 지내면서 둘 다 한국 유학생에게는 자기네 모임에 초대하려 한다는 것이었다. 동아시아의 주도권을 두고 일본과 중국이 맞부딪치는 가운데 한국은 캐스팅보트를 쥐는 처지에 있었던 것이다.

2005년 3월 대통령은 연설에서 "이제 우리는 한반도뿐만 아니라 동북아시아의 평화와 번영을 위한 균형자 역할을 해나갈 것"이라고 하면서 "앞으로 우리가 어떤 선택을 하느냐에 따라 동북아의 세력 판도가 달라질 것"이라고 말했다. 지금 한반도를 중심으로 미국·중국·일본·러시아 4강 세력이 동아시아의 패권을 가지고 쟁탈전을 벌이고 있다. 그런 가운데 나온 '균형자'란 말은 우리 스스로 패권 경쟁에 끼어들 정도로 힘을 가지고 있지 못하니, 어느 쪽 세력과 연합하느냐 하는 것이 우리의 과제요 우리의 앞길이라는 생각에서 나온 고육지책이다. 그러나 힘이 있어야 균형자가 될 수 있다고 곧바로 일본과 미국에서 반론이 제기되었다. 100년 전 러일전쟁 당시에 한반도를 두고 청나라·일본·미국·러시아가 패권 경쟁을 벌였던 상황이 떠오르는 시기에 우리가 살고 있다.

우리나라 자화상 2

한자만 하더라도 중국은 간자簡字를 쓰고 일본도 오래전부터 약자略字를 써왔는데, 유독 우리는 복잡한 획으로 된 옛날 글자 그대로를 고수하고 있다. 이처럼 우리 문화에는 과거 모습을 그대로 지키려는 경향이 있으니, 앞으로도 이와 관련된 문화들이 종종 지적될 것이다.

미국인 퍼시벌 로웰이 1880년대 중반 한반도를 방문한 뒤에 다음과 같이 썼다.

'살아 있는 화석화', 즉 모든 것이 변하는 세상에서 몇백 년 전의 옷, 예절, 사고방식 그리고 생활양식 등이 옛 모습 그대로 간직되어 있는 것이다. 오늘날 조선에서 가장 신기한 점은 역사 속으로 사라진 과거를 그대로 볼 수 있다는 것이다. _퍼시벌 로웰 책, 17쪽

바깥 세상은 바뀌었는데도 전혀 변하지 않은 채 과거를 그대로 간직하고 있는 나라로 묘사되어 있다. 우리가 연변을 여행했을 때에 예전 모습을 아직도 간직하고 있는 것을 보고 놀랐던 감정도 이와 비슷한 것이리라.그림 1 그러던 것이 100여 년 만에 정신없이 바뀌는 변화무쌍한

그림 1 추억의 나무빗을 파는 연변의 상인(2001. 10.)

국가가 되어 있으니 세상 참 많이 변했다.

그런가 하면 로웰과 비슷한 시기에 한반도를 여행한 러시아 관리는 다음과 같이 적었다.

조선인들의 특성은 온순하고 선량하며 순종적이라는 데 있었다. … 나는 관청이라고는 전혀 없는 매우 외진 마을에 가 있기도 하였지만, 어디에서고 질서가 파괴되었던 적을 단 한 번도 보지 못하였다. 가는 곳마다 평화스럽고 평온하였으며, 조선인들은 그것을 파괴하는 것을 범죄로 여기고 있었다. 그들은 모든 것이 고려되고 엄격하게 정해진 일련의 테두리 안에서 조용히, 그리고 침착하게 살아가고 있었다. 그들은 언제 어떻게 웃고 화내고 울어야 하는지를 잘 알고 있었다. _카르네프 외 책, 166쪽

'온순', '선량', '순종', '평화', '평온' 등의 단어는 우리가 익히 들어온 '평화를 사랑하는 민족'을 연상시킨다. 그런데 앞의 기록과 연관시키면 그것은 긍정적이기보다는 부정적인 이미지처럼 느껴진다. 이런 단어들은 때로 '무능'과도 통한다. 러시아 관리와 비슷한 말이 몇 년 뒤에 한반도를 방문한 비숍 여사의 글에도 보인다.

서울처럼 근교에 조용한 산책을 즐길 수 있는 시골 마을이 있고, 도시의 허황한 만남으로부터 금방 달아날 수 있는 가까운 숲의 고독이 있는 도시가 유럽에는 없다. 또 한마디 덧붙이고 싶은 것은 유럽에는 서울처럼 치안이 잘 유지되어 여자들이 남자의 에스코트를 받지 않고도 자유롭게 나다닐 수 있는 도시가 전혀 없다는 것이다. 이것은 바로 나 자신이 성벽 밖의 모든 곳을 어떤 사소한 불상사도 겪지 않고 돌아다니면서 직접 깨달은 것이다. _이사벨라 버드 비숍 책, 52쪽

생각해보면 외국의 연약한 여인이 혼자 커다란 도시의 중심부에 위치한 작은 골목에 붙어 있는 거처에서, 수행원도 없이, 영어는 난 한 마디도 모르지만 내 돈이 어디에 있는지는 훤히 알기 때문에 마음만 먹는다면 내 목을 찌르고 돈을 털어갈 수도 있는 병사와 함께, 대문도 잠기지 않고 자물쇠도 없는 방에서, 아무런 불안감 없이 네 활개를 뻗고 누워 있는 것이다. 나의 이런저런 천연덕스런 설명들에는 한국의 민심을 알게 하는 뭔가가 있을 것이다. _같은 책, 341쪽

세상이 정체되어 경쟁관계도 별로 없는 사회는 훨씬 인간적일 수 있

다. 낙후된 국가를 여행할 때면 현지인에게서 순수함과 인간미를 더욱 많이 느끼곤 한다. 과거 중국과 러시아를 자주 방문하면서 느낀 점이 하나 있다. 사회주의는 경쟁이 적기 때문에 인간의 따스함이 남아 있게 하는 반면에, 자본주의는 경쟁을 부추기기에 사람들을 잘살게 할 수는 있겠지만 비인간적인 사회를 만든다는 사실이었다. 많은 사람이 인간답게 살 것인가 아니면 잘살 것인가 하는 것은 선택의 문제이지 결코 공존할 수 없는 명제라는 생각이 들었다.

이제 더 과거로 거슬러 올라가 보자. 앞 글에서 '물산이 적은 나라'와 '약소국가'라는 두 가지 자화상을 지적했는데, 그 밖에 소소하지만 고개를 끄덕이게 하는 사례들을 보도록 하겠다.

첫째는 우리나라 사람들의 조급성을 언급한 대목이다. 세종이 신하들에게 말한 내용이다.

근정전 망새鷲頭가 비 때문에 무너졌으니 마땅히 고쳐 덮어야겠는데, 청기와를 구워 만들자면 그 비용이 많이 드니 아련와牙鍊瓦를 구워서 덮을까 한다. 그런데 우리나라 사람은 매사에 빨리 하고자 하여 정밀하지 못하니, 어떻게 하면 정밀하고 좋게 구워서 비가 새어 무너질 염려가 없게 하겠는가? _세종실록 15년(1433) 7월 12일

푸른 유약을 입힌 청기와그림 2 대신에 덮는다고 한 아련와는 조개껍데기 가루로 문질러서 광택을 낸 일반 기와를 가리킨다. 세종도 지적했지만 '빨리빨리'는 우리나라의 트레이드 마크가 되어 있다. 우리는 느림의 미학보다 냄비 문화를 추구해왔다. 오죽했으면 2011년에 KT 광

그림 2 경복궁 발굴에서 나온 청기와와 황기와(2007. 5.)

고로 "성질 급한 한국 사람"을 연속적으로 내보냈겠는가. 한편으로 팽팽 돌아가는 사회 속에서 정신없이 살다 보니 이제는 그 반성으로 슬로우 시티Slow City에 대한 관심이 일어나기 시작하는 것 같다.

그런데 남한에서만 그런 것은 아니다. 북한에서도 짧은 시간 안에 마무리하는 각종 속도전을 벌이고 있다. 1958년부터 전국적으로 전개된 천리마운동이 대표적인 것이다.[그림 3] 최근에는 마식령 스키장을 만들면서 "마식령속도를 창조하여 단숨에!"란 표어가 나붙었다.

문제는 일을 정밀하고 꼼꼼하게 처리하지 못하는 데에 있다. 다음은 관청에서 광해군에게 건의할 때에 지적한 말이다.

다만 우리나라는 일을 시작하고 그만두는 것이 일정하지 않아서 끝과 시작이 아주 현격하게 차이가 납니다. 급하면 일에 착수하여 남에게 뒤질까 걱정하고, 느긋해지면 그만두어 서로 잊어버리고 맙니다. 지난 갑오1594·을미1595 연간 강화도에 대해 아주 애를 써서 공을 들였지만, 얼

그림 3 천리마운동

마 되지 않아 폐허가 되도록 내버려둔 채 다시금 수습하지 않았습니다. 그로부터 10여 년이 지났는데, 오늘날 수선한다 해도 역시 옛날 버릇을 답습하지 않을 것이란 보장이 어디에 있습니까? _광해군일기 즉위년(1608) 11월 9일

이런 풍토는 '하면 된다'와 더불어 1960년대 이후 군사문화에서 비롯된 것처럼 얘기되어 왔지만, 세종 때나 광해군 때의 기록을 보면 그것은 훨씬 이전부터 폐단이 되어온 우리 국민의 기질이 아닌가 생각된다.

1970년 4월에 서울 마포구에서 와우아파트 한 동이 폭삭 내려앉은 사건이 벌어졌다. 짧은 시간 안에 많은 서민아파트를 건립하려는 서울시장의 무리가 비극을 낳은 것이라 한다. 빨리빨리 하되 꼼꼼하지 않고 건성건성 하는 우리 사회의 이러한 관행은 현대에 무수한 재앙과 사고를 불러왔다. 그럼에도 불구하고 여전히 고쳐지지 않고 있다.

그러나 빨리빨리의 근성이 항상 부정적인 영향만 준 것은 아니다. 그

것이 우리 경제 발전의 원동력이 되고 있고, 우리를 인터넷 강국으로 만들었다. 외국에서는 우리보다 인터넷이 너무 느려서 속이 터질 정도다. 어쩌면 ICT산업은 하늘이 특별히 우리 민족에게 내려준 선물일지 모른다. 지금 '배달의 민족'은 두 가지 의미로 쓰일 정도로 우리 사회에는 배달 문화가 보편화되었다. 전화 한 통이면 어디에나 배달해주는 서비스를 외국에서는 찾기 어렵다. 배달업체 전화번호도 빨리빨리를 연상시키는 8282를 선호한다. 그런가 하면 오토바이 퀵 서비스도 성행하고 택배 산업도 급속도로 성장했다. 퀵 서비스 오토바이는 곡예 운전을 하면서 달리고 있는데, 고객은 "왜 안 오냐"고 독촉하는 것이 우리 자화상이다.

이런 문화는 외국에까지 파고들기 시작했다. 서양에서는 모든 것이 느려서 전화 가설하는 데 1주일이 걸리고 물건 하나 고치는 데도 며칠씩 걸린다. 그들에게는 기다림이 일상화되어 있는데, 우리에게 그곳은 참을성을 시험하는 곳이다. 이런 서양 사회에 빨리빨리 문화가 파고들고 있다. 서양에서는 배달되는 것이 피자 정도인데, 우리 교민들이 모든 것을 배달해주기 시작한 것이다. 전자제품의 고장 수리도 현장에서 즉시 처리해주면서 서구인들의 마음을 사로잡고 있다.

둘째는 우리나라에 전쟁이 빈번하지 않아서 생긴 폐단들이다. 다음은 정조가 남한산성에 행차할 때에 신하들에게 훈계한 말이다.

병조판서 정상순, 훈련대장 홍국영에게 말하기를, "이번 행차는 길이 매우 머니, 가까운 왕릉으로 움직이는 것과 견줄 일이 아니다. 우리나라는 문치文治를 숭상하고 무비武備를 닦지 않아서, 사람들이 군사에 익숙하지 않고 병사들은 훈련하지 않는다. 행군할 적에 1사舍밖에 안 되는 길이라도 조금만 달리면 다들 숨이 차서 진정하지 못하는데, 장수는 괴이하게 여기지 않고 군병은 예사로 생각한다. …" 하였다. …

왕이 이르기를, "우리나라의 무비는 요즈음 더욱 허술해져서, 백성은 비상을 알리는 북 소리를 듣지 못하고 병사들은 좌작坐作의 절차를 이해하지 못한다. 그런데도 하루 이틀 세월만 보내니 병자호란 때의 일을 생각한다면 상하 군신들이 어찌 이처럼 편히 즐길 수 있겠는가? …" 하였다. _정조실록 3년(1779) 8월 3일

1사는 군대가 하루에 행군하는 거리인 30리를 가리킨다. 역과 역 사이의 거리도 30리다. 이때의 10리는 지금 우리가 쓰고 있는 단위보다 조금 더 멀다. 또 좌작은 좌작진퇴坐作進退, 즉 군사들이 앉고 서고 나아가고 물러나는 기본 동작을 말한다.

전쟁이나 내전이 자주 있으면 군사기술이 발달할 수밖에 없고, 항상 긴장하는 가운데 군사들도 늘 훈련되어 있을 수 있다. 그러나 우리나라에는 전쟁이 일어나지 않으니 군사훈련이 제대로 될 리 없다. 그러니 임진왜란이나 병자호란처럼 큰 난리가 났을 때에는 오히려 속수무책이 되어버린다.

이렇게 된 것은 국가 운영을 문치 중심으로 해왔기 때문이고, 그것은 사실 민족적 기질과도 관련이 있다. 이익1681~1763은 이에 대해서 다음과 같이 지적했다.

우리나라는 천하에 가장 약한 나라다. 지역이 편벽되고 백성이 가난할

뿐 아니라, 기자가 우리나라에 봉해진 뒤로 문치 교화가 끊이지 않았다. 이리하여 모두 예절과 의리의 나라라 일컫기는 하지만, 문치 교화가 성해지면 무비가 허술해지는 것은 어쩔 수 없다. 수성守成을 즐거워하고 정벌을 싫어하며, 사대에 부지런하고 천명을 두려워했으니, 상하 3천 년간 오직 이를 규범으로 삼았을 따름이다. _『성호사설』 경사문, 동국내지東國內地

외부의 침략은 내부의 결속을 다지는 효과를 가져온다. 그러나 외부 침략의 위협이 적게 되면 내부에서 편가르기가 나타난다. 정조는 이를 지적하였다.

우리나라는 본래 병란이 없기 때문에 전부터 당파를 만들어 서로 살육을 하는데, 왕실 종친도 포함되곤 하였다. 옛적에 8명의 대군大君 가운데 온전히 보전한 사람은 겨우 두 사람뿐이었다. 선대왕께서 당론을 통렬히 금지했으니, 그것이 아주 비상한 조치였음을 더욱 깨닫게 된다. 그런데 세상의 도리는 날로 떨어지고 인심은 예전 같지 않아서, 이러한 폐단이 아직 죄다 제거되지 않고 있으니 통탄스럽고 애석하다. _정조실록 13년(1789) 10월 17일

지나친 당파싸움을 불식하고자 영조와 정조가 탕평책을 썼던 사실은 잘 알려져 있다. 그런데 당파싸움의 근본 원인을 정조는 병란이 없는 데서 찾고 있다. 인간은 항상 싸움을 해왔고, 싸움거리를 찾아왔다. 그러니 외부에 눈을 돌릴 필요가 없을 정도가 되면 내부에서 적을 찾는 것이다. 그것은 예나 지금이나 마찬가지다.

셋째는 기록의 나라를 지향했다는 점이다. 다음도 정조가 내린 지시다.

우리나라는 본디 문헌의 나라로 일컬어져 왔지만, 문헌 자취가 곳곳마다 사라져버린 상태다. 문형文衡을 천거할 때 회권會圈하는 한 가지 일을 가지고 말하더라도 도당都堂에서 올린 옛날 사례를 그대로 믿기 어렵다. 마땅히 옛날 사례에 관한 책을 하나 만들어 뒷날 증거할 자료로 삼게 해야 한다. _정조실록 5년(1781) 9월 1일

문형이라고도 불리는 대제학은 홍문관과 예문관의 최고책임자로 학문을 중시하는 조선에서 가장 상징적인 벼슬이었다. 모든 학문을 바르게 평가하는 저울이라는 뜻으로 '문형'이라 하였다. 도당은 행정부 최고 관청인 의정부를 가리킨다. 또 회권이란 그 적임자를 선정할 때에 전임자들이 모여 후보자의 성명 위에 동그라미 표시를 하던 것을 이른다. 그런데도 그 임명에 관한 자료가 제대로 정리되지 않아서 전직 문형들에게 자료집을 편찬하도록 명령하고 있다.

우리는 조선왕조실록, 비변사등록, 일성록을 예로 들면서 기록을 많이 남긴 나라로 손꼽고 있다.그림 4 사관의 객관적인 역사 기록도 칭송한다. 조선시대 기록을 읽다 보면 우리나라가 '문헌의 나라'라는 언급이 자주 등장한다.

그렇지만 다른 기록에 대해서는 의외로 허술한 면을 보이는 것도 사실이다. 지방사 자료나 개인 자료는 연구하기에 턱없이 부족할 정도로 적은 편이다. 역시 정조가 지적한 말이다.

그림 4 조선시대 기록물을 보관하고 있는 규장각(2001. 1.)

백성의 수효에 대한 문건을 바치면 절하고 받는데, 이것은 그 일을 중히 여기기 때문이다. 그런데 우리나라는 문헌을 경솔히 다룬다. 호구戶口의 일만 하더라도 몇 호, 몇 명인지 연말에 종이 한 장만 놔두었다가 별도의 문서別單로 왕의 재가를 받은 뒤에는 휴지로 만들어버린다. 연전에 실록을 편찬할 때에도 상고하지 못했으니, 일의 허술함이 이보다 심한 것이 없다. _정조실록 6년(1782) 7월 20일

이처럼 정조는 문서 관리가 허술하다고 하여, 당시까지 전해지는 문서 가운데 호구와 관련된 자료를 모아서 책을 만들도록 지시했다.

이것은 일본인의 기록벽과 비교된다. 1698년 제주도 사람이 일본에 표류했을 때 경험한 것을 보자.

하루는 왜의 관리가 물건을 뒤져 점검하는데, 비록 터럭 하나라도 다

기록하여 빠뜨리지 않았다. 통사가 우리나라 말로 욕을 하며 말했다. "왜놈들이 잔달기가 이렇습니다." _『탐라문견록』 84쪽

해방 이후의 우리 역사를 돌아보면 기록물이 거의 남아 있지 않다. 우리 현대사를 연구하는 사람들은 워싱턴, 베이징, 모스크바에 있는 문서고를 돌아다녀야 한다. 그렇지 않으면 단지 전해지는 말이나 기억에 의존해야 하는 것이 우리 현대사다. 대통령이 임기가 끝나면 문서를 모두 들고 나가버린다. 그러니 자신에게 불리한 기록이 남아 있을 리가 없다.

우리의 행정 기록이 정식으로 남겨질 수 있는 법이 마련된 것은 2000년 1월에 와서다. 이름하여 '공공기관의 기록물 관리에 관한 법률'이 제정된 것이다. 이에 따라 모든 기관에 기록물 관리 부서가 생기고 국가기록원에서 문서를 체계적으로 수집하기 시작했다. 필자가 몸담고 있는 서울대학교도 60여 년의 역사가 있지만, 역사 기록물을 수집하는 서울대기록관이 생긴 것은 이 법이 공포된 후인 2001년 9월의 일이다. 그러니 역사는 오래되었지만 역사 자료만 보면 신생 대학과 별반 차이가 없다.

넷째는 우리나라 사람들이 손님 접대가 후하다는 사실이다.

강남 사람 적상은 한인漢人이라 하는데, 신의 행차에 따라 나온 중인中人으로서 글을 잘하기 때문에 서로 알게 되었습니다. 이 사람은 본래 아숙阿肅과 매우 절친한 사이로 필담하는 사이에 말하기를, "흠차사신 아숙 어른께서 그대 나라에서 돌아올 때에 '조선의 접대가 통상적인 격식을 뛰어넘었으며, 문물이 아주 발달하고 예절이 아주 밝아서 사람들로

하여금 공경한 마음을 일으키게 하였다. 평소에 소중화라고 일컫는 것이 모두 빈말은 아니었다'고 높이 칭찬했다"고 했습니다.

또 강서 사람 대균이란 자가 있었는데, 그는 원래 현관한림現官翰林으로서 아숙을 스승이라고 일컬으며 그의 문인이라고 자칭했습니다. 그와 대화할 때에 "스승께서 북경에 돌아온 후에 가서 뵈었더니, '조선은 동방 예의의 훌륭한 나라로 손님 접대가 융숭했다'고 극구 칭찬했습니다" 했는데, 적상의 말과 별 차이가 없었습니다. _정조실록 9년(1785) 2월 14일

청나라에 갔던 사신이 보고한 내용 가운데 나오는 대목이다. 중국 사신 아숙이 조선에서 받은 후한 접대를 그와 가까운 적상과 대균에게 얘기했고, 이를 전해 들은 조선 사신이 왕에게 보고한 것이다. 후한 접대를 받은 중국 사신이 감격해 하는 표정을 상상할 수 있다. 근대에 와서도 이러한 후대 풍습은 변하지 않았다. 독일인 여행자는 다음과 같이 적었다.

조선인들은 원래 매우 선량하고 관내하며 손님을 후대하는 민족이다. 그들은 선천적으로 활발하게 큰소리치며 싸우는 호전적인 성격이라기보다는 오히려 자유분방하고 쾌활한 성격이며 때로는 흥에 겨워 술기운에 호탕하게 즐기는 편이다. _지그프리트 겐테 책, 128쪽

이런 모습은 지금도 변하지 않았다. 하지만 이러한 손님 접대 예절은 때로 부담이 되기도 했다. 세조 때의 글은 이를 짐작하게 한다.

성균관에 행차하여 공부하는 것을 참관하고 시험 문제를 냈다. "… 우리나라는 북쪽에 야인野人이 있고 남쪽에 섬에 사는 왜가 있는데, 우리에게 귀화하여 생계를 마련하는 자가 날로 증가하여 끊이지 않는다. 이를 다 접대하려면 세금이 넉넉지 못하여 필요한 수요에 모두 응하기 어렵고, 이를 거절하여 받아들이지 않으면 이들을 어루만지는 의리에 어그러질 뿐 아니라 혹 변경에 근심이 생길 것이니, 장차 무슨 술책으로 이를 대처하겠는가? … 학생들은 세상을 다스리는 계책을 반드시 익혔을 것이니, 모든 역사를 상고하고 시대적 상황을 참작하여 정성을 다하여 대답하라. 내가 장차 쓸 만한 인재인지 보겠다." _세조실록 4년(1458) 윤2월 25일

야인은 북방의 여진족을 일컫는다. 호구지책을 찾아서 조선으로 귀화한 여진족과 왜를 받아들이자니 경제적 부담이 되고 받아들이지 않자니 의리에도 어긋나고 난리도 피울까 걱정이 되었다. 그래서 성균관 학생들에게 문제를 내서 이를 해결할 수 있는 인재를 찾아보겠다는 것이다.

여기서 인재를 언급하니 일제가 우리나라 산천에 박았다는 쇠말뚝이 생각난다. 일제강점기에 일본인이 인재가 나는 것을 막기 위해서 곳곳에 쇠말뚝을 박았다고 한다. 서울 응봉동에도 장사가 나는 것을 막기 위해 당시에 쇠말뚝을 박았다는 말이 전해진다. 이런 사례들을 들어서 민족 정기를 되찾겠다고 하여 이를 일일이 뽑으러 다니는 사람들도 있다.

그런데 원주의 봉황산에는 임진왜란 때에 일본군이 쇠말뚝을 박아서 정기의 혈맥을 끊었다는 전설이 전해진다. 서울의 한 샘터에도 비슷한 전설이 전해진다. 일제강점기가 시작되기 직전인 1904년에 다녀간 스웨덴 기자의 기록이다.

일반에 가장 널리 알려진 샘터로 구리 샘터가 있다. 일설에 의하면 이 샘물을 마신 여자들은 다산의 복을 가지게 된다고 한다. 이러한 이유로 1592년 왜군들이 코레아에 쳐들어와 서울을 함락했을 때 그들은 이 샘터를 파괴하려고 하였다. 왜군들은 물줄기가 솟아 나오는 지하의 암반에 구리로 된 쐐기를 박아 물의 흐름을 차단하려 한 것이다. 그러나 물줄기는 다른 길을 찾아 계속해서 흘렀고 이를 막으려는 왜군의 모든 시도는 허사로 돌아갔다. 1592년 암반에 박힌 쐐기는 아직도 그 자리에 그대로 꽂혀 있다고 한다. 이 쐐기를 제거하기 위해 많은 노력이 경주되었으나 이 또한 모두 수포로 돌아갔다는 것이다. _아손 그렙스트 책, 144~145쪽

다음 글처럼 명나라 사람이 쇠말뚝을 박았다는 전설도 보인다. 다음은 정조가 우의정 이병모에게 이른 말이다.

요즈음 인재가 점점 옛날만 못해지고 있다. 명나라 초기에 도사道士 서사호가 우리나라에 유람하면서 산천을 두루 구경했는데, 단천 현덕산懸德山에 이르러 친자의 기운이 있다고 여겨 다섯 개의 쇠말뚝을 박고 떠났으니 북관 지방에 인재가 없는 것은 실로 여기서 비롯되었다.

서울에 내려온 지맥은 삼각산이 중심을 이룬다. 그런데 들으니 수십 년 전에 북한산성 아래에다 소금을 쌓고 그 위를 덮은 뒤 태워서 마침내 소금산이 되어 지맥이 끊겼다고 한다. 현재 서울에 인재가 없는 것은 여기서 유래한 것이 아니라고는 못할 것이라 한다. 이 말이 비록 상식에 어긋난 듯하지만 이치로 보아 그럴 수도 있다. 그렇다면 지금 헐어버리는 것도 어려운 일은 아니니다. _정조실록 21년(1797) 6월 24일

천자가 나는 기운을 끊기 위해서 중국 도사가 현덕산에 쇠말뚝을 박았다는 얘기나 북한산성 아래를 소금산으로 만들어 혈맥을 끊어 인재가 없다는 얘기나 현재 우리가 전해듣는 전설과 별로 다르지 않다.

왜 산꼭대기에 쇠말뚝을 박았는지는 알 수 없지만, 일제강점기에 일본인이 모두 박은 것만은 분명히 아니다. 인재가 없는 것을 남의 탓으로 돌리기보다는 우리 자신에게서 원인을 찾는 자세가 필요하다는 생각이 든다.

다양한 지방색

인기 있는 장수 프로그램인 전국노래자랑 악단장이 인터뷰한 기사를 보았다.조선일보 2010. 11. 15. 지역마다 세 번쯤 돌았다고 하는데, 부산, 목포, 인천 등의 항구 사람들이 노래를 잘 부르고 내륙은 실력이 떨어진다고 한다. 손님 접대 스타일도 달라서 호남에서는 자리에 앉자마자 십년지기가 되고, 경상도는 처음에 딱딱하다가 한 순배 돌아야 대화가 되고, 충청도와 강원도는 대접이 무덤덤하다고 한다.

대학 시절에 서울 가정집에서 토마토를 삶아 먹는 것을 보고 참 의아해했던 적이 있다. 조그만 땅덩어리지만 지방을 돌아다니면서 내가 자란 충청도와 다른 음식, 다른 습관들을 보면서 신기한 것이 한둘이 아니었다. 이제는 너무 자주 보아서 그런 것들을 당연하게 받아들이고 있지만 말이다.

충청도 사람은 아욱을 넣어 끓인 다슬기국을 즐겨 먹는다. 요새는 올갱이국으로 많이 알려져 있다. 경상도 해안에서는 낙동강과 섬진강 하류에서 많이 나는 재첩을 끓인 해장국을 즐긴다.그림 1 경상도에서는 콩잎으로 장아찌를 해 먹는다. 처가가 마산이라서 이제는 맛을 들였지만, 과거에는 이렇게 뻣뻣한 것을 어떻게 먹나 하고 이상하게 생각했었다.

그림 1 동래온천 길가의 재첩국 장수(2008. 10.)

콩잎은 어렸을 때에 시골에서 호박잎과 함께 뒷일 처리를 할 때 사용했던 기억만 남아 있기 때문이다.

이런 지방색은 시간을 거슬러 올라가도 발견할 수 있다. 전하는 말에 경상도 사람들은 집치레를 하고, 전라도 사람은 입치레를 하고, 충청도 사람은 묘치레를 한다고 한다. 그래서인지 경상도에는 고택이 많이 남아 있다. 전라도 입치레는 말하지 않아도 이해되고, 충청도에는 양반이 많다고 하니 조상 무덤에 신경을 쓸 수밖에 없다.

박지원이 쓴 중국 기행문을 읽다 보니 다음 구절이 눈에 띄었다.

영남 지방 아이들은 새우젓을 모르고, 관동 지방 백성은 아가위 열매를 절여서 장 대신 쓰며, 서북 사람들은 감과 귤을 분간하지 못한다. 바닷가 사람들은 메기鮧와 미꾸라지鰌를 밭에 거름으로 쓰지만, 혹시 서

울에 오게 되면 한 줌에 한 푼이나 하니 어찌 이리 비싼가. _『열하일기』 일신수필, 거제車制

경상도에서 편육을 된장에 찍어 먹는 것을 보고 신기하게 생각했던 적이 있다. 심지어 생선회도 된장에 찍어 먹는다. 반면에 전라도나 충청도에서는 편육을 새우젓에 찍어 먹는다. 영남에서 새우젓을 모르지는 않지만, 주로 서해안을 따라 새우젓이 발달했기 때문에 자연히 동쪽과 서쪽의 음식 습관도 달라진 것 같다. 그래서 경상도에서는 새우젓보다 멸치젓을 선호한다.

순대 양념장도 지방에 따라 다르다. 서울, 경기도와 충청도에서는 소금장을 쓰고, 전라도에서는 초장을 쓰며, 강원도와 경상북도에서는 새우젓을 쓰고, 부산과 경상남도에서는 막장을 쓴다.

단술甘酒인 식혜食醯 말고 식해食醢가 있다는 사실도 결혼하고 나서 처음 알았다. 경상도 발음에 식혜와 식해를 구분하기 어려우니 처음에는 왜 다른 음식을 가지고 식혜라 하는가 궁금했다. 관동을 비롯하여 동해안을 따라 발달한 아가미 식해, 가자미 식해 따위를 그렇게 해서 처음 접했고, 이제는 이 맛에도 익숙해졌다.

1980년대에 춘천에 있는 대학에 교수로 있으면서 눈에 번쩍 뜨였던 것은 춘천 사람들이 달팽이와 다슬기를 구분하지 못한다는 사실이었다. 당시에 소양강 강가를 따라 달팽이 집이 여럿 있었다. 그래서 프랑스 요리에 쓰이는 달팽이가 여기까지 수입되었구나 생각해서, 한번은 안에 들어가 보았다. 그런데 알고 보니 다슬기를 파는 집이었다. 지금은 올갱이 해장국이라 해서 전국적으로 퍼져 있지만, 그 당시에는 다슬기 파는 집이 따로 있는 것도 신기했고 다슬기를 달팽이라 부르는 것도 신기했었다.

이처럼 지역마다 사물을 잘 구분하지 못하는 경우가 있다. 대부분 그곳에 흔하지 않은 물건은 분간이 잘 안 되는 것 같다. 박지원의 글처럼 서북 지방에는 감이 나지 않기 때문에 감과 귤을 구분하기 어려웠을 것이다. 물론 지금은 온난화로 서울에서도 감이 나고 대나무가 자라지만 이전에는 성장 한계선이 이보다 훨씬 남쪽이었다. 연변에 갔더니 거기서는 오징어를 보고 문어라 불렀다. 바다로 나갈 수 없는 곳이니 북한을 통해서 들어오는 해산물을 제대로 구분할 수가 없는 것이다. 남북한에서는 지금 낙지와 오징어라는 말을 정반대로 쓰고 있다.

먹는 얘기가 나왔으니 경상도 안동을 예로 들어 더 해보겠다. 세종 때에 이 지방에 대해서 언급한 다음 자료를 보자.

예조판서 신상이 아뢰기를, "안동은 땅이 좁고 사람이 많아서, 비어 있는 땅이 없습니다. 또 사람들이 모두 절약해 씁니다. 그런 까닭으로 비록 흉년이 되어도 기아에 이르지는 않습니다. 농사일도 아주 세심하게 하여 다른 고을에 견줄 수가 없을 정도입니다" 하였다. _세종실록 10년(1428) 윤4월 11일

안동 사람들이 근검하고 절약하는 방법에 대해서는 성종 때 기록에 이렇게 설명하였다.

우리나라 안동의 백성은 검소하고 아끼는 것을 숭상하는 풍속이 있습니

다. 한 해의 수확을 총계하여 이듬해의 종자와 식량을 헤아려 남긴 다음에 그 나머지를 가지고 올해의 비용으로 삼습니다. 이 때문에 비록 수재와 한재를 겪더라도 굶어 죽을 근심이 없게 됩니다. _성종실록 17년(1486) 5월 2일

조선시대에 절약을 얘기할 때에는 으레 안동 지방을 지목했다. 어느 정도 고지식했는지는 이중경이 아뢴 말에 영조가 '안동 답답'이라 한 데서 짐작할 수 있다.

이중경이 "안동에는 한 가지 좋은 풍속이 있으니, 상놈과 양반을 가리지 않고 풍흉에 따라 양식을 계산해서 먹습니다. 그런 까닭에 보통 비축을 많이 하게 됩니다"고 말하니, 상이 웃으면서 "속칭 '안동 답답'이란 말이 있으니, 절약하는 것은 본디 가상한 일이지만 인색한 듯하구나"고 말했다. _『승정원일기』 영조 18년(1742) 9월 25일

북쪽 지방 사람들은 정반대였던 것 같으니, 김정국1485~1541이 위와 비슷하게 안동을 언급한 뒤에 이렇게 적었다.

북도北道의 백성들은 함부로 먹어치워 절제가 없고 되와 말을 쓰지 않는다. 떡을 만들고 밥을 지어 아침에 배불리 먹고는 저녁에 굶을 것을 생각하지 않는다. 그러므로 한번 흉년이 들면 굶주려 죽으며 서로 바라보기만 한다. _『체동잡록』 김정국

안동은 양반 고을로도 유명하다. 조선시대 기록에서는 흔히 유향儒鄕

그림 2 안동 입구(2012. 11.)

이라 일렀다. 지금은 안동에서는 '한국정신문화의 수도'임을 내세우고, 그림 2 영주에서는 선비촌을 만들어 '선비의 고장'으로 홍보하며 경쟁하고 있다. 우리나라에서 문어 소비가 가장 많은 곳이 안동이라 한다. 글월 문文 자가 들어 있고 안에 먹물까지 담겨 있으니, 그야말로 선비의 상징물이다. 그러기에 제사나 큰 잔치에 문어가 빠지지 않는다.

지금은 어떤지 모르지만 20년 전만 해도 안동 거리에서는 부인이 남편의 뒤를 따라 거리를 두고 걸었고, 대학 출석부에는 남학생 이름을 모두 기재한 다음에 여학생 이름을 기재했다는 얘기를 그곳 교수에게 들은 적이 있다.

그런데 학생들과 매 학기 답사를 떠날 때에 기피하는 장소 중 하나가 이곳이다. 숙박 시설이 변변하지 못한 것 때문이 아니고 바로 음식 문제 때문이다. 맵고 짜서 입맛에 맞지 않는다. 똑같은 음식 재료를 가지고 이렇게 맛이 없게 만들 수 있을까 의문이 들곤 한다. 내가 강의 시간

그림 3 안동 하회 마을의 간고등어 식단(2008. 1.)

에 이 얘기를 했더니 이곳 출신 학생이 항의성 이메일을 보내왔다. 안동에 헛제사밥이라고 하는 맛있는 음식이 있다는 것이다. 근래에 안동 간고등어가 인기를 끌고 있지만,그림 3 이것도 내륙 깊숙한 곳에서 생선을 먹기 위해 소금에 절인 음식이다. 기본적으로 안동은 산물이 부족한 곳이다.

경상도를 여행해보면 탁트인 평야가 별로 없다는 것을 알 수 있다. 산골짜기에 펼쳐진 작은 평야지대에 옹기종기 모여 살고 있다. 좁은 땅에 인구는 많고 여기에 상대적으로 양반도 많으니 먹을 것이 많이 돌아올 수가 없다. 평소에도 물산이 부족하여 절약하지 않을 수 없어서, 흉년이 든다고 해도 크게 타격을 받지 않는 것이다. 그래서 세종시대에 이미 안동 사람들을 본받을 만하다고 하였다. 이처럼 조선시대 영남 양반들은 곤궁하게 지낼 수밖에 없었다. 정조는 이렇게 지시했다.

영남의 농사는 재작년에 크게 흉년이 들었고 작년에 또 흉년이 들었다. … 영남에는 전통 있는 큰 집안이 많다. 평소에도 곤잘 궁하여 굶주렸는데, 흉년에는 어떻게 살아간단 말인가? 죽고 사는 것이 큰 일이지만 혹시라도 염치를 더 중히 여겨 차마 관청에 구걸하지 못하고 스스로 구렁에 쓰러져 죽는다면 미천한 백성보다도 더 불쌍하다. 이러한 사람들도 찾아내어 구휼하고 있는가? _정조실록 7년(1783) 1월 18일

영남에서는 흉년에 양반도 굶주릴 수밖에 없었다. 더구나 체면 때문에 관청에 하소연도 못하여 백성보다도 더 곤경에 처하기도 하였다. 그래서 평소에도 근검절약하지 않을 수 없었던 것이다.

북한에서 기근이 들어 아사자가 많이 발생했을 때도 가장 피해를 본 사람들이 선생이나 지식인이었다고 한다. 체면 때문에 손 벌리지 못하고 굶어 죽는 길을 택할 수밖에 없었다고 한다. 조선시대 양반 처지와 크게 다름이 없다.

이렇게 먹을 것은 적지만 '경상도 사나이'란 말처럼 무뚝뚝하면서 뚝심이 무척 센 곳이다. 영조가 죄인 김성탁을 직접 국문할 때에 다음과 같이 말한 구절이 보인다.

승지 유엄이 "영남 사람은 본래 지독한 점이 있어서 곤장을 잘 참습니다" 하니, 김성탁이 "노모가 계시니, 살려주시는 은덕을 입게 해주길 바랍니다"고 했다. 이에 임금이 말했다. "처음으로 살려달라고 비니 불충·불효하다고 이를 만하다." _영조실록 13년(1737) 5월 28일

경상도 사람은 곤장을 참아낼 정도로 독하다는 인식이 250여 년 전에도 이처럼 퍼져 있었다. 김성탁이 노모 때문에 살려달라고 빈 것을 두고 영조가 처음 애걸을 한다고 말할 정도로 그도 고집이 셌던 모양이다. 이런 내용은 다른 곳에서도 찾아볼 수 있다.

풍원군 조현명이 말하기를, "영남 지방의 풍속은 다른 곳과 다릅니다. 한 마을 가운데에 반드시 어른長者이 있어 거기에 나아가 옳고 그른 것이 결정되면 모두가 복종하여 따릅니다. 그리고 영남 사람은 본래부터 고집이 세서 자기의 소견을 한번 정하면 죽을 때까지 고치지 않습니다. …"고 하였다. _영조실록 9년(1733) 1월 13일

여기서도 경상도 사람은 본래부터 고집이 세다고 지적하고 있다. 대표자를 중심으로 일치단결하는 모습은 '우리가 남이가'라는 말이 유행했던 시절을 연상케 한다. 전에 듣기로는, 안동에 기관장이 부임하면 지역 어른들에게 먼저 인사를 다닌다고 했다. 수업 시간에 이런 자료들을 읽히고 경상도 출신 학생에게 동의하느냐고 했더니 고개를 끄덕였다. 지금도 변하지 않는 지역색이라 할 수 있다.

영남에서는 사회 징벌의 하나로 당사자 집을 헐어버리고 고을에서 쫓아내는 풍습이 있었다고 한다.

경상감사가 진주의 유생이 남의 집을 헐어버린 일에 대하여 죄줄 것을 아뢰었다. 이보다 앞서, 진주의 옛 진사 하종악의 후처가 과부로 살았는데, 음란한 행위로 마을에 소문이 났었다. … 하항 등이 그 옥사獄事,

중한 범죄를 다스리는 일가 성립되지 않은 것을 분하게 여겨 친구들을 데리고 하종악의 집을 헐어버리자, 감사는 하항 등을 잡아 가두었다. …

왕이 경연에 나아가 입시한 신하들에게 그 일에 대하여 물으니, 대사헌 박응남 등이 아뢰었다. "집을 헐어버린 유생들은 바로 무뢰배지 유생이 아닙니다. 만약 그 죄를 다스리지 않으면 후일에 또 다시 일어날까 염려됩니다." 대신 홍섬도 그 말을 옳게 여겼으나 끝내 실행되지는 않았다.

영남 선비들이 집을 부수고 고을에서 쫓아내는 풍습이 이때부터 생겼다. _선조수정실록 2년(1569) 5월 1일

이 글을 읽어보면 공동체적 성격이 무척 강했던 지역인 것을 실감할 수 있다.

너무 경상도에만 머문 것 같다. 그런데 지방색에 대한 언급은 영조와 정조 때에 유독 많이 나온다. 18세기가 되면 서울과 지방이 점차 분화되는 양상이 나타난다고 한다. 그런 시대적 배경에서 서울과 다른 지방적 특색이 자주 언급된 것이 아닌가 생각된다. 두 임금 때에 다른 지방들은 어떤 모습이었는지 이제 18세기 여행을 간단히 해보자.

대개 호서 사람은 심지가 굳지 못하고 호남 사람들은 교활하여 변하기를 잘하는데, 이것은 모든 산천이 흩어져 달려가는 형국이기 때문입니다. 그런데 영남에 이르러서는 둘러싸고 있는 산들이 두텁고도 높으며 흐르는 냇물이 한곳을 향해갑니다. 우리나라의 큰 유학자 네 분이 모두 여기서 나왔고, 극악한 도적인 견훤·궁예도 여기서 났으니, 이는 그 산

천의 기풍이 현명한 사람이 나면 반드시 큰 현인이 되고 악한 사람이 나면 반드시 큰 악인이 되기 때문입니다. _영조실록 14년(1738) 8월 9일

암행어사로 유명한 병조판서 박문수가 임금에게 아뢴 내용이다. 대유사현大儒四賢은 퇴계 이황, 남명 조식 등을 이른다. 여기서 충청도 사람은 심지가 굳지 못하고, 전라도 사람은 교활하여 잘 변하며, 경상도 사람은 대현이 아니면 대악이 된다고 하여 세 지방을 비교했다. 그러면서 산천의 형세가 그 지역 사람들의 심성을 결정하는 것으로 이해하였다. 이 대목은 고려 태조가 차령산맥 이남 사람을 쓰지 말라고 지시하면서 역시 지세를 이유로 들었던 것과 상통한다. 뒤에 보듯이 호남 사람을 부정적으로 평가한 것도 이와 관련이 있는 듯하다. 물론 사람마다 견해가 다르고 심지어는 정반대의 평가도 있으므로 이런 말이 옳다고 단정할 수는 없다.

이러한 주관적 색채를 띠는 평가에는 정치적 의도도 담겨 있다는 사실을 간과해서는 안 된다. 이때는 영남 남인들이 중앙 정계에서 세력을 잃어버린 때였다. 임금이 미천한 출신이라는 이유를 들어 정권을 탈취하기 위해서 영조 4년1728에 일으킨 이인좌의 난에도 이들이 적극 동참하였다. 그래서 두 임금 때에는 영남 사람들의 불만을 누그러뜨리기 위해서 많은 배려를 하였다. 두 임금의 실록에서는 영남을 '인재의 창고', '추로鄒魯, 맹자와 공자의 고장', '효절의 고향', '선비의 고장', '시詩와 예의의 고향' 등으로 칭찬하였다. 위의 기록도 그런 맥락에 있다.

호남은 영남에 비할 수 없을 정도로 물산이 풍부하여 '국가 경제의 근본'을 이루었다. 다음은 원경하가 영조에게 아뢴 말이다.

호남은 곧 국가의 근본입니다. 쌀과 무명이 오로지 여기에서 나오니 참으로 근본의 땅이라 말할 수 있습니다. 지리적으로 말한다면 강화도에서 한 번 순풍에 돛을 달아 안흥安興, 충남에 이르고 안흥에서 한 번 순풍에 돛을 달아 격포格浦, 전북에 이릅니다. _영조실록 30년(1754) 5월 24일

지금도 전라도 쪽을 여행하면 우선 맛깔나는 음식을 먹을 기대에 부푼다. 그러나 영남에 비해서 인재가 과거만 못하고 쇠퇴하고 있다는 아쉬움이 곳곳에서 발견된다. 정권에서 멀어졌기 때문인지 이단이나 술수에 쉽게 빠지곤 한다는 부정적인 지적도 많이 보인다.

다음은 향전鄕戰을 일으킨 이홍범 등을 처벌한 기사 말미에 사관이 적은 말이다. 향전은 마을의 주도권을 둘러싸고 벌이던 싸움으로 조선 후기 주요 폐단의 하나였다.

대저 호남의 풍속은 좌도左道에 나아가는 자가 많고 속임수가 백출하여 을해년1755부터 지금에 이르기까지 흉적들이 연달아 나왔으니, 국가의 근심을 가히 말로 할 수 있겠는가? _영조실록 38년(1762) 7월 20일

좌도는 유교가 아닌 다른 사상을 가리키는 것으로 유교를 신봉하고 있는 중앙에서 볼 때에는 이단사상이라 할 수 있다. 이런 지방색을 띤 배경에 대해서 시간을 거슬러 올라가 성종 때에는 다음과 같이 지적했다.

임금이 말하기를 "전라도는 옛 백제의 땅이다. 백성들이 견훤이 남긴 풍습에 물들어 이제껏 모두 고치지 못함에 따라 그 풍습이 이와 같이

된 것이다" 하니, 이극기가 말하기를, "견훤 이후로 고려 500년을 지내고 우리 왕조가 들어선 지도 거의 100년이 되었으나, 전해지는 풍속이 아직 없어지지 않아서 사람들이 다 완악하니, 명심하고 교화하지 않으면 고칠 수 없을 것입니다"고 하므로, 임금이 가상히 여겨 받아들였다.

_성종실록 6년(1475) 5월 17일

충청도는 '사대부의 고장'이라 일컬어졌다. 그러면서도 고집이 센 사람들을 통치하기 위해 무척 신경을 썼다. 다음은 사관이 쓴 내용이다.

대개 호서는 선비의 고장으로 평소에 다스리기 어렵다고 일컬어져 전후로 방백관찰사을 맡은 사람들은 대부분 부드러운 방도로 다스렸다. 그러나 조돈은 사람됨이 고집스러워 환곡을 돌려받을 때에 급하게 독촉했고 또 업무 평가에도 엄했으므로 관하의 수령들이 모두 성을 냈다.

_영조실록 32년(1756) 8월 29일

대체로 이곳 사람들을 살살 구슬리는 방식으로 다스렸는데, 조돈이란 사람이 부임하여 이를 잘 모르고 엄하게 다스렸다가 사달이 났다. 대전에서 교수로 있는 어느 한 사람이 이런 말을 했다. 회의에서 얘기된 사항이 통과된 것인지 아닌지 도대체 알 수가 없다는 것이다. "그만됐어유"라고 하면 긍정인지 부정인지 모르겠다는 것이다. 결코 속내를 드러내지 않는 고장이니 외지에서 온 사람이 다스리기가 쉽지는 않았을 것이다.

충청도도 전라도처럼 좌도에 빠져 천주교 신자가 많이 나온 곳이기

그림 4 해미읍성

도 하다. 2014년 8월 프란치스코 교황이 방한하여 우리나라 최초의 가톨릭 사제인 김대건 신부가 태어난 당진 솔뫼성지와 천주교 신자들의 순교 성지인 서산 해미읍성그림 4을 방문하기도 했다. 다음은 상소문에 나오는 말이다.

호서 지방은 본래 사대부의 고장으로 일컬어져 왔으니, 국가에서 의지하는 바가 어떠했겠습니까? 그런데 근래에 듣건대 사학邪學에 빠져든 것이 가장 심하여, 그 도당이 무척 늘어나 끝없는 근심이 다른 곳에 비해 몇 갑절이나 된다고 합니다. _순조실록 1년(1801) 4월 11일

경기도는 서울을 둘러싸고 있어서 중요한 지역으로 손꼽혔지만, 부역과 조세가 많아서 백성들은 고달팠다. 정조가 경기도 백성에게 유시한 내용을 보자.

동방 수천 리의 백만 백성이 그 누가 나의 백성이 아니겠는가마는, 경기는 국가의 근본이 되는 지역이니, 당나라의 기방冀方과 한나라의 삼보三輔와 같다. 원침園寢, 왕릉을 받들고 있고 요새지가 줄지어 있으며, 수로나 육로의 요충 지대로서 수레나 배가 모두 모이는 곳이다. 도성을 호위하고 여러 도로와 잇대어 있어 부역이 번다하고 과중해서 백성이 가난하고 수척하다. 비록 풍년이 든 해일지라도 창고에 수송하느라 시달리는데, 하물며 흉년을 만났으니 어찌 납부할 세금을 마련해낼 수 있겠는가? _정조실록 6년(1782) 8월 13일

서울에 붙어 있다는 것이 좋은 것만은 아니다. 왕릉이 있으니 임금의 잦은 행차에 불려나가야 했다. 그러니 국가의 근본이란 말도 다 허세에 불과했다.

이제 북쪽으로 눈을 돌리겠다. 소나무가 많은 개성은 송도松都라 불렸고 버드나무가 많은 평양은 유경柳京이라 했다. 지금 평양에 높게 짓고 있는 호텔이 유경호텔이다. 이런 배경 때문인지 개성에는 과부가 많고 평양에는 기생이 많았다고 한다. 한말에 대원군이 조선의 커다란 병폐 세 가지로 충청도의 양반, 전라도 아전과 평안도 기생을 들 정도였다. 「평양감사 향연도」는 평안도 관찰사 부임을 환영하는 행사를 그린 것인데, 대동강변에 불꽃 퍼레이드가 화려하게 펼쳐진 가운데 감사가

그림 5 평양감사 향연도(전 김홍도)

탄 배를 기생들이 탄 배가 뒤따르고 있는 것을 볼 수 있다.그림 5

그러나 북쪽 지방은 정권에서 소외된 곳이었다. 단지 북쪽의 방비를 위해서 무인들을 키우는 곳에 불과했다. 영조는 "우리나라의 남도는 유술儒術을 숭상하고, 북도는 무습武習을 숭상한다"고 말했다. 그러나 그 풍토도 점차 변하기 시작했다. 관서 지방에 다녀온 암행어사가 보고를 하자, 정조는 다음과 같이 지적했다.

서쪽 지방의 풍속이 장사하는 데로 쏠리고 잡술을 숭상하고 있어 걱정을 했다. 이에 윤음綸音, 임금의 말씀을 인쇄하여 배포하고 전교傳敎, 임금의 지시를 새겨 걸어서, 정녕 훈계를 눈으로 보고 감화되길 바랐다. 그런데 어사가 돌아와서 얘기한 폐단이 모두 전날과 마찬가지다. _정조실록 14년(1790) 3월 24일

평안도 지방에서 장사에 열중하는 모습이 떠오른다. 조선 후기에 개성의 송상松商, 의주의 만상灣商과 같은 개인 상인이 떠오르고, 대규모 상인들이 부상하는 한국사 책의 내용이 연상될 것이다.

아울러 평안도에서는 무술보다 문장 쓰기에 쏠리는 현상도 나타났다. 정조가 평안도 관찰사에게 이렇게 지시했다.

평안도는 무술을 숭상하는 지역인데 문학을 우선시하는 것이 날로 심해지니, 이것이 어찌 근래에 무술을 권장하는 뜻에 합당하겠는가. 각 지방관으로 하여금 무예를 시험하게 하여 … 모두 통달한 자를 뽑아내어 장계로 보고하라. _정조실록 16년(1792) 4월 21일

여기서 문학은 단순한 문학작품이 아니라 무예의 반대인 문과文科 공부를 가리킨다. 이런 풍습은 이미 숙종 때에 지적된 바 있으므로, 일찍부터 시작된 것 같다. 그동안 소외되었던 북쪽 지방이 점차 변해가는 모습을 감지할 수 있다.그림 6 그러다가 19세기에 서양 기독교의 감화를 일찍 받으면서 근대화의 첨병으로 올라서게 된 곳이 바로 이곳 서북 지방이다.

이와 관련하여 조선시대를 전공한 이성무는 다른 지역과 비교하여 이렇게 언급했다.

권력에서 밀려나 땅이라도 차지하고 있던 영남, 호남 지주들은 계속 지주적 지위를 유지해 그 자손들은 일본 유학을 할 수 있었고, 근대화에도 앞장설 수 있었다. 반면 관직에 매달려 있던 기호 세력은 청백리 제

그림 6 압록강변의 북한 풍양리 부근(2009. 9.)

도에 묶여 변변히 땅을 갖지도 못한 상황에서 국권을 잃게 되자 관직마저 날아가 버렸다. 그리하여 기호 세력은 천여 년간 유지해오던 정권을 영영 잃고 말았다. … 한편 서북 지방은 일찍부터 정계에서 소외되어 외래 종교인 기독교에 몰입해 개화에 앞장섰다. 그 덕에 많은 지식인을 양산할 수 있었다. 그러나 이들은 6·25 전쟁으로 실향민이 되어 교회의 목사나 대학교수 등 지식인으로 활동했다. _이성무 책, 머리글

지금 영남은 불교, 호남은 기독교가 우세하여 종교적 성향도 다르다. 그런데 지역색을 정치가들이 이용하면서 지역갈등이란 고질적인 병폐를 낳았다. 지역주의가 표면화된 것은 박정희가 처음 집권한 1963년 제5대 대통령선거라고 한다. 그는 선거운동 중 영남에서 지방색을 강조하고, 찬조연설자들은 "우리 경상도 사람 대통령으로 한번 뽑아보자"고 했다. 1971년 제7대 대선에서는 "경상도 대통령을 뽑지 않으면 우

리 영남인은 개밥에 도토리 신세가 된다"는 말도 나왔다. 1987년 대통령 직선제가 부활한 뒤로는 노태우, 김영삼, 김대중, 김종필 모두 지역에 기반을 두고 경쟁을 벌였다. 1992년 대선에서는 "우리가 남이가"라는 발언으로 인구에 회자된 초원복집 사건이 터졌고, 1995년 지방선거에서는 '충청도 핫바지'론이 불거져 자민련 돌풍을 일으켰다.문화일보 2014. 8. 6. 이런 지역갈등론은 한국 사회를 좀먹고 있지만, 여전히 해소되지 않고 있다.

끈질긴 전통문화

그림 1 러시아의 마트료쉬카(2008. 9.)

영국의 테디베어 인형처럼 러시아를 대표하는 나무 인형으로 마트료쉬카matryoshka라는 것이 있다.그림 1 몸통이 반으로 나뉘어 있어서 이를 열면 다시 인형이 나오고, 또 열면 또 나오고 하는 인형이다. 대개 스카프를 두른 아주머니의 모습을 하고 있지만, 내가 샀던 것 중에는 고르바초프에서 브레즈네프 등의 공산당 서기장을 거쳐서 스탈린, 레닌이 차례로 나오는 재미있는 것도 있다. 그런데 러시아 하면 떠오르는 이 인형이 실은 그리 전통이 오래되지 않은 사실을 알고 실망했었다.

이런 인형이 처음 만들어진 것이 1890년대이고, 게다가 몇 개의 인형이 세트를 이루는 것은 일본에서 사 온 인형에서 아이디어를 얻은 것이라고 한다. 불과 100여 년의 전통밖에 안 된 것이다. 그런 것이 지금은 러시아 전통 인형으로 알려져 있다. 사실 러시아 아주머니들이 흔히 두르는 플라톡platok 또는 샬shal이라고 하는 스카프도 19세기쯤에 인도

카슈미르 지방에서 들어온 것이라 한다.

이런 허무함은 베트남에 갔을 때도 느낀 적이 있다. 베트남 아가씨 하면 삿갓 모양의 모자와 함께 아오자이 또는 아오야이라는 옷이 떠오른다. 그림 2 바지를 입고 그 위에 기다란 상의를 입는데, 양쪽이 트여 있어 한층 섹시함을 느끼게 한다. 그런데 베트남 교수에게서 들으니 이것은 1930년대에 전통옷을 현대화한 국민개량복으로 시작된 것이라 한다.

이뿐만 아니다. 영국의 사례에서도 이를 찾을 수 있다.

그림 2 베트남의 아오자이(2003. 12.)

영국 왕실이야말로 현존하는 군주정 가운데 가장 화려한 역사와 전통을 자랑한다고 단언할 수 있을 것이다. TV 방송들은 엘리자베스 2세가 고색창연한 마차를 타고 의회 개원을 위해 웨스트민스터로 향하는 모습을 중계하면서 한결같이 '천 년의 전통'을 되뇌인다. 이를 보는 국민들은 새삼 왕실과 국가에 대한 존경심을 확인하곤 한다. 그러나 이처럼 거창한 왕실의례의 대부분이 천 년의 전통이 아니라, 실은 19세기 후반에 '만들어진 전통'이라는 사실을 알게 된다면 사람들은 아마 허망해질 것이다. _에릭 홉스봄 외 책, 역자 서문

또 스코틀랜드 하면 백파이프 소리와 더불어 남성이 입는 스커트인 킬트가 떠오를 것이다.그림 3 킬트는 각자의 씨족을 표시하는 색깔과 격

그림 3 에든버러의 백파이프와 킬트 (2013. 7.)

자무늬로 된 천으로 만든 것으로, 스코틀랜드인들은 이러한 장식이 까마득한 고대에서 유래한 것이라 믿고 있다. 하지만 이것도 18, 19세기에 만들어진 것일 뿐이다.

우리에게도 이런 사례들이 있다. 올림픽 경기 때에 대한민국을 대표하면서 국민을 열광시키는 태권도의 역사가 불과 반세기밖에 되지 않았다는 사실을 알게 되면 놀랄 것이다. '태권'이라는 말이 처음 등장한 것이 1955년이라고 하니 그 역사를 짐작할 수 있을 것이다.

근대 태권의 산파역을 수행한 최홍희는 1952년 한국전쟁의 전화 속에 제1군단장 참모장으로서 이승만 대통령이 직접 지켜보는 앞에서 자신의 공수도 시범을 보였다. 시범의 마무리에 맨손으로 13개의 기왓장을 일격에 완파해버리는 것에 너무나 감명을 받은 이승만 대통령은 모든 국민이 이 무술을 익히면 좋겠다고 하였다. 그리고 그는 자리를 뜨면서 최홍희에게 그 무술은 "태껸이로구먼"이란 한 마디를 남겼다고 한다.

우연이 아닌 듯 이승만의 태껸이라는 총평을 들은 후로부터 3년 뒤, 최홍희는 이두식 표기인 '태껸'의 한자음에 맞는 조어인 '태권'이란 두 글자를 창안하고, 1955년 4월 11일 명칭제정위원회를 통하여 공식적으로 통용하도록 장려하였다. _양영조 글, 246~247쪽

그림 4 대쾌도의 태껸 장면

전통무예로 태껸이 있었지만그림 4 이것이 일본의 가라데공수도와 결합되어 새로 만들어진 것이 태권도라고 한다.

우리 문화를 대표하는 김치도 현재의 모습으로 등장한 것은 18, 19세기에 와서다. 그 전에는 채소를 소금에 절여 만든 딤채였다. 무 장아찌나 동치미처럼 대개 무를 사용하였고, 당시의 배추는 이파리가 오늘날의 상추처럼 니는 모양이었던 것 같다. 지금과 같은 둥근 포기 모양의 배추가 중국에서 들어온 것은 18세기 말이었고, 16세기 말에 들어온 고추도 18세기 중엽 이후에나 김치에 사용하였다. 소금값이 치솟자 소금 사용을 줄이면서 저장 기간을 늘리기 위해 김치에 고춧가루를 넣기 시작했다고 전해진다. 따라서 배추, 젓갈, 소금, 고춧가루가 어우러져 맛깔스런 모습을 보이기 시작한 것은 200년도 채 안 되었다. 더구나 배추김치가 무김치를 능가하게 된 것은 20세기에 들어와서라고 한다.

지금도 이런 전통들이 속속 만들어지고 있다. 전국민속경연대회에

입상한 민속놀이 하나의 뒷얘기를 들은 적이 있었다. 20년이 훨씬 넘어서 기억이 가물거리지만, 강원도 어느 군청에서 출품작을 내야 하는데 마땅하지 않아서 지게꾼들이 부르는 노래와 다른 놀이를 결합시켜 하나로 만들어서 냈더니 입상했다고 하였다. 이런 과정을 거쳐서 오랜 전통을 지닌 것으로 포장되어 전해지게 되는 것이다.

지방자치제가 실행된 뒤에 전국이 축제 마당이 되어버렸다. 그러다 보니 축제 아이템을 찾기 위해서 수많은 아이디어가 전통이란 이름으로 고안되고 있다. 논개의 고향이라는 곳이 전국에서 여섯 군데나 나서고, 가공의 소설 주인공인 홍길동이 자기 고향 출신이라고 서로 경쟁을 벌인다.

지금까지 너무 전통의 허구성에 대해서만 얘기를 한 것 같다. 그런데 이렇게 근대에 만들어진 전통이 있는가 하면 오랜 기간 끈질긴 생명력을 유지해온 전통문화도 있다. 그것은 우리의 혼례, 장례의 풍습이다. 이런 예법은 가장 보수적인 모습을 띠게 마련이기 때문이다. 이 풍습들에 앞서서 한 가지 독특한 생활 습관부터 얘기를 시작해보겠다.

한국적인 특색을 보이는 장면 가운데 하나는 아기 업은 여인이 물건을 머리에 이고 가는 모습이다. 몇 년 전에 만주를 답사할 적에 동행했던 한 조선족 학자가 빨래하러 가는 여인을 붙들고 중국말이 아닌 조선말로 대화를 나누는 것을 보았다. 나중에 어찌 조선족인 것을 알았냐고 물었더니, 물건을 머리에 이고 가는 사람은 조선족밖에 없다고 했다. 여러 민족이 사는 만주 땅에서 조선족임을 드러내는 지표의 하나였던 것이다. 그런데 이런 전통은 적어도 고려시대까지 거슬러 올라간다. 고려에 사신으로 왔던 송나라 서긍1091~1153의 눈에도 이런 모습이 이국적으로 보였던 것 같다.

지고 이는 일이 그 노고는 한가지다. 물이나 쌀이나 마시는 것이나 다 구리 항아리에 담았으므로 어깨에 메지 않고 머리 위에 인다. 항아리에는 두 귀가 있어 한 손으로는 한 귀를 붙들고 다른 한 손으로는 옷을 추스리며 가는데, 등에는 아이를 업었다. _『고려도경』 부인, 대戴

여기에 묘사된 장면을 머리에 그려보면, 우리 자신도 목격했던 가장 일상적인 모습 그대로이다. 그러나 외국인에게는 매우 이국적으로 보였다. 고려와 현재 사이에 있는 조선시대에도 이런 모습에 대한 언급이 등장한다.

내가 보니 중국 부인들은 일이 있으면 어깨에 메고 다니는데, 우리나라에서는 머리에 이고 다닌다. 그런 까닭에 동월董越이 지은 부賦에 이런 말이 있다. "머리 위에 물동이를 이고도 손으로 붙잡지 않은 사람이 있으며, 열 말의 쌀을 이고도 단음질치듯 가는 사람이 있다." 이것은 대개 특이한 것을 기록한 것이다. _『지봉유설』 제국부諸國部, 풍속

동월은 조선 성종 때인 1488년에 왔던 명나라 사신으로 기행문인 『조선부朝鮮賦』를 지었다. 시골 아주머니들이 머리에 물건을 얹고 손대지 않고 잘도 걷는 모습이 역시 떠오를 것이다. 명나라 사신의 눈에도 이런 장면이 특이하게 보였던 것 같다. 이렇게 머리에 물건을 이고 등에 아이를 업은 장면을 이제는 시골에서도 찾아보기 어렵게 되었지만, 유구

한 전통을 지닌 가장 한국적인 풍경으로 손꼽을 수 있을 것이다.그림 5, 6

그림 5(위) 아기 업고 머리에 이고(김홍도)
그림 6(아래) 물건을 머리에 이고 아기에게 젖 물리는 여인

결혼을 우리말로 '장가가고' '시집간다'고 한다. '장가丈家가는' 또는 '장가드는' 것은 장인 집에 간다는 말이고 '시집간다'는 말은 시댁에 간다는 말이다. 신랑은 장인 집으로 가고 신부는 시댁으로 가게 되면 둘은 서로 만날 수 없지 않은가? 여기에는 처가살이와 시집살이란 두 가지 상반된 역사가 녹아 있다. 우리나라의 오랜 혼인 풍습은 남자가 여자 집으로 가는 것이었다.

그런데 고려 풍속으로 말하면 남자가 차라리 본가와 따로 살지언정 여자는 집을 떠나지 않게 되어 있습니다. 이것은 마치 중국 진秦나라 때의 데릴사위贅壻와 같아서 부모를 부양하는 것은 딸의 임무로 되어 있어서입니다. 그러므로 딸을 낳으면 사랑을 쏟으며 열심히 키워서 밤낮으로 그가 장성하기를 바라니, 그것은 부양해주기 때문입니다. _『고려사』 이곡 전기

원나라가 고려에서 어린 여자아이를 자주 공출하자, 이곡이 이를 폐

지해달라고 요청한 글이다. 중국의 데릴사위는 신부값을 내는 대신에 처가에서 스스로 노역을 하는 사위를 이른다.

처가살이하는 모습은 16세기 말 오희문의 일기에도 여러 차례 보인다. 그 가운데 하나를 보면 이렇다.

> 저녁에 이훤이 와서 만나보았다. … 이 현에 사는 좌수 권수 집에 데릴사위로 와 있다. 이훤은 곧 종실로서 안팎에서 일컫는 큰 집안 출신이다. 그러나 지금은 지극히 미천한 사람의 사위가 되었으니 그 인물됨을 알 수 있다. 산골 속이라서 본래 양반이 없지만, 권수는 여기에 사는 품관보다도 더 용렬한 자라고 하니, 탄식스럽고 탄식스러운 일이다. _『쇄미록』 1599. 윤4. 13.

이 기록만으로는 결혼을 약속하고 어렸을 때에 처가에 온 것인지, 아니면 결혼해서 처가살이를 계속하고 있는 것인지 분명하지 않다. 다만, 그가 친가로 가지 않고 처가에서 계속 머물러 사는 것은 분명하다.

처가에서 생활을 하니 자연히 처가 사람들과 가까워지게 되었다. 다음은 성종에게 아뢴 말의 한 부분이다.

> 우리나라의 풍속은 처가에 붙어살기 때문에 아내의 부모를 자기 부모처럼 보고 아내의 부모도 그 사위를 자기 자식처럼 봅니다. _성종실록 18년(1487) 8월 6일

자연히 아이는 외가에서 자라게 되니, 외가에 정을 많이 느낄 수밖에

없다. 오희문의 일기에서도 이를 찾아볼 수 있다.

며칠을 머물면서 외할아버지 산소에 가서 제사 지내고 절했다. 옛날에 나를 기르느라 애쓰신 은혜를 생각하니 눈물이 흐르는 것을 깨닫지 못했다. 나는 이 시골에서 나서 외할머니에게서 자랐으니 은혜가 부모와 같기 때문이다. 남은 술잔으로 두 외숙 산소 앞에서 제사드렸다. 두 외숙은 또한 내가 어렸을 때에 보호하고 길러주어 은혜를 많이 입었다.
_『쇄미록』 임진남행일록壬辰南行日錄

요즈음 아내의 주도권이 강해지면서 친가보다는 처가에, 고모보다는 이모에 가까워지는 추세에 있다. 또 아이를 돌보는 것도 시댁 부모보다는 친정 부모에 많이 의존하는 경향도 보인다. 옛날로 환원되는 듯한 느낌이다.

결혼식도 여자 집에서 치렀다. 그런데 이것이 성리학의 이념과 배치되었다. 남자가 여자를 따르는 것은 가부장적 질서와 상반되는 것이다. 이에 따라 조선시대에 와서 처가에서 여자를 맞이해 와 남자 집에서 혼례를 치르는 방식으로 바뀌었다. 이것이 친영親迎으로서 조선에서는 세종 때에 처음 시행되었다.

파원군 윤평이 숙신옹주를 친히 맞아 가니, 우리나라의 친영은 여기서 비롯되었다. _세종실록 17년(1435) 3월 4일

그러나 이것은 상층부에서 일어난 변화의 시작일 뿐 그 뒤에도 여자

집에서 혼인을 하게 되었다. 지금 지방마다 혼인을 어느 쪽에서 치르는지 조금씩 다르고, 대개는 양가가 상의하여 장소를 정하지만, 신부 집에서 결혼식을 올리고 신혼여행을 다녀와서는 처가부터 들러 일정 기간 머무는 것은 처가살이의 유산이 아직도 살아 있는 것을 보여준다.

그림 7 장례 풍습을 그린 영화 '축제' 포스터

혼례보다 더 강한 생명력을 보여주는 것이 장례다. 우연하게도 1996년에 우리의 장례 풍습을 다룬 영화 두 편이 개봉되었다. 소설가 이청준과 임권택 감독이 동반 창작했던 것으로 화제가 된 '축제'[그림 7], 그리고 이보다는 덜 주목을 받았던 박철수 감독의 '학생부군신위'였다. 앞의 것은 5년 넘게 치매에 시달리다 87세를 일기로 세상을 떠난 할머니의 삼일장 이야기고, 뒤의 것은 상가에서 벌어지는 각종 에피소드를 다루고 있다. 그런데 둘 다 상가가 무대이면서도 축제처럼 다루고 있다는 공통점이 있다.

바로 그렇다. 우리는 장례를 축제처럼 치렀다. 그리고 그 뿌리는 고구려까지 거슬러 올라간다. 다음은 이를 잘 보여준다.

사람이 죽으면 집 안에 빈소를 두었다가 3년이 지난 뒤 길일을 골라 장사 지낸다. 부모와 남편이 죽으면 모두 3년간 상복을 입고, 형제가 죽으면 3개월간 상복을 입는다. 처음 사망했을 때에는 곡하며 울지만, 장례를 치를 때는 북 치고 춤추며 음악을 연주하면서 죽은 사람을 보낸다. 매장이 끝나면 죽은 사람이 생전에 쓰던 옷과 노리개, 수레와 말 등을 무덤 옆에 두는데, 장례에 모인 사람들이 다투어 가져간다. _『북사』 고구려 전기

고구려인은 사람이 죽으면 처음에 슬피 울면서 곡을 하지만, 장례를 치르면서는 북치고 춤추고 음악을 연주하며 떠들썩한 분위기를 연출했다. 죽음과 어울리지 않는 흥겨움이 느껴진다. 조선시대에는 주검을 즐겁게 해주는 일이라고 해서 이를 오시娛尸 또는 영철야靈撤夜라고 불렀다. 동지사 신용개가 중종에게 이런 풍습을 혁파하게 해달라면서 아뢴 말이다.

부모의 상례와 장례에 집안 재물을 기울여 유밀과油蜜果, 전통 과자를 많이 만들어서 놋동이에 높이 괴어놓고, 손님을 모아 풍악을 벌여 시체를 즐기게 하면서, 이를 이름하여 영철야라고 합니다. 가난한 사람은 이 풍습에 어쩌지 못해 기한이 지나도록 장사를 치르지 못하니, 이는 아름다운 풍속이 아닙니다. _중종실록 4년(1509) 6월 4일

고구려와 거의 동일한 장례 풍습은 고대 북방민족인 오환烏丸에서도 보인다. 또 조선 후기에 청나라에 사신으로 다녀온 여행기에도 종종 이런 풍습이 언급되어 있다. 만주족의 풍습인지 원나라의 영향인지는 모르겠으나, 상가에서 북 치고 피리 불며 풍악을 베풀어 죽은 사람을 즐겁게 하였고, 만일 그러지 않으면 친척이나 이웃이 불효라고 지적했다고 한다. 이런 풍습은 주로 중국 북부에 퍼져 있었다.

그림 8 춤추는 아샨티족 장례식

멀리 아프리카 가나의 한 부족인 아샨티 부족도 장례식에서 흥겹게 춤추며 축제를 벌인다.그림 8 심지어 상주를 목마 태우며 춤을 춘다. 2013년 넬슨 만델라의 장례식에서도 사람들이 경기장에서나 볼 수 있는 부부젤라를 불고 춤을 추며 그를 추모하는 것을 보았다.

그런데 이런 풍습에 제동을 건 것이 성리학이었다. 자식으로서 부모가 살아계시면 효도를 다하고 돌아가시면 지극히 애통스러워 해야 하는 것이 사람의 도리요 자연의 이치인 것이다. 그런데 어찌 장례를 잔치처럼 치를 수 있겠는가? 불효의 심정으로 3년간 정성 들여 무덤을 보살펴야 했던 것이다. 조선시대에 들어와서 이런 풍속을 없애려 부단히 노력했던 것도 이해할 만하다. 먼저 태조 때의 기록을 보자.

지방의 백성들은 부모 장삿날에 이웃의 향도香徒를 모아서 술 마시고 노래 부르고 피리 불면서 애통해하지 않으니, 예절 있는 풍속에 누를 끼치고 있습니다. 원컨대 지금부터는 예전의 그릇된 점을 따르지 못하게 하고, 이를 위반한 사람은 엄격히 죄를 다스리게 하십시오. _태조실록 7년(1398) 12월 29일

이것은 지방 관청이 건의한 것을 도당都堂, 도평의사사에서 채택하여 왕에게 올린 내용이다. 여기서 향도란 불교 신앙 공동체로서 경조사 등 마을에 일이 생기면 상부상조하던 조직이었다. 이들이 중심이 되어 술 마시고 피리 불며 장례를 치르던 모습이 눈앞에 떠오를 것이다. 이것은 1천 년 전 고구려의 모습과 별로 차이가 없다. 그 중간에 이에 관한 기록이 없더라도 변함없이 이어져 온 전통을 충분히 유추할 수 있다. 세종 때에도 이런 풍습은 사라지지 않았다.

고려 말기에 지방의 무지한 백성들이 부모가 죽으면 도리어 간사한 마음을 가지고 즉시 그 집을 무너뜨린다. 또 부모가 거의 죽어갈 때에 숨이 아직 끊어지기도 전인데 집 밖에 내어두니, 비록 다시 살아날 가능성이 있더라도 죽음을 면하지 못한다. 장사 지내는 날에는 향도들을 많이 모아서 술을 준비하고 풍악을 베풀기를 평일과 다름없이 하니, 어찌 이런 풍속이 아직까지 없어지지 아니하였는가? _세종실록 11년(1429) 4월 4일

형조에 다음과 같이 지시했다. "우리나라 백성들의 상례와 제사가 고려의 비루한 풍습을 많이 이어받았다. 비록 금지법을 세워서 『육전』에 실었으나 담당자가 이를 제대로 규찰하지 못하여 예전 습관을 그대로 따

르기 때문에 바르게 될 기약이 없다. 지금 민간 풍속을 보건대, 평상시에는 높고 낮은 사람을 막론하고 음란한 제사를 숭상하고, 무당을 믿고 높이며 재물과 곡식을 허비한다. 또 상을 당하면 무당 집에 가서 풍악을 베풀어 귀신에게 잔치를 열거나, 절에 올라가서 재를 베풀어 복을 빈다. 장삿날에는 술과 음식을 많이 베풀어서 손님과 주인이 서로 위로하는데, 되도록 풍성한 것을 숭상하여 부유한 자는 과시하고 가난한 자는 힘들여 좇는다. 손님과 벗을 불러 모아 남자와 여자가 번다하게 뒤섞이며, 막대한 경비를 들인 뒤에야 만족히 여기고 향리의 자랑거리가 된다. 이것이 풍속이 되어 절약할 줄을 모르다가 한번 흉년을 만나면 곧 굶주리게 되니 진실로 답답한 일이다. …" _세종실록 19년(1437) 2월 14일

앞의 글을 통해서 고려시대에는 부모가 사망하면 집을 무너뜨리고, 임종에 이르면 집 밖에 시신을 내놓는 풍습이 있었던 것을 알 수 있다. 집에서 장례를 치를 때에 망자의 관을 집 밖에 내놓는 풍습을 강원도에서 본 적이 있다. 뒤의 글을 통해서는 무당이나 승려에 의존하여 장례를 치렀던 사실과 함께, 상가에서 손님 접대를 하면서 집안의 위세를 위하여 경비를 가리지 않고 풍성하게 치르는 것을 자랑으로 여겼던 사실도 알 수 있다.

무엇보다도 두 글은 풍악을 울리며 요란하게 장례를 치르던 습관을 비판하고 있다는 공통점이 있다. 조선시대에 금지법까지 제정할 정도였으나, 그 풍속은 후기까지도 여전히 사라지지 않았다. 다음은 영조 때의 자료다.

시독관 정휘량이 "우리나라는 예의로 나라를 세워 상제喪制를 가장 중요하게 여깁니다. 그런데 근래에 풍속이 점차 허물어져 백성들이 상을 치를 때 중이 염불을 하기도 하고 풍악을 잡으며 뒤를 따르기도 합니다. … 이는 실로 풍속 교화에 관계되는 일이니, 엄하게 금지하는 것이 마땅합니다" 하니, 임금이 "들어보니 지극히 한심하다. …"고 했다. _영조실록 18년(1742) 8월 28일

검토관 조운규가 말하기를, "호남의 풍속은 초상·장사에서 대상·소상에 이르기까지 음식물을 마련하고 풍악을 울려 손님에게 오락을 제공하면서 다투어가며 서로 이기기를 힘쓰니, 특별히 금지해야 합니다" 하자, 시독관 윤동준이 말하기를, "초상·장사에 풍악을 마련하는 것은 신은 진실로 듣지 못했습니다. 다만 음식물을 마련하고 손님을 접대하는 풍속은 있는데, 비단 호남 지방뿐만 아니라 영남 지방에서도 그러하다고 합니다" 하니, 임금이 말하기를, "우리나라에서 예의가 땅을 쓸어버리듯이 사라졌다. 형벌은 정치를 돕는 도구이니, 도신道臣, 관찰사이 교화로써 계도하되 이를 따르지 않는 자는 마땅히 형벌로 다스려야 할 것이다"고 하였다. _영조실록 20년(1744) 11월 26일

18세기 영조 때에 와서도 일반 백성들 사이에서는 승려가 염불을 하는 불교 풍습과 함께 풍악을 잡는 풍속도 여전히 사라지지 않고 계속되었다. 이를 두고 영조는 우리나라의 예의가 완전히 사라졌다고 개탄하면서 말을 안 들으면 형벌로 다스리도록 지시를 내렸다.

다음은 근대에 우리나라를 여행한 이탈리아인 까를로 로제티의 눈에

들어온 상여 행렬 모습이다.

색깔의 화려함은 별도로 하더라도 장례식의 주된 분위기가 분명 슬픈 것만은 아니다. 이것은 바로 자신들의 감정을 가장하려는 극동 아시아 모든 민족의 기질인 것이다. 상여꾼들은 종종 청중의 웃음을 자아내는 노래를 부르며 보조를 맞춰 행진하고, 가족을 둘러싼 친지들은 농담이나 웃음짓으로 가족을 홍겹게 하기 위해 온갖 수단을 쓰는데, 우리 관점에서 볼 때는 매우 어색하게 보이는 것이었다. _까를로 로제티 책, 133~134쪽

끈질긴 전통은 금지법이나 형벌로도 어쩔 수가 없었다. 지금은 상가가 아니라 병원이 주된 장례식장이 되었지만, 그 생명력은 여기서도 이어지고 있다. 술 마시고 고스톱 치며 밤을 밝혀주는 것이 미덕이고, 문상을 받을 때에는 상주가 애통한 표정을 짓지만, 돌아서서는 손님과 담소하며 웃음기를 띤다. 유교와 고유의 장례 표정이 겹쳐지는 순간이다.

조문객이 상주에게 하는 최선의 위로는 상주를 웃게 만드는 것이라 한다. 진도에서는 초상이 나면 '다시래기'라는 굿판을 벌이는데, 상가에서 벌이는 일종의 코미디로서 슬픔이 가득한 곳에서 사람들과 상주를 웃음으로 이끄는 역할을 한다. 언뜻 상반되는 이런 모습을 김대행은 그의 저서 제목처럼 한국인 특유의 '웃음으로 눈물 닦기'라고 불렀다.

몇 년 전에 세브란스 병원에서는 상가에서 떠들썩하게 술 마시는 분위기를 없애고자 영안실 구조를 바꾸어버렸다. 이곳에서는 문상을 하고 나와서 앉아 있을 공간이 없었다. 장례식장은 여러 사람이 만나는 만남의 장소이기도 한데, 눈만 껌벅이다 맥없이 돌아가게 만들어놓았

다. 조선시대에 성리학의 이념에 따라 법까지 제정하며 혁신하고자 했던 것이 고쳐지지 않았던 것처럼, 종교를 바탕으로 10여 년간 시도한 이 개혁도 결국은 오랜 전통과 타협하고 말았다.

사대와 자주

지금 우리는 미국, 일본, 중국과 어떠한 관계를 맺어야 하는지가 현안으로 되어 있다. 이것은 이들의 힘을 활용하려는 통일 전략과도 연계되어 있지만, 강대국의 입김에서 벗어나 자주적으로 살아보겠다는 의지의 표현이기도 하다. 그에 따라 반미니 반일이니 친중이니 하면서 논쟁이 벌어진다.

근대에 들어 만국공법이 적용되면서 모든 국가는 대등한 관계에서 외교를 맺게 되었다. 그러나 실제로 우리는 강대국의 영향 아래 있다. 주체사상을 내세우는 북한이지만 중국이나 러시아의 눈치를 보지 않을 수 없고, 우리는 미국이나 일본의 동향에 촉각을 세우지 않을 수 없다. 아무리 자주를 외쳐도 대통령에 당선되면 제일 먼저 미국을 방문한다. 조선시대의 사대주의는 모두들 비판하면서 현재 우리의 상황에 견주어 보지는 않는다.

사대니 자주니 하는 것은 우리의 의지로만 결정할 수 있는 것이 아니라 외국의 힘도 중요한 변수로 작용하는 것이라는 사실을 잊어서는 안 된다. 따라서 어떤 외교방식을 추구하든지 모두 생존 전략의 차원에서 이해할 필요가 있다. 전통시대에는 중국만이 유일한 강대국이었다. 게

다가 우리 옆에 바싹 붙어 있었다. 그러니 중국의 영향력은 지금의 강대국과 비견할 수 없을 정도로 대단하였고, 우리의 의지는 극히 제한될 수밖에 없었다.

다음은 청나라 위안스카이가 조선 정부에 보낸 글의 일부로, 청나라의 정치적 의도가 숨어 있기는 하지만 자주가 과연 무엇인지를 되새기게 한다.

"… 조선이 밖으로 예의를 다하여 외교하고 안으로 중국의 원조를 받는다면, 다른 나라 사람들이 함부로 속이고 업신여기지 못할 것이다 …" 하니, 어떤 사람이 "만약 그렇다면 조선은 끝내 자주를 할 가망이 없겠구나" 하여 이렇게 대답했습니다. "이게 웬 말인가? 조선은 스스로 자기 나라 임금을 세우고, 스스로 자기 백성을 다스리고, 각국과 조약을 맺고 있다. 그래서 서로 자주국이라고 부르되, 다만 중국의 관할을 받는 데 불과할 뿐이다. 만일 남의 신하로 되지 않는 것을 가지고 자주라고 한다면, 이것은 한갓 문자상의 체면이나 얻으려는 것이지 나라의 멸망은 돌아보지 않는 것이다. 헛된 이름을 얻으려다가 실제 화를 당하게 될 것이며, 아침에는 황제라고 부르다가 저녁에는 이미 파멸될 것이다. 그러니 어느 계책이 성공하고 실패할 것인가를 명확히 알 수 있다. …"_고종실록 23년(1886) 7월 29일

중국은 전통적으로 "하늘에 두 해가 없듯이 땅에는 두 왕이 있을 수 없다"고 생각하여 주변에 대등한 세력이 존재하는 것을 인정하지 않았다. 자신은 중화이고 나머지는 오랑캐일 뿐이다. 지금도 중국의 정책에

이런 사고가 종종 표출되는 것을 목격하게 된다. 더구나 진시황이 통일을 이룬 뒤에는 새롭게 '황제'란 용어를 만들었다. 전국 7웅이 모두 왕이라 칭했는데, 이제 이들을 모두 제압하여 통일을 이룩한 자신은 새로운 용어를 쓰고 싶었던 것이다. 그 과정에 대해서 다음과 같이 서술되어 있다.

진나라가 천하를 통일하고 나서 승상과 어사에게 이르기를, "… 과인이 보잘것없는 몸으로 군사를 일으켜 폭란을 토벌할 수 있었던 것은 조상의 혼령이 돌보았기 때문이다. 6국의 왕들이 모두 처벌당하여 천하가 크게 안정되었으니, 이제 호칭을 바꾸지 않는다면 그동안 이루어놓은 업적을 드러낼 수 없고 후세에 전할 수도 없을 것이다. 그대들은 제帝의 호칭을 논의하도록 하라"고 했다. 그러자 승상 왕관, 어사대부 풍겁, 정위 이사 등이 아뢰기를, "… 신들이 황공하게도 존호를 올리나니, 왕을 태황泰皇이라 하고, 명命을 제制라 하고, 영令을 조詔라고 하며, 천자天子가 스스로를 칭할 때는 짐朕이라고 하십시오" 했다. 그러자 진왕은 "태泰 자를 없애고 황皇 자를 취하고, 상고시대의 제帝라는 호칭을 채택하여 '황제'라고 부를 것이며, 다른 것은 그대들이 논의한 대로 하라"고 했다. 그러고는 "좋다"고 재가했다. … 또 이르기를, "… 짐은 최초로 황제가 되었으므로 시황제라 부르고, 후세에는 수를 세어서 2세, 3세라고 하여 만세에 이르기까지 길이 전해지도록 하라"고 했다. _『사기』 진시황 26년

이렇게 해서 '황제'란 말이 탄생했고, 최초의 황제, 즉 진나라 시황제가 등장했다. 그러나 진나라와 한나라가 있었을 때에는 아직 한반도

그림 1 광개토왕비(1993. 8.)

의 세력이 성장하지 못하였다. 우리나라에 고대국가가 출현한 때에는 중국이 다시 분열되고 북방민족이 중원으로 내려온 혼란기인 위진남북조시대였다. 그러니 중국의 통제력이 한반도에 강하게 미칠 수 없었다. 삼국시대에 고대국가마다 나름대로의 천하관天下觀을 가질 수 있었던 것은 이 때문이었다. 천하관이란 현실 세계의 공간적, 정치적 관념을 의미한다. 이에 비해서 세계관이란 말은 형이상학적이고 시간적인 관념을 내포한다.

단군의 아버지, 고주몽과 김수로, 박혁거세 등의 건국시조들은 모두 하늘에서 내려온 것으로 되어 있다. 고구려 기록에 다음과 같은 구절이 보인다.

> 옛날 시조 추모왕이 나라를 세웠으니, 그는 북부여에서 나온 천제天帝의 아들이요 어머니는 하백河伯의 딸이었다. _광개토왕비그림 1

> 하백의 손자와 일월의 아들인 추모성왕은 원래 북부여에서 나왔으니 … _모두루 묘지

추모왕, 즉 고주몽은 하늘신의 아들이었으니, 이 세상을 다스리는 최

고의 지배자로 정당화될 수 있었다. 중국의 천자天子, 일본의 천황天皇처럼 고구려에서는 이런 지배자를 천손天孫이라 불렀다. 하늘의 자손이란 뜻이다.

그러나 중국에 수·당 통일제국이 등장하면서 상황이 바뀌었다. 당나라는 주변국에 대해서 황제 중심의 수직적인 국제질서를 강요하였고, 이 뒤로는 중국과 대등한 국가임을 제대로 표방할 수 없었다. 유일한 것으로 1897년에 대한제국을 선포한 사례가 있을 뿐이다.

> 금년 9월 17일에 백악산 남쪽에서 천지에 고하는 제사를 지내고 황제의 자리에 올랐다. 나라 이름을 대한大韓이라 정하고 이해를 광무光武 원년으로 삼았으며, 종묘와 사직의 신위판神位版을 고쳐 썼다. 왕후 민씨를 황후로 책봉하고 왕태자를 황태자로 삼았다. _고종실록 34년(1897) 10월 13일

그렇지만 이것도 청나라가 쇠약해진 틈을 타서 자주 독립의 의지를 표명한 것에 불과하였다. 그마저 일본의 침략으로 오래가지 못하였다. 이것은 베트남이 19세기에 청나라 영향에서 벗어나 황제국을 표방하였다가 프랑스의 침략으로 실패한 사례와 비슷하다. 대한제국 이외에는 고려시대 묘청의 난이나 조선시대 이징옥의 난처럼 반란의 시기에 일시적으로 황제국을 천명한 적이 있다.

신라는 법흥왕부터 진덕여왕까지 독자적으로 연호를 채택하였고, 진흥왕은 '짐'이나 '제왕'이란 용어를 사용하였다. 지금 우리는 '서기'란 연대 표기 방식을 쓰지만, 전통시대에는 '연호'를 사용하였다. 지금 일본에서 새로운 천황 즉위와 함께 '헤이세이平成'란 연호를 사용하는 것

처럼, 황제 즉위와 더불어 통치이념을 나타내는 단어를 사용해서 새로운 연호를 만들었다. 때로는 통치 중간에 연호를 바꾸기도 하였다. 이러한 연호의 사용은 황제의 특권이었고, 제후국은 그 연호를 받아썼다. 따라서 신라가 연호를 채택한 것은 황제국임을 표방한 것과 같다. 그러니 당나라에서 가만히 있을 리가 없었다.

당 태종이 어사를 시켜 물었다. "신라는 신하로서 대국을 섬기면서 어찌하여 따로 연호를 칭하는가?" 신라 사신 한질허가 대답했다. "일찍이 천자의 조정에서 정삭을 반포하지 않았기 때문에 선조 법흥왕 이래로 사사로이 기년紀年을 가지게 된 것입니다. 만일 대국의 명령이 있었다면 작은 나라가 어찌 감히 그렇게 하겠습니까?" 하니, 태종이 수긍했다. _『삼국사기』 진덕왕 2년(648)

정삭이란 정월과 초하루를 의미하는 것으로 지금으로 치면 달력을 상징한다. 이 사건 뒤부터 신라는 당나라 연호를 받아쓰게 되었다. 그런가 하면 삼국통일을 이룩한 태종 무열왕의 호칭에 대해서도 제동을 걸었다.

신문왕 때에 당나라 고종(중종의 잘못)이 신라에 사신을 보내어 일렀다. "나의 아버지 당 태종께서 어진 신하 위징魏徵과 이순풍李淳風 등을 얻어서 마음을 합하고 덕을 같이하여 천하를 통일하였기 때문에 태종황제라 했다. 그런데 너희 신라가 해외의 작은 나라로서 태종이란 칭호를 사용하여 천자의 칭호를 범하였다. 그 뜻이 불충하므로 속히 그 칭호를 고치라.” 신라왕이 글을 올려 답했다. “신라는 비록 작은 나라지만 거룩한 신하 김유신을 얻어서 삼국을 통일했으므로 태종이라고 한 것입니다.” … 다시 사신을 보내 태종의 칭호를 고치지 말도록 했다. _『삼국유사』 태종춘추공

이렇게 해서 무열왕이 태종이라 한 것을 제외하고 다른 왕들은 묘호廟號를 사용하지 못하였다. 묘호란 종묘의 신위에 올리는 칭호로서 생전의 공적을 평가하여 붙인다. 이러한 묘호도 원래는 황제만 사용할 수 있었다.

그렇다면 고려시대와 조선시대에 어떻게 이런 묘호를 사용하였는지 의문을 제기할 것이다. 여기서 사대와 자주의 교묘한 줄타기를 볼 수 있다. 중국에 조공을 바치고 책봉을 받는 제후국이면서도 내부적으로 때로는 황제체제를 갖추거나 자존의식을 키우는 이중성을 띠게 된 것이다. 발해와 고려가 앞의 경우에 해당한다면, 통일신라와 조선은 뒤의 경우에 가깝다.

발해는 왕국이면서 내부적으로 황제제도를 따랐다. 우리 역사에서 독자적인 연호를 가장 오랫동안 사용한 나라가 발해이다. 고구려를 이어서 천손국을 자처하였고, 왕을 황상皇上이라 불렀다. 최근에 3대 문왕과 9대 간왕의 배우자 무덤이 발굴되었는데, 각각 효의황후, 순목황후라 하였다. 왕국의 ‘왕’과 황제국의 ‘황후’가 병존했던 것이다.

그런 형식은 고려로 계승되었다. 고려시대에 중국은 송, 요, 금나라가 각축하던 시절이라서 절대적인 패자가 등장하지 못했다. 이러한 국제정세는 고려가 스스로 황제라 일컬을 수 있는 환경을 만들어주었다.

956년에 만들어진 퇴화군대사종退火郡大寺鐘에는 이렇게 적었다.

그림 2
교산동 마애약사상과 명문(2007. 2.)

엎드려 금상황제今上皇帝의 덕이 사람들에게 미치길 빌며 …

또 977년에 조성된 하남시 교산동 마애약사상그림 2에도 이렇게 적었다.

태평 2년 정축 7월 29일에 옛 석불이 있던 것을 중수하오니, 금상황제께서 만세토록 오래 사시기를 기원합니다.

왕을 일러서 폐하, 성상폐하聖上陛下라 하였고, 수도인 개경을 황도皇都로 불렀다. 묘호도 그런 배경에서 사용되었는데, 원나라에 항복한 뒤로는 허용되지 않았다. 고려 왕 이름이 태조, 혜종, 정종 등으로 되다가 뒤에는 충렬왕, 충선왕 등으로 바뀐 것은 이 때문이다. 원나라는 이 명칭만 변경시킨 것이 아니라 황제의 제도를 왕의 제도로 모두 바꾸도록 하였다.

갑신일에 다루가치가 왕을 비난하여 "선지宣旨라 부르고 짐朕이라 부르고 사赦라 부르니 이것은 참월한 것이 아니냐?" 하니, 왕이 첨의중찬 김방경, 좌승선 박항으로 하여금 해명하여 말하기를, "감히 참월하려는 것이 아니라 단지 조상 때부터 전해오는 예를 따랐을 뿐인데 이제 어찌 감히 고치지 않겠는가?" 했다. 이리하여 선지를 왕지王旨로, 짐을 고孤로, 사를 유宥로, 주奏를 정呈으로 고쳤다. _『고려사』 충렬왕 2년(1276) 3월

다루가치達魯花赤는 원나라의 감독관이다. 고려시대는 왕의 생일을 천추절千秋節, 수원절壽元節이라 하여 절일, 즉 기념일로 삼았는데, 이것도 황제만 할 수 있었던 것으로 조선시대에는 단지 탄신일이라고만 하였다. 북한에서 김일성 생일인 4월 15일을 태양절, 김정일 생일인 2월 16일을 광명성절로 부르는 것은 이러한 봉건제도를 모방한 것이다.

태조 이성계가 위화도 회군을 하면서 내세운 명분이 사대事大였다. "소국은 대국을 섬기고, 대국은 소국을 돌본다"는 명분에서 출발한 것이 사대다. 조선이 상대한 나라는 강력한 통일국가로 재등장한 명나라와 청나라였다. 그리하여 조선은 이들의 제후국이 되지 않을 수 없었다. 그 연호와 달력을 빌어서 사용하였고, 황제의 색인 누런색 사용을 금지하였고, 하늘에 제사 지내는 것도 중단되었다. 황제는 하늘에 제사 지내고 제후는 단지 산천에만 제사 지낼 수 있었다. 또 황제에게 하는

예법으로 머리를 조아리는 고두례叩頭禮나 발 구르고 춤추는 무도례舞蹈禮도 폐지되었다. 현재의 교과부, 외교통상부 등의 중앙행정부처에 해당하는 전통시대의 관서인 이부, 호부, 예부 등 6부部 명칭도 이조, 호조, 예조 등의 6조曹로 바뀌었고, 수도 이름도 경京이나 도都라 하지 못하고 한성漢城이라 하였다. 그러나 특이하게도 왕의 묘호제도만은 그대로 유지하였다.

이러니 조선이 고려시대 역사를 정리하면서 당혹스럽지 않을 수 없었다. 역사는 원래 다음 왕조가 정리하는 것이 상례다. 그래서 조선 건국 후에 『고려사』를 편찬했는데, 고려가 참람하게 황제를 칭한 사실을 그대로 두자니 자신의 정책과 맞지 않고 그렇다고 지우자니 사실 그대로 적는 역사 편찬 원칙에 위배되기 때문이었다.

이리하여 타협책을 내놓았다. 천자의 역사인 본기本紀 대신에 제후의 역사인 세가世家로 설정한 것이다. 원래 '기전체'라 하는 역사서는 본기, 지, 열전으로 편목이 구성되어 있다. 『고려사』는 본기 대신에 태조세가, 혜종세가 등으로 부른 것이다. 이것은 고려시대에 편찬된 『삼국사기』에 신라본기, 고구려본기, 백제본기로 쓴 것과 대조된다. 그 대신에 황제제도와 관련된 역사적 사실은 그대로 살려두었다. 『고려사』 편찬 범례에 "무릇 종宗, 폐하, 태후, 태자, 절일節日, 제制, 조詔와 같은 것은 비록 참람한 것이지만 당시에 부르던 것을 그대로 살려둔다"고 밝혀놓았다.

조선이 이렇게 제후국에 충실하였으나, 내부적으로는 다른 방법으로 자존심을 지켜나갔다. 조선은 어디까지나 중국과 구별되는 곳이었다. 이승휴가 지은 『제왕운기』에는 이렇게 노래했다.

요동에 따로 한 세상이 있으니, 중국과 뚜렷이 구분되었도다.
한없이 넓고 큰 파도가 삼면을 두르고, 북쪽에 육지가 있어 선으로 이어졌도다.
가운데 1천 리가 바로 조선이니, 강산의 형세가 천하에 이름났도다.

이곳에서는 독자적인 생활권을 이루며 중국에 버금가는 문명을 꽃피웠다. 소중화小中華, 즉 '작은 중화' 의식이 바로 그것이니, 이것은 이미 고려시대에 등장한다. 이승휴의 노래를 다시 보자.

밭 갈고 우물 파는 예의의 나라
중화인이 이름하여 소중화라 하였네

조선시대에 이 의식은 더욱 강화되었다. 명나라 못지않게 유교문화를 향유하는 조선은 소중화였고, 그렇지 못한 여진과 일본은 오랑캐일 따름이었다. 이에 따라 나라를 처음 연 단군과 함께 중국에서 와서 문명교화를 일으킨 기자箕子가 중시되었다. 태초에 중국 문명의 한 흐름이 우리에게 이어진 근거가 되기 때문이다. 그런데 중화로 받들던 명나라가 오랑캐의 청나라에게 멸망하자, 이제는 조선만이 중화가 되어 명나라의 유일한 후계자라는 생각으로 바뀌었다. 이리하여 '소중화의식'은 조선이 중화라는 '조선중화의식'으로 탈바꿈했다.

이때에 명나라를 대신하여 청나라 오랑캐를 치자는 북벌론北伐論이 제기되기도 하였지만, 현실적으로 청나라를 공격할 여력이 없었다. 이 의식은 거꾸로 청나라를 배우자는 실학자들의 북학론北學論으로 바뀌었다.

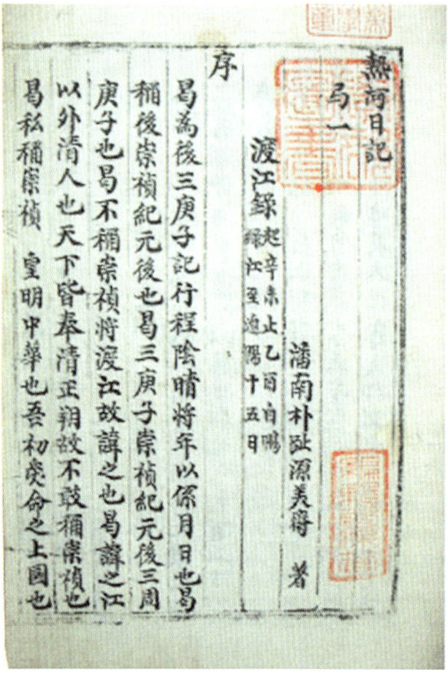
熱河日記 卷一

渡江錄 起辛丑止乙酉自鴨綠江至遼陽十五日

潘南朴趾源美齋 著

序

曷爲後三庚子記行程陰晴將年以係月日也曷稱後崇禎紀元後也曷三庚子崇禎紀元後三周庚子也曷不稱崇禎將渡江故諱之也曷諱之江以外淸人也天下皆奉淸正朔故不敢稱崇禎也曷私稱崇禎 皇明中華也吾初受命之上國也

그림 3 『열하일기』 시작 부분

그러나 북학론의 대표자인 박지원만 해도 정신까지 청나라에 굴복한 것은 아니었다. 청나라에 다녀온 기행문으로 유명한 『열하일기』 첫머리에 그의 생각이 잘 나타나 있다.그림 3

> 어찌해서 '후삼경자後三庚子'라 했는가? … 숭정 기원 뒤 세 번째 경자년을 말한다. 그러면 왜 '숭정'을 바로 쓰지 않았는가? 장차 강을 건너려고 이를 피한 것이다. 왜 이를 피했는가? 강 건너에 청나라 사람이 있기 때문이다. 천하가 모두 청나라 정삭을 쓰니 감히 숭정이라 하지 못한다. 그러면 왜 사사로이 숭정을 쓰는가? 명나라가 중화로서 처음에 우리가 명령을 받든 윗나라이기 때문이다. … 청나라 사람들이 중국에 들어가 주인이 되자 선왕의 제도가 변하여 오랑캐가 되었지만, 동방 수천 리는 강을 경계로 삼아 나라를 유지하며 홀로 선왕의 제도를 지켰으니, 이것은 명나라 황실이 아직도 압록강 동쪽에 존재한다는 사실을 보여준다. 비록 저 오랑캐를 몰아내서 중원을 깨끗이 하여 선왕의 제도를 복구하기에는 역부족이지만, 모두 숭정이라도 높여서 중국을 보존할 수 있을 것이다. _『열하일기』 도강록渡江錄 서문

이 책이 집필된 '후삼경자'는 정조 4년1780이다. 명나라 마지막 연호

인 숭정의 원년은 1628년이고, 그로부터 첫 번째 경자년은 1660년이고, 두 번째는 1720년, 세 번째는 1780년이 되는 것이다. 전국을 여행하다 보면 조선 후기에 이런 식으로 연대를 표기한 유적지를 많이 발견할 수 있다. 또 비석에 '유명조선국有明朝鮮國'이라 하여 청나라가 아닌 명나라에 속한 조선을 강조한 표현도 많다.그림 4

그림 4 '유명조선국'이 새겨진 비석 (2009. 10.)

그러나 서양의 천문학과 지리 지식이 들어오면서 중국이 이른바 세계의 중심이 아닌 사실을 새삼 깨닫게 된다. 이에 따라 중국 중심의 세계 인식도 변화를 맞게 되었다. 다음 글은 정약용이 북경에 사신으로 가는 한치응에게 보낸 것이다.

> 내가 보건대 중국이란 것이 어찌하여 중中이 되는지 알 수 없고, 동국이란 것이 어찌해서 동東이 되는지 알 수 없다. 무릇 해가 제일 위에 있을 때를 오시午時라 하는데, 오시에서 해가 뜨고 질 때까지의 시간이 같으면 내가 곧 동서의 가운데 서 있다는 것을 알 수 있다. 또 북극은 고도가 약간 높고 남극은 약간 낮은데, 전체 경사의 반이 되면 내가 곧 남북의 가운데 서 있다는 것을 알 수 있다. 무릇 동·서·남·북의 가운데라면 가는 곳마다 중국 아닌 곳이 없는데, 어찌 동국을 따로 볼 수 있는가? 이미 가는 곳마다 중국 아닌 곳이 없는데, 어찌 중국을 따로 볼 수

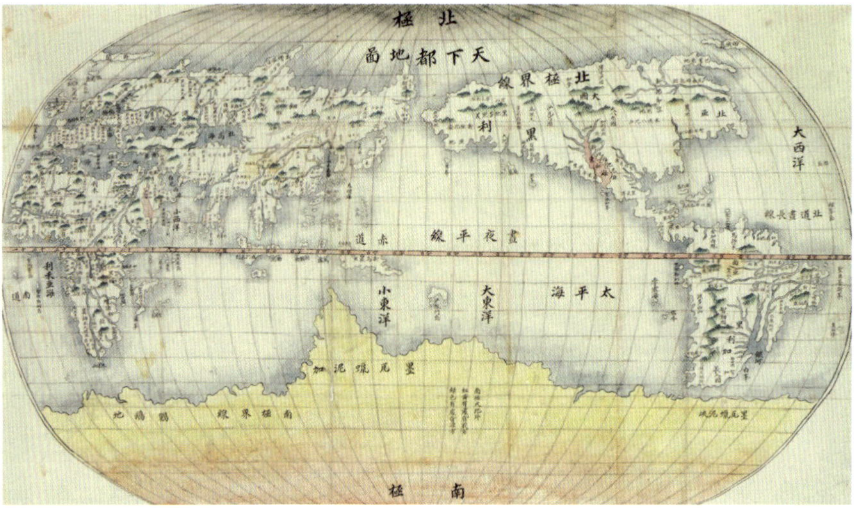

그림 5 천하도지도(天下都地圖)

있는가? _『여유당전서』 송한교리사연서送韓校理使燕序

이때만 해도 북극은 높고 추우며, 남극은 낮고 덥다고 생각했다. 규장각에 소장된 세계지도에는 북극을 파랗게 칠한 반면에 남극은 빨갛게 칠한 것이 있다.그림 5 남쪽으로 갈수록 더워진다고 생각했기 때문이다.

전통시대에는 유일한 강대국으로 우리 옆에 바로 붙어 있었던 중국과 어떤 관계를 맺으면서 우리 나름의 생존방식을 강구하느냐가 중요한 과제였다. 중국에 대항할 수 있을 만큼 세력을 키워서 황제를 자칭하였던 수많은 민족은 대부분 중국의 소수민족으로 전락해버렸다.

한나라와 대결하였던 흉노족, 남북조시대에 북조의 왕조를 열었던 선비족, 요나라를 세운 거란족, 금나라와 청나라를 세운 여진족은 모두 독립을 잃고 말았다. 다만 원나라를 세운 몽골족만 독립국가로 남아 있을 뿐이다. 우리 역사를 볼 때에도 수·당나라와 맞대결을 벌였던 고구려가 결국 삼국통일의 최종 승리자가 되지 못하였던 사실을 곰곰이 생각해봐야 한다.

삶과
죽음

세상의 탄생 | 사람의 본질 | 태어나서 살고지고 1
태어나서 살고지고 2 | 인물 평가 | 죽음과 무덤 | 사람 제물
망자를 위한 기억 | 국가 풍수와 개인 풍수

세상의 탄생

우리가 살고 있는 이 세상을 우주 또는 세계라고 부른다. 그런데 이 말에는 공간의 개념과 시간의 개념이 함께 들어 있다. 천자문 첫머리에도 나오는 우주는 공간을 의미하는 '우宇'와 시간을 의미하는 '주宙'가 합쳐진 말이다. 세계의 '세世'는 시간 개념이고 '계界'는 공간 개념이다.

왕희지의 「난정서」에 "고개 들어 우주의 광대함을 바라보고, 고개 숙여 만물의 무성함을 살핀다"고 한 것은 그 뜻이 잘못되었다. '우'는 우러러볼 수 있지만, '주' 역시 우러러볼 수 있겠는가? … 『문자文子』에 "상하와 사방을 '우'라 이르고, 옛날은 지나가고 지금은 오는 것을 '주'라 이른다"고 하였다. _『성호사설』 시문문, 우주宇宙

이집트 룩소에 있는 왕들의 계곡을 여행할 때에 태양 안에 쇠똥구리가 그려진 무덤 벽화가 눈에 들어왔다.그림 1 고구려 벽화의 삼족오가 떠올랐다. 이 때문에 촬영 금지를 어기고 몰래 사진을 찍었다. 이집트인들은 쇠똥구리가 쇠똥을 굴리듯이 태양신이 태양을 굴린다고 생각했다고 한다. 반면에 우리는 음양사상에 기초하여 태양에 삼족오, 달에 두

그림 1
세티2세 무덤의 태양 표현(2004. 2.)

껴비를 그렸다.

태양은 동쪽에서 떠서 서쪽으로 간다. 동아시아에선 태양이 뜨는 곳에 신선이 사는 생명의 땅이 있다고 생각한 반면에, 인도인은 태양이 왜 서쪽으로 가려고 하는가를 생각했다. 서쪽을 신성한 곳으로 생각하였기에 불교의 극락정토는 서방에 있다. 부석사 아미타불이 다른 부처와 달리 서쪽에 앉아서 중생이 사는 동방을 바라보고 있는 것도 이 때문이다.

사람은 누구나 이러한 세상의 시작에 관심이 많다. 어느 집단이건 간에 세상 창조에 대한 신화나 이야기를 가지고 있다. 성경 첫 머리에 천지창조 신화가 나온다. "태초에 하나님이 천지를 창조하시니라. 땅이 혼돈하고 공허하며 흑암이 깊음 위에 있고 하나님의 신은 수면에 운행하시니라"에서 시작하여 천지와 만물, 인간을 창조하는 것으로 끝을 맺고 있다. 이것은 단지 기독교인 신앙에 그치는 것이 아니라 근동 지방에서 보편적으로 공유되고 있던 신화였다. 여기에 제시된 이집트 그림을

그림 2 이집트의 천지창조 신화

보면, 공기의 신 슈Shu가 대지의 신 겝Geb, 누워 있는 검은 여신으로부터 하늘의 신 누트Nut를 떼어내 올리고 있는 천지창조 모습이 묘사되어 있다.그림 2

혼돈에서 질서로, 무에서 유로 나아가는 이야기는 비단 여기에만 나오는 것이 아니다. 내용이 조금씩 다르기는 하지만, 그것은 인간이 보편적으로 가질 수 있는 세계관이었다. 중국의 고전인 『장자』에도 이와 비슷한 내용이 보인다.

천지의 시초에는 무無가 있었다. 존재하는 것이란 아무것도 없고 이름도 없었다. 여기서 '일一'이 생겨났는데, '일'은 있어도 아직 형체가 없었다. 만물은 이 '일'을 얻어 생겨나는데 그것을 덕德이라 한다. _『장자』 외편, 천지天地

이 뒤의 내용은 추상적이기는 하지만 형체가 발생하는 것으로 이어진다. 『회남자』에는 이보다 상세한 내용이 실려 있다.

천지가 나타나지 않았을 때는 형체가 없고 투명했다. 그래서 태소太昭라 했다. 도道는 텅빈 것에서 시작되었다. 텅빈 것이 우주를 만들어내고 우주는 기氣를 만들어냈다. 기는 조용히 쌓여 있다가, 청양淸陽한 것은 뿌옇게 올라가 하늘이 되고 중탁重濁한 것은 엉겨서 땅이 되었다. 청묘淸妙한 것이 모이기는 쉬워도 중탁한 것이 응결되기는 어렵다. 그러므로 하늘이 먼저 생기고 땅이 나중에 생겼다.

천지에 집합된 기운은 음양이 되고, 음양의 순일純一한 기운은 4시時가 되었으며, 4시의 넘쳐 흐르는 기운은 만물이 되었다. 양이 축적된 뜨거운 기운은 불을 만들어내고, 화기火氣의 정기는 해가 되었으며, 음이 축적된 찬 기운은 물이 되고, 수기水氣는 달이 되었으며, 일월이 넘쳐 정이 되어 성신星辰을 이루었다. 하늘은 일·월·성·신을 받았고, 땅은 물·빗물·먼지·티끌을 받았다. _『회남자』 천문훈天文訓

전한前漢시대에 저술된 책이니 지금으로부터 2천 년이 훨씬 더 되었다. 여기에서는 텅 빈 것에서 기운이 형성되었고 음양에 따라 천지가 형성되어간 것으로 서술되어 있다. 그러면서도 천지, 일월, 만물이 형성되는 과정은 성경과 비슷해 보인다.

이 책의 영향을 받은 것으로 여겨지는 것이 8세기 전반에 편찬된 일본 역사서 『일본서기』의 시작 부분에 등장한다.

그 옛날 하늘과 땅이 아직 갈라지지 아니하여 음양이 미분화되었을 때, 계란과 같이 혼돈하였고 흐릿한 가운데 형상의 싹이 포함되어 있었다. 맑고 양기 있는 것은 엷게 나부껴서 하늘이 되고, 무겁고 탁한 것은 당기고 엉키어 땅이 될 때, 정묘精妙한 것은 상승하기 쉽고 중탁하게 엉긴 것이 굳어지기는 어려운 일이다. 그러므로 하늘이 먼저 이루어지고 땅이 후에 정해졌다. 그 다음에 신이 그 가운데 생겨났다. 개벽의 초에 국토가 떠 움직이는 것이 말하자면 노는 고기가 물 위에 떠도는 것과 같았다. 이때 천지 가운데에 일물一物이 생겼으니 갈대싹과 같았다. 문득 변하여 신이 되었다. … 모두 삼신三神이다. 건도乾道가 혼자서 변하여 이 순수한 사내를 낳게 된 것이다. _『일본서기』 신대神代 상

이것은 일본인들의 창세신화를 보여주는 것으로서, 혼돈에서 질서와 만물이 형성되고 신이 등장하고 마지막에 사람이 나타나는 것이 비록 순서에는 차이가 있지만 성경 창세기와도 비슷하다. 다만 일본에서는 유일신이 아니라 온갖 신이 탄생하는 점이 다르다. 『고사기』를 보면 창세기에 수많은 신이 탄생한다. 일본은 최첨단의 나라이면서 어디를 가나 신이 존재하는 만신萬神의 나라요 신사神社의 나라인데, 고대적인 모습이 지금껏 변하지 않고 내려오는 것이다.

그런데 우리 문헌에서는 이런 창세신화를 찾을 길이 없다. 분명히 우리에게도 무언가 있었을 터인데, 12세기 중반에 편찬된 가장 오래된 역사서인 『삼국사기』 첫머리에는 이미 신라 사람들이 마을을 이루고 살던 시절부터 나오고 그 이전 시대는 언급이 없다. 이보다 늦게 쓰인 『삼국유사』에는 단군신화가 등장하지만 역시 신과 만물이 존재하던 시

절부터 나타난다. 시기가 늦은 문헌만이 전해지다 보니, 외래의 사상이 이미 고유한 생각들을 밀어낸 뒤의 모습만 전하고 있기 때문일 것이다. 고구려 벽화에는 벽 최상부의 용틀임을 경계로 하여 지상세계와 천상세계를 그리고는 있지만,그림 3 창세신화는 보이지 않는다. 그래서 우리는 제대로 된 창세신화를 찾아볼 수 없게 되었다.

그림 3 오회분 4호묘의 지상과 천상 세계

외래의 성리학이 들어오면서는 만물이 '도道', '기氣'에서 발생했다는 사고방식이 자리 잡게 되었다. 고려 말기에 이색1328~1396이 지은 글에서 이를 찾을 수 있다.

도는 대허太虛, 큰 허공에 있지만 본래 아무런 모양도 없다. 이를 모양으로 나타내는 것은 오직 '기'가 하는 일이다. 그래서 큰 것은 천지가 되고, 밝은 것은 일월이 되고, 흩어져서는 풍우와 서리·이슬이 되고, 우뚝 솟아서는 산악이 되고, 흘러서는 강과 하천이 된다. _『목은문고』 서경풍월루기西京風月樓記

그런가 하면 조선시대 김세필1473~1533과 서경덕1489~1546은 각각 다음과 같이 세상의 탄생을 논했다.

혼돈이 한번 갈라지자 하늘이 위에 있고 땅은 아래에 있게 되었다. 중간에 있는 것들은 하늘에서 기氣를 부여받고 땅에서 질質을 기탁받았다. 저 땅에서 솟은 것은 산이 되고 깊은 것은 물이 되었다. _『십청헌집』 산인경회산수축서山人敬懷山水軸序

태허가 맑으면서 아무런 형체도 없는 것을 선천先天이라고 부른다. 그 크기는 바깥이 없고, 그 처음은 시작이 없으며, 그것이 온 곳을 알 수가 없다. 맑고 비고 고요한 것이 '기'의 원래 모습이다. … '하나의 기'가 나뉘어 음양이 되고, 양이 극도로 고동하여 하늘이 되었으며, 음이 극도로 모여서 땅이 되었다. 양이 극도로 고동하면서 그 정기가 맺혀서 해가 되고, 음이 극도로 모이면서 그 정기가 맺혀서 달이 되고, 나머지 정기가 흩어져 별들이 되었으며, 땅에 남은 것은 물과 불이 되었다. 이것을 후천後天이라 부르니, 곧 움직이고 작용하는 것이다. _『화담집』 원리기原理氣

퇴계 이황1501~1570은 이러한 성리학적 사고를 그림으로 그려놓았으니 '성학십도聖學十圖'가 그것이다. 10개의 그림 가운데 첫 번째 그림에는 무 → 음양 → 5행 → 남녀 → 만물의 생성 과정을 표시했다.그림 4

조선시대 성리학적 창세관은 주자의 사고에서 비롯된 것으로서 다분히 사변적이고 추상적이다. 그런 점에서 이미 고대적인 소박한 창세관과는 거리가 있다고 할 수 있다.

이와 관련하여 흥미로운 것은 다음 자료이다. 산에서 발견되는 소라와 조개는 지금 과학 지식으로는 쉽게 이해할 수 있지만, 과거에는 해석하기 어려운 문제였을 것이다. 주자는 이 사례를 들어서 하나의 세상이 사라지고 새로운 천지개벽이 이루어진 증거로 삼았다.

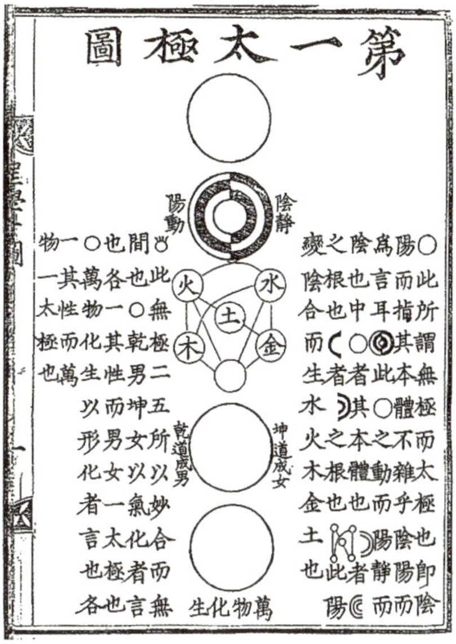

그림 4 성학십도 제1도

주자가 천지개벽을 논하면서 "일찍이 높은 산에서 소라껍데기와 조개껍데기가 간혹 돌에서 생겨나는 것을 보았다. 이 돌은 옛날에 흙이었고, 소라와 조개는 물 속에서 사는 생물이다. 낮은 것이 변해서 높게 되고, 부드러운 것이 변해서 강하게 되는데, 이 일을 깊이 생각해 보면 증거할 수 있겠다"고 하였다.

내[이익]가 생각하건대, 천지개벽할 즈음에는 사람이건 동물이건 다 사라져 없어지기 마련이다. 진실로 주자가 논한 바와 같다면, 저 소라와 조개만이 우뚝 살아남을 수 있겠는가? 지금 모래 한 알과 돌 한 덩이가 있다 할지라도 어찌 이것이 모두 천지와 더불어 살아 있을 수 있겠는가?

생각건대, 돌이란 물과 흙의 기운이 응결하여 이루어진 물건이다. 따라서 응결할 때에 소라와 조개가 그 사이에 섞이게 되는 것은 이상하게 여길 만한 것이 아니다. 이들이 높은 산에서 발견되니, 이것은 분명히 이와 비슷한 다른 물체가 산 위에서 생겨나는 것이요 바다 소라와는 다른 것이다.

지금 군대에서 불 때 사용하는 소라껍데기도 반드시 산속에서 구해 얻는다고 하니, 물성[物性]의 다양성을 어찌 다 궁구해 알 수 있겠는가?

비록 산에서 나는 이것이 무엇인지 알 수는 없으나, 만약 일찍이 바닷속에 있던 것이 변해서 이렇게 된 것이라고 한다면 나는 결코 그렇지 않다고 생각한다. _『성호사설』 만물문, 고산나봉高山螺蜂

태극도太極圖에 대한 논의에 나오는 이 주자의 생각은 오히려 현대 과학에 가깝다. 반면에 이 책의 저자인 이익은 화석화 과정은 수긍했지만, 바다생물이 산 위에서 발견되는 원리는 미처 깨닫지 못해서 아마 다른 생물일 것이라고 생각했다. 아무튼 주자나 이익 모두 산 위에서 발견되는 소라나 조개 화석을 통해서 이 세상의 개벽을 생각했다는 점은 흥미롭다. 여기서 좀 더 궁구했더라면 현대 과학으로 나아갔을 터인데, 그러지 못한 점이 아쉽기만 하다.

지금까지 본 것과 종류가 다른 창세관을 볼 수 있는 자료가 없는 것은 아니다. 조선시대에 저술되었다고 하는 『규원사화』가 1980년대 후반에 한참 대중의 관심을 끌었다.

태고에 음양이 갈라지지 아니하고 홍몽洪濛한 채 오래 닫혀 있었다. 천지는 혼돈하고 귀신도 매우 슬퍼하고 해와 달과 별들도 잡것에 쌓인 채 질서가 없고, 바다는 흐리고 깊어 뭇 생물은 자취를 찾을 길 없고, 우주는 다만 암흑의 큰 덩어리일 뿐이었다. 물과 불은 잠시도 쉬지 않고 서로 밀치기 수백만 년이었다. 상계上界에는 마침 한 큰 주신主神이 있었으니 환인이라 하였다. 온 세상을 다스리는 헤아릴 수 없는 지혜와 능력을 가지고 있었으나 그 형체는 나타내지 아니하고 가장 높은 하늘에 자리 잡고 있었다. … 이때에 한 큰 주신이 두 손을 마주잡고 곰곰이 생각해 말하기를 "이제 우주라고 하는 큰 덩어리가 어둡게 닫힌 지 이미 오래다. 혼원混元한 가운데 쌓여서 낳고 길러지기를 바라니 만일 때를 맞추어 열지 아니하면 어찌 헤아릴 수 없는 공덕을 이룰 것인가?" 하고 이에 환웅천왕을 불러 우주를 여는 일을 행하도록 명을 내렸다. 명을 받은 천왕은 그곳을 떠나 여러 신을 독려하여 각자 크게 신통함을 나타내게 하니 다만 풍운이 어둡고 검푸르고 깊으며 번개가 줄기져 번쩍이고 우레와 벼락치는 것만을 보게 되었다. 그러자 옥녀玉女가 질색하고 모든 귀신들이 도망치니 이에 천지가 열리어 하늘과 땅이 비로소 나누어지게 되었다. 그것은 너무도 넓어 그 끝을 이루 알 수가 없었다. 이에 해와 달에게 명하니 해와 달은 바퀴처럼 서로 구르고 돌아 고운 햇빛을 하늘과 땅에 비치도록 하였다. 해를 가게 해서 낮이 되게 하고, 달을 가게 해서 밤이 되게 하고, 또 별들에게 명하여 하늘에 돌게 하고 4시를 정하게 하여 햇수와 날수를 다스리게 하였다. 이로써 하늘과 땅이 나누어지고 해와 달이 돌도록은 하였으나 땅에는 물과 불이 정해지지 못하고, 바다는 혼돈하게 쌓인 기운이 열리지 못한지라 한 큰 주신이 두 번째로 환웅천왕에게 명하여 크게 법력을 나타내게 하니 다만 땅덩어리와 물가가 보이더니 비로소 땅과 바다가 정해지게 되었다. … 다만 천지 사이에 마땅히 만물의 어른을 두어야 하니 그 이름은 사람이요, 하늘과 땅과 더불어 삼재三才가 되고 만물의 주인이 되게 하였다. … 한 큰 주신은 네 번째로 환웅천왕에게 명하여 "이제 사람과 그 밖의 만물을 다 만들었으니 너무 아끼지 말고 무리를 이끌고 인간 세상으로 내려가 하늘을 이어 가르침을 세우고, 만세토록 후생後生의 모범이 되게 하라"고 하였다. 이어 천부인 세 개를 주며 말하기를 "이것을 가지고 가서 천하에 펴라" 하였다. 환웅천왕은 기쁘게 명령을 받들고 천부인 셋을 가지고 풍백과 우사와 운사 등 삼천명의 무리를 이끌고 태백산의 박달나무 아래에 내려왔다. _『규원사화』

그러나 내용을 자세히 검토해보면, 이것은 동양의 창세신화와 단군 신화가 교묘히 결합된 것이고, 심지어는 성경 창세기에서 따온 듯한 구절도 보인다. 이것만은 아니지만 이런 이유로 근대에 와서 조작된 위서僞書로 여겨지고 있다.

그러면 정말 우리에게는 창세신화가 없는 것일까? 창세신화라 하면 천지개벽, 인간 창조, 해와 달의 등장 등이 기본을 이루고 있는데, 어렸을 때 읽었던 전래동화에 그런 비슷한 것이 들어 있던 것이 기억난다. 그리고 무당이 부르는 무속신화에도 천지창조 이야기가 전해진다. 물론 말로 전해지다 보니 후대의 요소들이 첨가되어 있기는 하지만, 아마 전래의 창세신화는 여기에 살아 있는 듯하다. 창세신화와 관련된 것으로는 경기도 오산의 '시루말', 함경도 함흥의 '창세가', 제주도의 '천지왕본풀이' 등이 있다고 한다.

1923년에 함흥에 살던 무녀 김쌍돌이 제공한 것이라는 '창세가'를 현대어로 풀어쓴 것이다.

하늘과 땅이 생길 때에
미륵님이 탄생하니
하늘과 땅이 서로 붙어
떨어지지 아니하여

하늘은 가마솥 뚜껑처럼 도드라지고
땅은 네 귀에 구리 기둥을 세우고
그때는 해도 둘이요 달도 둘이요
달 하나 떼어서 북두칠성, 남두칠성 마련하고
해 하나 떼어서 큰 별을 마련하고
잔별은 백성의 직성直星, 운수 관장 별으로 삼고
큰 별은 임금과 대신大臣의 별로 삼았네
…
미륵님이 탄생하여
미륵님 시절에는 생식을 잡수시어
불 아니 넣고 생낟알을 잡수시어
미륵님은 섬들이로 잡수시어
말들이로 잡숫고, "이래서는 안 되겠다
나 이리 탄생하여, 물의 근본, 불의 근본,
나밖에는 없다, 내어야 쓰겠다"
풀메뚜기 잡아내어
형틀에 올려놓고
석문 삼치 때리며
"여봐라, 풀메뚝아, 물의 근본, 불의 근본 아느냐"
풀메뚜기 말하기를
"밤이면 이슬 받아먹고
낮이면 햇발 받아먹고
사는 짐승이 어찌 아나

나보다 한 번 더 먼저 본
풀개구리를 불러 물으시오"
풀개구리를 잡아다가
석문 삼치 때리시며
"물의 근본, 불의 근본 아느냐"
풀개구리 말하기를
"밤이면 이슬 받아먹고
낮이면 햇발 받아먹고
사는 짐승이 어찌 아나
나보다 두 번 세 번 더 먼저 본
새앙쥐를 잡아다 물어보시오"
새앙쥐를 잡아다가
석문 삼치 때려내어
"물의 근본, 불의 근본 아느냐"
쥐 말이 "나를 무슨 공을 세워주겠습니까"
미륵님 말이 "너는 천하의 뒤주를 차지하라"
한즉, 쥐 말이 "금정산 들어가서
한짝은 차돌이요, 한짝은 시우쇠요
툭툭 치니 불이 났오
소하산 들어가니
샘물 솔솔 나와 물의 근본"
미륵님, "물과 불의 근본 알았으니
인간 말하여보자"

옛날 옛 시절에
미륵님이 한짝 손에 은쟁반 들고
한짝 손에 금쟁반 들고
하늘에 축사祝詞하니
하늘에서 벌레 떨어져
금쟁반에도 다섯이요
은쟁반에도 다섯이라
그 벌레 자라나서
금벌레는 사내 되고
은벌레는 계집으로 마련하고
은벌레, 금벌레 자라나서
부부로 마련하여
세상 사람들이 나왔어라
…

_김헌선 책, 230~233쪽

이것이 우리 조상들이 고유하게 지녔던 세상 창조에 대한 생각을 가장 가깝게 전하고 있을 것이다. 앞에 인용한 성리학적 창세관보다 훨씬 재미있고 생동감이 있지 않은가?

그러면 언제 이 세상이 탄생한 것으로 보았을까? 이에 대한 자료는 잘 보이지 않는다. 다만 이와 비슷한 것을 발견할 수 있을 뿐이다.

우선, 장유1587~1638는 천지창조의 시간에 대해서 의문을 표시하였다.

북극 아래에서 남극 위까지 몇 만 억 리나 되는지 나는 알지 못한다. 동해 서쪽과 남해 북쪽이 몇 만 억 리나 되는지도 나는 알지 못한다. 내가 태어나기 전부터 혼돈의 시작까지는 몇 년이나 되었을까? 내가 태어난 후 천지가 끝날 때까지는 몇 년이나 걸릴까? 천지는 끝이 없고 고금은 다함이 없으니 그 사이에 만물이 태어났다 사라지는 것은 '있는 듯하고 없는 듯하다'고 해야 할 것이다. 미미한 내 몸으로 말하면 겨우 만물 중에 하나일 뿐이니 티끌과 터럭으로도 그 작은 것을 비유하기 부족하고 부싯돌 불꽃이나 번갯불로도 그 빠름을 비유하기에 부족하다. _『계곡집』 방언放言

이처럼 천지의 생성에서 나까지, 그리고 나로부터 천지의 소멸까지 얼마나 걸릴지에 대해서 궁금증을 표현하였다. 그러나 그 구체적인 숫자는 제시하지 않았다.

중국의 주자는 송나라 유학자 소강절邵康節, 1011~1077의 견해를 따라서 이 세상의 처음에서 끝까지를 일원一元이라 하여 129,600년으로 잡았다. 1원은 다시 12회會로 나뉘는데, 각 회마다 만물의 변화가 일어난 것으로 설명했다.표 참조 1회는 다시 30운運, 1운은 12세世, 1세는 30년으로 나누었다. 1원이 끝나면 이 세상은 다시 사라지고 새로운 세상이 태어난다고 하여 우주의 순환을 염두에 두었다. 앞에서 인용한 소라와 조개 얘기는 이렇게 세상이 바뀌는 과정에서 생겨난 것으로 보았던 것이다.

천지개벽의 연대는 우리나라에서도 고려시대에 불교 사상과 연관되어 나타난다.

표. 12회의 우주 주기(김영식 책, 232쪽)

회(會)	기간(년)	주요 사건
1	1~10,800	하늘의 시작
2	10,801~21,600	땅의 시작
3	21,601~32,400	사람과 사물의 시작
4	32,401~43,200	
5	43,201~54,000	
6	54,001~64,800	
7	64,801~75,600	요 · 순 임금 시절
8	75,601~86,400	송나라 때
9	86,401~97,200	
10	97,201~108,000	
11	108,001~118,800	사람과 사물이 사라짐
12	118,801~129,600	천지의 끝

옥룡집玉龍集과 자장전慈藏傳 및 여러 사람의 전기에 모두 이렇게 말했다. "신라의 월성 동쪽에 있는 용궁龍宮의 남쪽에는 가섭불의 연좌석이 있는데, 그곳은 곧 전불前佛 시대의 절터다. 그리고 지금 황룡사그림 5 지역은 곧 일곱 가람의 하나다." … 석가불로부터 내려와 지금의 지원 18년 신사년1281까지가 벌써 2,230년이나 되었으니, 구류손불로부터 가섭불 시대를 지나 지금에 이르기까지는 몇만 년이나 된다.

우리 왕조의 명사 오세문은 역대가歷代歌를 지었는데, 거기 보면 금나라 정우 7년 을묘년1219에서 거슬러 헤어서 4만 9,600여 세에 이르면, 곧 반고씨가 천지개벽한 무인년이 된다 했다. 또 연희궁 녹사 김희령이 편찬한 대일역법大一曆法에서는 천지개벽이 이루어진 상원 갑자로부터 원풍 갑자1084에 이르기까지가 193만 7,641세라 하였다. 또 찬고도纂古圖에서는 천지개벽에서 춘추시대 기린을 얻은 때까지가 276만 세라 하였다.

여러 경전을 보면, 가섭불 때로부터 지금까지가 이 연좌석의 나이가

그림 5 황룡사지(2002. 9.)

된다고 했으나 겁초劫初의 천지개벽 때와 비교하면 오히려 어린애에 불과하다. 세 사람의 설이 이 어린애 같은 돌의 나이에도 미치지 못하는 편이니, 그들은 천지개벽의 설에 대해서 너무나 동떨어진 것이다. _『삼국유사』 가섭불연좌석迦葉佛宴坐石

고려 오세문은 천지개벽에서 1219년까지 4만 9,600여 년이 흘렀다고 보았고, 김희령은 이보다 훨씬 오래된 것으로 보아서 1084년까지 193만 7,641년이 흘렀다고 보았다. 그리고 중국의 찬고도에서는 춘추시대 노나라 애공哀公이 서쪽으로 순행하다가 기린을 얻었다고 하는 기원전 477년까지를 이보다도 더 오랜 276만 년이 지난 것으로 생각하였다.

그러나 일연은 불교적인 연대관으로 볼 때에 이들은 너무 짧게 계산

한 것이라고 비판하였다. 경주 황룡사터에 가섭불이 좌선했던 곳이라 전해지는 바위가 있는데, 가섭불은 석가모니보다 앞서 전세前世의 일곱 부처 가운데 여섯 번째 부처이다. 우리나라도 부처의 나라라는 이데올로기로 부회된 것이지만, 이를 토대로 일연은 석가모니부터 1281년까지 2,230년이 흘렀고, 이보다 앞 시기로 올라가면 몇만 년이 된다고 주장하였다. 따라서 가섭불로부터 더 거슬러 올라가 천지개벽까지는 앞의 세 가지 설보다도 훨씬 오래되었을 것으로 추정하였다.

이상이 이 세상의 시작에 대한 생각들이다. 이런 사고가 현대 서양 과학이 들어오기 전까지 우리 사회를 지배하고 있었다.

사람의 본질

그림 1 영화 '아일랜드' 포스터

인간 복제가 가까운 장래에 일어날 시대에 살고 있다. 2005년에 개봉된 '아일랜드'라는 영화는 이러한 주제를 다루었다.[그림 1] 주인공 자신이 지구 재앙에서 살아남은 생존자로 알고 있었으나, 사실은 다른 사람에게 신체와 장기를 제공하기 위해서 만들어진 복제인간이라는 것을 확인하고, 마침내 자신과 똑같이 생긴 의뢰자를 만나게 된다.

그런가 하면 남의 얼굴을 통째로 떼내어 이식하는 내용을 다룬 '페이스 오프'란 영화가 몇 년 전에 나오더니, 2005년에 프랑스에서 실제로 그러한 이식 수술이 이루어졌다.[그림 2] 이러한 일들은 인간의 정체성에 대해 심각한 질문을 새롭게 던져준다.

세상이 어떻게 생겨났는지, 그리고 인간이 어떻게 나타났는지는 지금뿐 아니라 과거에도 커다란 수수께끼였다. 성경에는 하나님이 흙으로 빚어 남자를 만들고, 남자의 갈빗대 하나를 뽑아 여자를 만들었다고 쓰여 있다. 아담과 하와가 그들이다. 로마의 시스티나 성당 천장에 그려진 미켈란젤로의 천지창조 그림은 이를 표현한 것으로 유명하다.그림 3

우리 역사에서 사람의 본질에 대한 생각은 몇 단계를 거치면서 바뀌었다. 단군신화에 보이는 곰 이야기는 선사시대 이래의 생각을 담고 있다.

佛서 세계 첫 부분 안면이식 성공…'페이스 오프' 성큼

뇌사자 코·턱·입술 피부조직 떼내
개에 물린 38세 여성환자 안면복원

두 사람 얼굴이 감쪽같이 뒤바뀌는 영화 '페이스 오프(Face Off)'의 상상력이 현실화되는 것일까? 다른 사람의 얼굴을 부분적으로 이식하는 안면 수술이 세계 최초로 프랑스에서 성공했다고 현지 언론들이 일제히 보도했다.

최초 안면이식 수술 어떻게 진행됐나

지금까지의 수술은 대부분 환자 자신의 등이나 엉덩이 등을 이용한 부분 이식이었고, 다른 사람의 얼굴을 코, 입 등 얼굴 주요 부위에 이식하기는 이번이 처음이다.

지난달 27일 북부 아미앵의 병원은 개에게 물려 코 등을 잃은 38세 프랑스 여성에게 부분 안면이식 수술을 실시했다. 환자 상태는 현재 양호하고 이식 부위도 정상이라고 30일 병원 측은 밝혔다.

신원이 공개되지 않은 이 여성은 지난 5월 개에게 물리는 사고를 당했다. 코와 입술, 턱을 잃어 말도 제대로 못하고 음식도 씹기 힘든 상태였다. 수술을 담당한 의료팀은 프랑스 중남부 도시 리옹의 에두아르 에리보 병원에서 근무하는 장-미셸 뒤베르나르 박사와 아미앵 대학병원의 베르나르 드보셸 박사 등.

그림 2 '페이스 오프'가 현실로(조선일보 2005. 12. 2.)

이때 곰 한 마리와 범 한 마리가 같은 굴에서 살았는데, 환웅에게 사람 되기를 늘 빌었다. 때마침 환웅이 신령한 쑥 한 심지와 마늘 스무 개를 주면서 말했다. "너희들이 이것을 먹고 백 일 동안 햇빛을 보지 않는다면 사람이 될 것이다." 곰과 범은 이것을 받아서 먹었다. 곰은 이를 실행

그림 3 아담의 창조

그림 4 각저총에 그려진 호랑이, 곰

한 지 21일 만에 여자가 되었으나, 범은 그러지 못하여 사람이 되지 못했다. 여자가 된 곰은 그와 혼인할 상대가 없었으므로 항상 박달나무 아래에서 아이 얻기를 빌었다. 환웅은 임시로 사람이 되어 그와 결혼하였다. 임신하여 아들을 낳으니 단군왕검이라 이름 지었다. _『삼국유사』 고조선

이래서 곰이 우리 민족의 어머니가 되었다. 고구려 벽화인 각저총에 그려져 있는 유명한 씨름 장면 옆에는 나무 한 그루가 서 있고, 그 나무 아래쪽에 두 마리 짐승이 보인다. 희미하기는 하지만 왼쪽은 호랑이, 오른쪽은 곰처럼 보여서 단군신화의 전설이 고구려에서도 전해졌던 것이 아닌가 생각된다.그림 4

1984년에 "우리나라의 시조인 단군이 하느님의 아들인 환웅과 곰이 사람으로 변했다는 웅녀와 결혼하여 탄생했다는 이야기가 실제로 있었던 일이라고 생각하십니까?"라는 한국일보 설문조사에 대해서 48.5퍼센트가 허위라고 답했으나 놀랍게도 22.8퍼센트가 그렇다고 답했고,

그림 5 오회분 5호묘의 농사신 염제(신농씨) 모습

나머지 28.7퍼센트가 무응답 또는 무어라 말할 수 없다고 하였다.한국일보 1984. 2. 19. 그렇다고 답한 22.8퍼센트는 학교에서 배운 그대로가 답이라고 생각해서 그랬던 것인지, 아니면 정말 자신의 몸속에 곰의 피가 흐른다고 생각하고 있었는지 지금도 이해를 할 수 없다.

『삼국유사』가 집필된 고려시대에는 곰이 사람이 된다는 생각을 도저히 할 수 없었다. 그러나 시대를 거슬러 올라가면 어느 종족이건 간에 자신과 특별한 혈연관계가 있다고 하여 신성시하는 동물이나 식물이 있었다. 단군신화도 이와 같은 토테미즘의 유산이다. 고구려 시조인 고주몽, 신라 시조인 박혁거세, 김알지, 석탈해 모두 알에서 태어난 것으로 묘사된 것 역시 그러하다.

중국의 고대 신화에도 특별한 탄생이 그려져 있다.

무지개가 신모神母를 둘러서 복희씨를 낳았고, 용이 여등女登에게 교감하여 염제炎帝, 그림 5를 낳았으며, … 간적簡狄은 알을 삼켜 설契을 낳았고, 강원姜嫄은 거인의 발자취를 밟아 기弃를 낳았고, 요 임금의 어머니는 잉태한 지 14개월 만에 그를 낳았으며, 패공沛公의 어머니는 용과 큰 못에서 교접하여 한나라 고조 패공을 낳았다. _『삼국유사』 기이紀異 서문

단군신화를 기록한 가장 빠른 책이 고려 말기의 『삼국유사』지만, 이 신화에 고대의 역사적 진실이 담겨 있다고 생각하는 것은 이러한 요소 때문이다. 이것은 또 다른 단군신화와 비교해보면 쉽게 이해할 수 있다.

이 분이 단웅천왕이다. 손녀에게 약을 먹여 사람 몸이 되게 한 뒤 박달나무 신과 결혼시켰으니, 아들을 낳아 단군이라 이름 지었다. _『제왕운기』

후대로 내려오면 곰이 사람이 된다는 사실은 합리적이지 못하다고 생각하여, 이처럼 손녀에게 약을 먹이는 것으로 변모시켜 놓았다. 이 두 신화를 보면 앞의 것은 고대적이고, 뒤의 것은 후대적이라는 것을 확인할 수 있다.

어머니가 지렁이와 관계를 가져서 탄생했다는 견훤의 설화도 고대적인 요소를 담고 있다.

또 『고기』에는 이렇게 말했다. 옛날에 한 부자가 광주光州 북촌北村에 살고 있었고 딸이 하나 있었는데, 그 딸은 얌전하고 참했다. 딸이 아버지에게 말했다. "매번 자주색 옷을 입은 남자가 제 침실에 와서 관계를 갖곤 합니다." 이에 아버지가 일렀다. "네가 긴 실을 바늘에 꿰어 그 남자의 옷에 꽂아두어라."

딸은 그 말을 따랐다. 날이 밝자 북쪽 담 밑에서 실을 찾으니, 바늘이 큰 지렁이의 허리에 꽂혀 있었다. 이리하여 임신하여 사내아이를 낳았는데, 나이 열다섯 살이 되자 스스로 견훤이라 일컬었다. _『삼국유사』 후백제 견훤

그런데 이와 유사한 신화가 712년에 완성된 일본 『고사기』에도 전한다. 여기서는 지렁이가 아니라 신사의 신으로 바뀌어 있을 따름이다.

이쿠타마요리비메活玉依毘賣는 그 용모가 단정하고 예뻤다. 그런데 그녀에게는 남자가 있었는데 그 모습 또한 당시 누구와도 비할 수 없을 만큼 훌륭했다. 한밤중에 홀연히 찾아와 서로 혼인을 하여 지내는 동안 별로 시간이 흐르지 않았음에도 불구하고 그 미녀는 임신을 하게 되었다. 그녀의 부모들은 그녀가 임신한 사실을 알고 이상하게 여겨 딸에게 묻기를 "너는 분명히 아이를 가졌다. 남편도 없는데 어찌하여 임신을 하게 되었느냐?"라고 하였다.

여기에 그녀가 대답하기를 "수려하게 생긴 남자가 있는데, 그 성도 이름도 모릅니다. 매일 밤마다 찾아와 서로 같이 지내는 동안 어느덧 임신을 하고 말았습니다"고 하였다. 이 말을 들은 부모는 그 남자의 정체를 알아내기 위해 딸에게 "황적색 점토를 마루 앞에다 뿌려놓고 실패에 감긴 실을 바늘에 꿰어 그 남자의 옷자락에 꽂아놓아라"고 가르쳐주었다.

그리하여 그녀는 부모가 시키는 대로 하였는데 다음 날 아침 일어나 보니, 바늘에 꿰어둔 실은 출입문의 열쇠 구멍을 통해 빠져나가 있었고

다만 그곳에 남아 있는 실은 세 가닥뿐이었다. 따라서 그 남자가 열쇠 구멍을 통하여 빠져나갔음을 알고 실을 따라 가보니 미와야마美和山 신사神社에 이르러 그쳤다. 이러한 까닭으로 미루어보면 오호타타네코가 신의 아들임을 알 수 있는 것이다. _『고사기』 스진천황崇神天皇

단군신화에 대한 생각은 성리학이 들어오면서 다시 바뀌게 된다.

우의정으로 있다가 벼슬을 그만둔 유관이 글을 올리기를, "… 또 어떤 이가 말하기를, '단군은 박달나무 곁에 내려와서 태어났다 하니, 지금 말하는 삼성三聖은 결코 믿을 수 없다'고 합니다. 그런데 신이 또 태고의 맨처음을 살펴보건대, 혼돈이 열려서 먼저 하늘이 생기고 뒤에 땅이 생겼으며, 천지가 있게 된 뒤에는 기氣가 변하여 사람이 생겼습니다. 사람이 처음 생겨난 뒤에는 모두 형체를 가지고 서로 계승하게 되었으니, 어찌 사람이 생긴 지 수십만 년 뒤의 요임금 때에 다시 기가 변해 사람이 생겨나는 이치가 있었겠습니까. 나무 곁에서 태어났다는 설은 진실로 황당하고 괴이한 것입니다. 엎드려 바라옵건대 혜안으로 결정하시고, 해당 관청에 명하여 도읍한 곳을 찾아내서 그 의혹을 없애게 하소서" 하니, 보류하라고 명하였다. _세종실록 10년(1428) 6월 14일

삼성은 세 명의 성인, 즉 환인, 환웅, 단군을 가리킨다. 천지가 생성될 적에는 기운이 변해서 사람이 되었지만, 그 뒤로는 계속 잉태를 통하여 사람이 태어났는데, 수십만 년 뒤에 다시 기운이 변하여 단군이 될 수 있겠느냐는 의문이다. 성리학적 합리성으로 따져봐도 믿을 수 없다는

말이 된다. 그러니 석가모니의 탄생에 대해서도 의문을 제기하지 않을 수 없다.

하윤이 "… 대개 서역 사람들이 모두 포악하고 무도하기 때문에 석가모니가 자비 불살생으로 달래고 윤회보응으로 겁을 준 것이니 임금이 믿을 바가 아닙니다"고 대답하니, 임금이 "그렇다"고 했다.

또 "석가모니가 오른쪽 옆구리에서 탄생했다는데 성인들이 어찌하여 이에 대해서 쓰지 않았는가? 사람이 죽으면 지옥에 돌아간다는 것도 거짓인가?" 하니, 하윤이 대답했다. "이것은 매우 이치 없는 말입니다. 어찌 사람으로서 옆구리에서 난 자가 있겠습니까? 그래서 성인이 쓰지 않은 것입니다. 또 사람은 음양오행의 기운을 받아서 태어나고, 죽으면 음양이 흩어져서 '혼'은 올라가고 '백'은 내려가는 것이니, 다시 지옥으로 돌아갈 것이 무엇이 있겠습니까? 이것은 볼 수 없는 미래의 일로 어리석은 백성을 불교가 유혹한 것이니 임금이 믿을 것이 못 됩니다." 임금이 그렇게 여겼다. _정종실록 2년(1400) 1월 10일

이처럼 고려 말기부터 유포되어 조선의 건국 이념이 된 성리학이 조선 사회를 지배하면서 인간의 본성에 대한 생각도 바뀌었다. 서서히 고려시대의 불교적인 인간관이 조선시대의 유교적인 인간관으로 바뀌어 간 것이다. 그에 따라 윤회설도 부정되기 시작하였으니, 다음 글에서도 이를 생생히 느낄 수 있다.

어떤 사람이 내게 "자네는 … '혼과 백이 서로 떨어져 혼기魂氣는 하늘

로 올라가고 체백體魄은 땅으로 내려간다'고 했는데, 이것은 사람이 죽으면 혼과 백이 각각 하늘과 땅으로 돌아간다는 말이다. 그것은 부처가 말한 '사람은 죽어도 정신은 사라지지 않는다'는 그 말이 아닌가" 하고 묻는다면, 나는 "… 불이 다 꺼지면 연기는 하늘로 올라가고 재는 떨어져 땅으로 돌아가게 되는 것이니, 이것은 사람이 죽으면 혼기는 하늘로 올라가고 백은 땅으로 내려가는 것과 같다. 불의 연기는 곧 사람의 혼기이고 불의 재는 곧 사람의 백이다. 또 불기운이 꺼져버리면 연기와 재가 다시 합하여 불이 될 수 없는 것이니, 사람이 죽은 후에 혼과 백이 다시 합하여 생물이 될 수 없다는 이치는 명백하지 않은가" 하고 대답할 것이다. _『삼봉집』 불씨잡변, 불씨윤회지변佛氏輪廻之辨

정도전1342~1398은 조선 건국의 이념을 완성한 인물로, 특히 불교 비판에 앞장섰다. 사람이 죽으면 혼은 하늘로 올라가고 육체와 분리될 수 없는 백은 대지로 돌아가는데, 이 둘이 어찌 합해서 다시 인간이 될 수 있는가 하여 윤회에 따른 내세에서의 탄생을 부정하였다. 그는 인간과 만물의 차이도 음양오행설로 풀이하였다.

앞에서 사람과 사물이 태어나는 이치를 자세히 논했으니, 이것을 이해한다면 윤회설의 문제점은 자연히 분명해질 것이다. 윤회설이 그리 되면 인과응보설의 문제점은 따로 밝히지 않더라도 자명해질 것이다. 그러나 그대의 질문이 있으니 내 어찌 근본에 근거하여 다시 말하지 않겠는가.

대개 음양오행이란 서로 교차하면서 운행하기 때문에 뒤섞여 일정하지 않다. 그러므로 기에는 통함과 막힘, 치우침과 바름, 맑음과 탁함, 두

터움과 엷음, 높음과 낮음, 긴 것과 짧은 것의 차이가 있게 된다. 사람과 사물이 생겨날 적에, 때를 잘 맞추어 바름과 통함을 얻으면 사람이 되고, 치우치고 막힘을 얻으면 사물이 된다. 사람과 사물의 귀하고 천함은 여기에서 갈라진다. 또 사람에게도 맑은 기운을 얻은 사람은 지혜롭고 어질고, 흐린 기운을 얻은 사람은 어리석고 불초하며, 두터운 기운을 얻은 사람은 부자가 되고, 엷은 기운을 얻은 사람은 가난뱅이가 되고, 높은 기운을 얻은 사람은 귀하게 되고, 낮은 기운을 얻은 사람은 천하게 되고, 긴 기운을 얻은 사람은 장수하고, 짧은 기운을 얻은 사람은 요절하게 되는 법이니, 이것이 그 대략이다. _『삼봉집』 불씨잡변, 불씨인과지변佛氏因果之辨

그는 불교의 윤회설이나 인과응보설을 부정하였다. 사람의 길흉이나 화복은 과거 행동의 결과라고 주장하는 불교에 대해서, 그것은 음양오행에 따른 기의 축적에서 차이가 나는 것이라고 반박하였다.

정도전의 두 문장을 읽으면 고려시대에서 조선시대로 넘어가면서 인간관이 크게 요동쳤음을 짐작할 수 있다. 그런데 이러한 인간관은 18세기에 와서 한 번 더 큰 전환점을 맞는다.

18세기 초에 송시열1607~1689의 직계 제자들 사이에 호락논쟁湖洛論爭이라는 커다란 쟁론이 발생하였다. 주된 쟁점은 인간과 사물의 본성이 동일한가 다른가 하는 점이었다. 이에 따라 인물성이론人物性異論과 인물성동론人物性同論으로 구별된다. 인물성이론은 호서 지방 학자들이 주장했다고 해서 '호론'이라 부르고, 인물성동론은 서울 주변 학자들이 주장했다고 해서 '낙론'이라 한다. '낙'이란 중국 수도의 대표적인 곳이 낙양이라서 붙여진 명칭이다.

이제 인물성이론에 섰던 권상하1641~1721의 글을 보겠다.

성현들이 본성을 논한 것으로 대개 세 가지 설이 있다. '기氣'는 제쳐두고 '이理' 하나만 지적해서 말하는 것, 그 '기'의 '이'를 각각 지적하면서도 그 '기'에 섞이지 않게 하여 말하는 것, '이'와 '기'를 섞어서 말하는 것이 있다.

첫째, 오직 '이'를 가리켜 말하는 설은 "태극의 전체가 모든 사물에 갖추어져 있다"는 것으로, 만물의 본성이 모두 동일하다고 본다. 이는 곧 일원一原이요, 주자가 말한바 "사물마다 각각 동일한 태극을 갖추었다"고 한 것이다.

둘째, 각각 그 '기'의 '이'를 가리켜 말하는 설은 … 이 설에 따르면 사람은 그 온전한 것을 얻었고, 다른 사물들은 그 치우친 것을 얻어, 사람과 사물의 본성이 다르다고 한다. 이는 곧 분수分殊요, 주자가 말한바 "상제께서 아래 백성들에게 떳떳한 도리를 내리셨다"고 한 것이다. 이것이 인간이 사물과 구별되는 부분이며, "서민들은 그것을 버리지만 군자는 그것을 보존한다"고 한 것은 바로 그 구별된 부분을 보존해야 비로소 금수와 구별된 존재가 된다는 말이다.

셋째, 이와 기를 섞어서 말하는 설은, 굳셈과 부드러움, 선함과 악함이 만 가지로 다양하여 사람마다 사물마다 그 본성이 모두 다르다고 한다. 이는 곧 분수의 분수다. 주자가 말한바 "굳셈과 부드러움, 선함과 악함이 극도로 다양하여 다 궁구할 수 없다"고 한 것이다. _『한수재집』 논성설論性說

첫째 지적은 인물성동론에 해당하고, 둘째와 셋째는 인물성이론에 해당한다. 이제 인물성이론을 보여주는 김창협1651~1708의 글을 보자.

살펴보건대, 사람과 사물이 생겨날 때에는 '기'도 같고 '이'도 같았다. 그런데 사람은 형체를 이루는 기운이 올바름을 얻어서 그 본성을 온전히 할 수 있지만, 사물은 형체를 이루는 기운이 치우침을 얻어서 그 본성을 온전히 할 수 없다. '다르다'는 것은 단지 여기에 있는 것이다.

_『농암집』 인지소이이어금수人之所以異於禽獸

앞서 정도전도 지적하였듯이 기의 차이에 따라 사람도 되고 사물도 되었으니 본성이 다를 수밖에 없다는 생각을 가졌다. 사람과 금수, 초목 사이에는 근본적인 차이가 있다는 것이다. 이 주장에서는 자연히 만물 가운데 인간의 존엄성이 강조되었다.

그런데 서울 주변에 살던 권상하의 제자인 이간1677~1727 등이 중심이 되어 여기에 반론을 제기하였다. 인간과 인간, 인간과 사물 사이에 본질적인 차이가 없다는 것이다. 여기서는 인간의 우위, 사람 위주의 사고가 극복되어 버린다. 그리고 종래에 인간의 심성을 중심으로 사고했던 태도에서 벗어나 사물에 대한 관심이 높아지게 되었다. 이에 대해서 김이안1722~1791과 박윤원1734~1799의 글을 보자.

사람과 사물이 도道가 같다는 것은 자사子思의 뜻이요 주자의 설이다. 사람과 사물이 도가 다르다는 것은 근래 호서 지방에서 일어난 주장이다. 다른 것으로부터 다르다고 하면, 소리개가 날고 물고기가 뛰노는 것과 사람의 행위가 어찌 다를 뿐이겠는가? 같은 것으로부터 같다고 하면, 모두 하늘의 이치가 저절로 그렇게 하는 것이요 당연히 그렇게 행하게 되는 것이다. _『삼산재집』 중용기의中庸記疑

따라서 병계윤봉구의 주장은 말이 되지 않는다고 할 수 있다. 내김원행가 일찍이 천하가 선하게 되는 길을 막는 것이 반드시 이 설일 것이라 생각하였다. 왜냐하면 사람이 자기 기질이 성인과 다르다고 항상 핑계 대서는 선하게 될 수 없기 때문이다. 더구나 본심이 성인과 같지 않다고 하면 선하게 될 수는 더욱 없는 것이다. 따라서 천하가 선하게 되는 길을 막는 것이 바로 이 설이라고 하는 것이다. _『근재집』 미호김선생어록渼湖金先生語錄

조금 골치 아픈 내용을 담고 있지만, 중요한 것은 인간관에서의 이러한 인식 전환이 다른 사고에서의 변화도 유발했다는 점이다. 인물성이론은 본질적으로 만물의 본성이 다르다고 하므로, 중화와 오랑캐도 근본적으로 다른 존재일 수밖에 없다. 조선을 침략한 북방의 여진족은 영원히 오랑캐일 수밖에 없으니, 이들은 타도와 복수의 대상이 되어야 하는 것이다. '북벌론'의 이론적 바탕은 여기서 나왔다.

그런데 만물의 본성이 동일하다고 하면 중화와 오랑캐의 본질적 구별이 사라지게 된다. 그러니 여진족이 세운 청나라를 정벌해야만 한다는 사고에서 벗어날 수가 있고, 이에 따라 기술이 발달된 청나라를 배워야 한다는 '북학론'이 형성될 수 있었다. 실학의 한 부류인 북학사상의 이론적 기초가 바로 인물성동론이었다.

이 논쟁은 100여 년에 걸쳐 벌어졌지만 결론이 나지 않은 채 종료되고 말았다. 그 뒤 인간관이 크게 다시 한 번 전환기를 맞이한 것은 우리가 지금 사고하는 바대로 서양의 과학이 들어와서였다. 그러나 과학이 인간의 존재를 확실히 밝혀줄 줄 알았는데, 이제 인간이 인간을 만드는 시대마저 예견되고 있으니, 무엇이 인간인가 새삼 고민해야 할 때가 된 것 같다. 조선의 끝자락에 살았던 김대현?~1870도 그러한 고민을 했었다.

그림 6 영화 '매트릭스' 포스터

옛사람이 꿈에 나비가 되어 펄럭펄럭 날다가 화들짝 깨보니 사람이었다. 이리하여 사람이 꿈속에서 나비로 변했는가, 나비가 꿈에 사람으로 변한 것인가 의심했다. 과연 어떤 것이 꿈이고 어떤 것이 생시인지 알지 못하겠다. 사람이 꿈에 나비가 되었다면 나비는 사람 꿈속의 물건일 것이고, 나비가 꿈에 사람이 되었다면 사람이 나비 꿈속의 물건일 것이다. 그러니 사람과 나비는 모두 꿈속의 환상이다. 하필 어떤 것이 꿈이고 어떤 것이 생시인지 가리겠는가? 그중에 스스로 꿈꾸지 않는 것이 존재하니, 그것은 사람도 아니요 나비도 아니다. _『한국불교전서』 호접胡蝶

김대현은 유교와 도교, 그리고 불교에 심취했던 인물이다. 장자가 꾸었다는 호접몽을 통해서 인간의 존재가 무엇인지 그가 고민했던 것은 지금 우리에게도 와 닿는다. 호접몽의 세계가 지금 컴퓨터 속의 가상현실에서 구현되고 있기 때문이다. 현실의 내가 진짜인지, 가상현실 속의 아바타가 진짜인지 혼란스러운 시대가 오고 있다. 영화 '매트릭스'그림 6의 세계에서는 가상현실이 인간을 지배하고, 영화 '아바타'에서는 몸이 불편한 주인공이 스스로 아바타가 되지 않았던가?

태어나서 살고지고 1

우리 사회에는 노인을 공경하는 미풍이 있다. 지하철이나 버스에는 노약자석이 있다. 그 표시가 없더라도 나이 든 사람이 서 있으면 자리를 양보하게 마련이다. 학교 교육과 사회 교육을 통해서 그렇게 배워왔기 때문이다. 지금 젊은이들은 모바일 기기를 하나씩 들고 푹 빠져 있어 옆에 누가 있는지 돌아볼 여유가 없지만, 그래도 이 풍습은 아직도 연명하고 있다.

이렇게 노인을 우대하는 풍습은 우리 사회가 농경 사회였기 때문에 생겼다. 농경 사회에서는 풍부한 경험이 중요했기에 노인이 중시되었다. 반면에 유목적인 성격이 강하면 남과 싸우는 일이 많고 이동을 많이 하게 되니 힘없는 노인은 천대받을 수밖에 없다. 만주 북방에 살았던 숙신족이나 그 후예인 말갈족은 "젊은이를 귀하게 여기고 노인을 천시"했다.

지금은 사회가 급속히 변화하면서 노인은 이를 따라잡지 못하고 뒤지게 되었다. 반면에 젊은이는 '디지털 유목민'이란 말처럼 끊임없이 돌아다니며 IT에 적응한다. 인문과학은 폭넓고 깊게 인간사회를 성찰할 수 있는 나이 든 연구자의 역할이 중요한 데 비해서, 자연과학은 순간순간 변해가는 연구 속도를 따라잡기에 강점이 있는 젊은 연구자가 중심이 된다. 과학기술 위주로 사회가 재편될수록 노인은 더욱 설 자리를 잃어갈 것이다. 그렇게 되면 말갈족과 같은 유목민 습성이 이 사회를 지배하게 될 것이란 생각이 든다.

서양의 노인 역사에 대한 최근의 번역서를 보니, 전통사회에서 노인이 가정과 사회에서 권위와 존경을 누렸다는 주장은 신화에 불과하다고 한다. 그런 것은 자동적으로 보장된 것이 아니라 개인의 능력과 성취를 통해서 얻어지고 유지되었다는 것이다. 요즘도 그런 말이 있지만, 생전에 자식에게 재산을 넘기지 말라는 경고, 노후 자녀의 가정에 얹혀 살게 되었을 때의 굴욕과 냉대 등에 관한 이야기가 많이 전해진다고 한다. 서양의 마녀는 흔히 노인으로 묘사될 정도로 노인에 대한 냉대 의식이 한편으로 있었다. 오죽했으면 구전 속담에 "한 명의 아버지는 백 명의 자녀를 돌볼 수 있지만, 백 명의 아들은 한 명의 아버지도 부양하지 못한다"는 말이 있었겠는가? 노후에 자식이 부양해주길 바라지 말라는 말이다.

그런데 동양의 전통시대에도 노인을 업신여기는 풍조가 있었던 모양이다. 박지원이 인용한 한·중국의 재미있는 고사 하나씩을 들겠다.

찬성 민형남은 나이 칠십이 넘어서 손수 과일나무 접을 붙였다. 같은 동네에 사는 여러 젊은 관리들이 웃으면서 "공은 아직도 백 년 계획을 하시는 거요?" 하니, 공은 "바로 그대들을 위하여 선물로 남길 것이네" 하였다. 그 뒤 공은 94세가 되어 여러 관리의 제삿날에 손수 과일을 따서 부조했다.

옛날 양대년이 약관일 때에 주한과 주앙 두 사람과 함께 한림원에 있었는데, 이 두 사람은 이미 머리가 하얗게 세었다. 매사를 논할 때마다 양대년은 그들을 업신여겨서 "두 노인은 어떻게 생각합니까?" 하면, 주한은 매우 불쾌하여 "그대는 늙은이를 그리 깔보지 마소. 필경은 이 백발을 남겨서 그대에게 선사할 것이네" 했다. 이에 주앙은 "백발을 남겨서 그에게 주지 마오. 다른 사람이 또 그를 깔보는 것을 못하게 해야죠" 했다. 그 뒤 양대년은 과연 나이 오십도 못 살았다. _『열하일기』 구외이문口外異聞, 주한·주앙

우리는 처음 만나는 사람과 인사할 때에 나이를 꼭 물어본다. 나보다 위인지 아래인지를 알아야 상대방을 제대로 대할 수 있기 때문이다. 유희춘1513~1577의 일기에는 이런 대목이 나온다.

나는 처음에 그가 아내의 사촌 오라버니가 되는 줄을 모르고 아우뻘인 줄 알았다. 그래서 앉아서 절을 받았는데 아주 후회가 된다. _『미암일기』 1568. 6. 5.

그런데 서양인에게는 이런 모습이 영 낯선가 보다. 나이는 프라이버시에 속하는 것이기에 이를 따져 묻는 동양인이 이상한 것이다. 대학에 처음 들어갔을 때에 동급생을 어찌 불러야 할지 혼란스러운 적이 누구나 있을 것이다. 동급생이니 말을 놔도 되지만, 재수생과 삼수생에 복학생까지 섞여 있어 나이 차이가 나는 데다가, 고등학교 선배까지 끼어 있으면 반말하기가 더욱 난감해진다. 심지어 고등학교 선배가 학과

후배로 들어오는 경우도 있다. 친족 사이에도 나보다 훨씬 어린 사람을 아저씨나 할아버지로 불러야 하니, 반말 반 높임말 반 어정쩡하게 넘어가는 경우가 있다. 젊은이들은 이를 두고 "족보가 꼬였다"고 말한다.

그런데 나이를 세는 방식도 외국과 차이가 난다. 중국이나 일본은 서양처럼 만滿 나이를 따진다. 이에 비해서 우리는 여기에 한 살이 더해진 전통적 나이 세기를 고집하고 있다. 동양에서는 전통적으로 우리 방식으로 나이를 따졌다. 예를 들어서 백제 무령왕은 523년에 62세로 사망했다고 묘지명에 적혀 있으므로, 출생년은 61세를 뺀 461년에 해당한다. 『일본서기』에는 461년에 쓰쿠시의 가쿠라지마各羅嶋에서 탄생했다고 한다. 지금의 가카라시마加唐島가 그곳으로서, 임진왜란 때 왜병의 출발지였던 나고야 성에서 가까이 보이는 섬이다.그림 1

동양에서는 연령에 따른 구분이 복잡하게 발달했다.

사람이 처음 났을 때를 '영아'라 하고, 3세를 '소아'라 하고, 10세를 '동자'라 한다. 15세를 성동成童이라 하고, 16세를 정丁이라 한다. 20세를 '약관', 30세를 장壯, 40세를 강彊, 50세를 애艾라고 한다. 60세를 기耆라 하고, 70세를 모耄, 80세를 질耋, 90세를 황구黃耉, 100세를 기이期頤라고 한다.

또 1세에서 5세까지를 영해嬰孩, 7세 이하를 유자孺子, 10세 이하를 초츤髫齔, 14세 이하를 동관童丱이라 한다. 또 여자를 영嬰이라 하고, 남자를 아兒라고 한다. 또 어떤 사람은 해孩는 해骸, 뼈가 겨우 이루어진 자를 말하는 것이요, 유孺는 길러주는 사람이 필요한 자를 말하는 것이라고 한다. _『지봉유설』 인사부, 생산生産

그림 1 나고야 성에서 본 가카라시마(가운데, 2014. 5.)

여기에 나오는 용어에는 지금도 쓰는 것이 있는가 하면, 사라져버린 것도 있다. 복잡한 현대사회에서 번거로운 구분은 불필요하여 단순화된 것이다. 지금 우리가 사용하는 연령 구분은 영유아, 청소년, 성인, 노인 정도가 아닐까 생각한다. 군역을 져야 하는 남자에게는 장정, 현역, 예비역, 민방위의 연령 구분이 더 있겠다.

연령 구분은 그때마다 할 일과 연관되어 있다. 위 기록의 원천이라 할 수 있는 『예기』를 보겠다.

> 사람이 나서 10세가 되면 유幼라고 하는데, 이때에 밖에 나가 배운다. 20세가 되면 약弱이라 하는데, 이때에는 관례를 치른다. 30세가 되면 장壯이라 하는데, 이때에 아내를 취하여 가정을 이룬다. 40세가 되면 강强이라 하는데, 이때에 벼슬한다. 50세가 되면 애艾라 하는데, 이때에 정치를 주관한다. 60세가 되면 기耆라 하는데, 이때에는 남을 지시하여

시킨다. 70세가 되면 노老라 하는데, 이때에 집안을 아들에게 전한다. 80, 90세를 모耄라 하고, 7세를 도悼라 하는데, '도'와 '모'는 죄가 있어도 형벌을 가하지 않는다. 100세가 되면 기期라 하는데, 이때가 되면 부양을 받는다. 대부는 70세가 되면 벼슬을 그만둔다. 만약 그만두지 못하면, 반드시 궤장을 하사받는다. _『예기』 곡례 상

궤장은 지팡이와 몸을 기대는 안석, 즉 등받이를 이른다. 지금은 100세가 넘으면 대통령 이름으로 명아주 지팡이를 내려준다.

공자께서 말씀하셨다. "나는 15세에 학문에 뜻을 두었고, 30세에 자립했고, 40세에 의혹에 빠지지 않았고, 50세에 천명을 알았고, 60세에 귀로 들으면 그대로 이해되었고, 70세에는 마음대로 해도 법도에서 벗어나지 않았다." _『논어』 위정

이 때문에 나이에 따라 불혹, 지천명, 이순 등의 말이 생겨났다. 조선 중기의 문신인 김정국1485~1541은 한 편지에서 노년에 필요한 것들을 이렇게 적었다.

그대가 집안 경영하기를 그치지 않는다는 말을 내가 서울에서 들었소. 과연 사람들의 말이 맞다면 그만 끝내고 조용히 지내면서 천명에 순응하는 것이 좋을 것이오. 세상에 태어나서 70세이면 다른 사람들보다 오래 산 것이니, 가령 나와 그대가 상수上壽를 누린다 하여도 남은 것은 불과 10년인데, 무엇 때문에 노심초사하면서 말 많은 자들의 욕을 먹는

것이오?

내가 20년을 빈곤하게 사는 동안 서까래 몇 개로 된 작은 집에서 몇 이랑 안 되는 밭을 갈고, 겨울용 솜옷과 여름용 거친 베옷을 각각 몇 벌 가지고 있으나, 눕고서도 남은 땅이 있고 주변에 남은 옷이 있고 주발 밑바닥에 남은 밥이 있었소. 이 세 가지 남은 것을 가지고 한세상을 편안히 보냈소. 비록 넓은 집 1천 칸, 옥 같은 곡식 1만 되, 비단옷 1백 벌이라도 썩은 쥐 보듯이 했고, 이 한 몸 살아가는 데에 여유가 있었소.

듣건대, 그대가 입고 먹고 잠자는 것이 나보다 100배나 더 좋다 하는데, 어찌 그칠 줄 모르고 쓸데없는 물건을 모으는 것이오? 꼭 있어야 하는 것은 오직 책 한 시렁, 거문고 하나, 벗 한 사람, 신 한 켤레, 잠잘 베개 하나, 바람 통할 창 하나, 햇볕 쪼일 마루 하나, 차 달일 화로 하나, 늙은 몸을 부축할 지팡이 하나, 봄 경치를 찾아다닐 나귀 한 마리이오. 이 열 가지는 비록 번거롭기는 하나 하나도 빠뜨릴 수 없는 것이오. 늘그막에 여생을 보내는 데에 이 밖에 더 무엇을 구하겠소? _『송와잡설』

그림 2 부아암(정선)

이상이 대체로 사람들이 평생 동안 단계마다 겪어나가는 길이었다.

북악산이 마침내 일반인에게 개방되어 2007년 가을에 성벽을 따라 등산을 한 적이 있다. 이때 눈여겨본 곳이 하나 있으니, 청와대 뒷산에 있는

그림 3 삼막사 남근석과 여근석(각각 좌우, 2012. 4.)

부아암負兒岩이었다. 아기를 업고 있는 형상이라고 해서 붙인 이름인데, 겸재 정선의 그림에도 나온다.그림 2 현장의 해설자는 해태바위라고 설명해준다. 그런데 이 그림을 잘 보면 남근석처럼 생겼으니, 전통시대에 아들 낳게 해달라고 비는 바위이기도 했다. 관악산 삼막사에도 남근석과 여근석이 나란히 있어서, 이 바위를 만지면서 순조로운 출산 등을 빌었다고 한다.그림 3 이런 성기 숭배 풍속은 전국 곳곳에서 찾아볼 수 있다. 자식이 생기지 않으면 부처님 코를 갈아 먹기도 해서, 박물관에 가보면 코가 없는 불상이 많다. 툭 튀어나온 것이 양근을 상징하기 때문에 그런 일들이 벌어졌다.

불교 그림 가운데 아이를 낳는 산실産室 모습이 묘사된 것이 있다.그림 4 흐릿하기는 하지만, 왼쪽에 갓 낳은 아이를 껴안고 산모가 누워 있고, 맨 오른쪽 시어머니는 아들을 낳지 않아서인지 등을 돌리고 있다. 가운

그림 4 아이를 낳는 산실 풍경(관룡사 감로탱, 1791)

데 인물은 어떤 모습인지 분명하지 않다.

출생과 관련한 고사는 수없이 많다. 여기서는 고려시대의 두 사례만 보겠다. 첫째는 고려의 둘째 임금 혜종의 출생 유래다.

장화왕후 오씨는 나주 사람이었다. … 왕후가 일찍이 포구의 용이 뱃속에 들어오는 꿈을 꾸었으므로, 놀라 깨어 부모에게 얘기하고 함께 기이하게 여겼다. 얼마 후에 태조가 수군장군으로 나주에 진주했는데, 배를 목포에 정박시키고 멀리 시냇물 위를 보니 오색 구름이 떠있었다. 가서 보니 왕후가 빨래하고 있어서 태조가 불러 잠자리에 들게 했다. 그렇지만 그가 미천하므로 임신시키지 않으려고 침실 돗자리에 사정했다. 왕후는 즉시 이를 흡수하여 임신하여 아들을 낳았으니, 그가 혜종이다. 그의 얼굴에 돗자리 무늬가 있어서 세상에서는 '주름 임금'이라고 불렀

그림 5 나주 완사천 유적(2003. 4.)

다. _『고려사』 장화왕후 오씨 열전

나주시에서는 근래에 태조와 왕후가 만났다고 하는 완사천그림 5을 정비하고 둘의 만남을 기념하는 동상도 세웠다.

다른 하나는 서울대학교 가까이에 있는 낙성대의 유래다.

세상에 전해오는 말이 있다. 어떤 사신이 밤에 시흥군으로 들어오다가 큰 별이 인가에 떨어지는 것을 보고 관리를 보내 찾아보게 했더니, 마침 그 집 부인이 사내를 낳았다. 사신이 마음속으로 신기하게 여기고 그 아이를 데려다가 양육했는데, 그가 강감찬이었다. _『고려사』 강감찬 전기

낙성대란 '별이 떨어진 집터'란 뜻이다. 거란을 물리친 장군이기에

호국정신을 강조하던 1970년대에 크게 정비하면서 지금의 너른 자리로 옮겼다. 원래 자리는 주택가 안에 작은 공원으로 만들어져 있다. 경내에 삼층탑이 있는데, 제1층에 한자로 새긴 '강감찬 낙성대'란 글씨를 희미하게 찾아볼 수 있다.그림 6

그림 6 석탑 글씨(2008. 8.)

이 밖에 아버지가 사냥꾼에게 쫓긴 사슴을 구해준 보은으로, 서희 장군 형제들이 대대로 높은 벼슬을 했다는 전설도 재미있다. 그런가 하면 이휴가 80세에 아들을 낳아 세조의 축하를 받은 것은 지금 보아도 특출한 사건이라 할 수 있다.

갓난아이를 키울 때에 과거에는 뒷머리가 바닥에 닿도록 누였는데, 지금은 얼굴을 옆으로 해서 얹는 경우가 많다. 그래서 기성세대는 머리가 앞뒤로 납작한 데에 비해서, 젊은 세대는 좌우로 납작하여 서구적인 모습을 하고 있다. 육아법에 따라 두상도 달라지는 것이다.

그런데 고대에는 인위적으로 두개골 형상을 변형하는 풍습이 있었다.

아이가 태어나면 곧 돌로 머리를 눌러 납작하게 만들려 하니, 지금 그곳 사람들은 모두 '납작머리'다. _『삼국지』 위서 변진

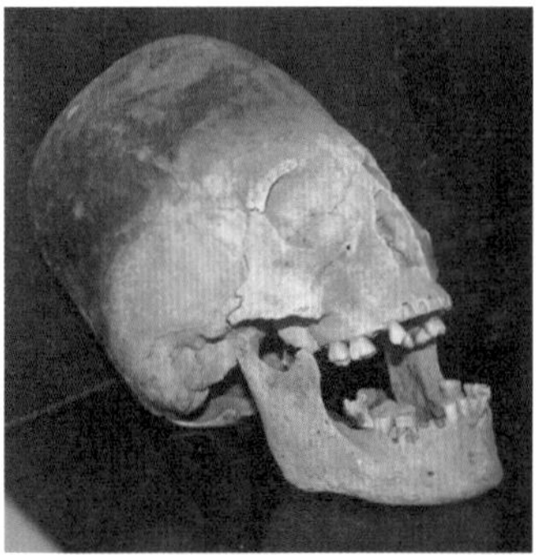

그림 7(위) 우즈베키스탄의 편두 두개골 (2011. 7.)
그림 8(아래) 마야인의 편두

가야 사람의 이런 머리를 편두編頭라고 부른다. 기록만 전해지던 것이 1970년대 후반에 김해 예안리고분이 발굴되면서 실물로 확인되었다. 이마가 납작하게 눌린 두개골이 드러난 것이다. 지금 김해박물관에 가면 그 두개골을 볼 수 있다.

그런데 이렇게 두개골을 변형하는 습속은 가야에만 있던 것이 아니다. 두만강 건너 연해주 보이스만 신석기 유적에서도 이런 두개골이 발굴되었다. 우즈베키스탄의 사마르칸드에 있는 고고연구소에서도 편두를 한 두개골이 여러 점 전시되어 있었다.그림 7 또 바다 멀리 떨어진 마야인에게도 이런 습속이 있었다. 마야인은 나무판을 이용해서 이마를 납작하게 만들었으니,그림 8 이런 형태의 머리는 지배층의 상징이었다고 한다. 길쭉하게 변형된 두개골을 보고 사람들은 종종 외계인을 떠올리곤 한다. 이렇게 보면 가야인은 바다를 통해서 다른 문화와 접촉했던 것으로 생각된다.

편두처럼 신체를 변형하는 풍속으로 이빨을 뽑는 발치 풍습도 있었다.그림 9 사천 늑도에서는 일부러 이를 뽑은 인골이 출토되었다. 성인식, 결혼식, 장례식 등을 계기로 주로 송곳니, 앞니 등을 뽑아서 상대방에게 잘 드러나 보이게 하였다. 일본에서도 발치된 두개골이 출토된 적이 있는데, 중국이나 멀리 아프리카에서도 발견되는 풍습이다.

그런가 하면 이빨에 검은 칠을 하는 풍습도 있었던 것 같다. 백제인 흑치상지黑齒常之, 630~689의 조상이 흑치黑齒에 봉해져서 이를 성으로 삼았다고 하는데, 이 흑치가 혹시 이런 풍습과 연관이 있는지 모르겠다. 가까운 일본에서는 고대부터 1870년 금지령을 내리기까지 이빨에 검은칠을 하는 풍습이 계속되었다. 신숙주1417~1475는 일본 견문기에서 "얼굴을 꾸미는 남녀는 모두 이빨을 검게 물들인다"『해동제국기』고 하였고, 신유한1681~?은 "시집간 자는 이가 모두 검은 빛인데, 철액鐵液, 대장간 쇠똥을 우린 물을 약에 타서 머금으면 이가 물들여진다. 시집가지 않은 처녀와 기생은 모두 흰 이빨이다"『해유록』고 적었다. 중국 윈난성에도 흑치하는 소수민족이 있어서 이런 풍습이 광범위하게 퍼져 있는 것을 알 수 있다. 일본에서는 머물로 얼굴에 문신한 그림이 있는 2세기경의 토기편도 출토되어, 『삼국지』 왜인전의 기록을 실물로 증명해주었다.

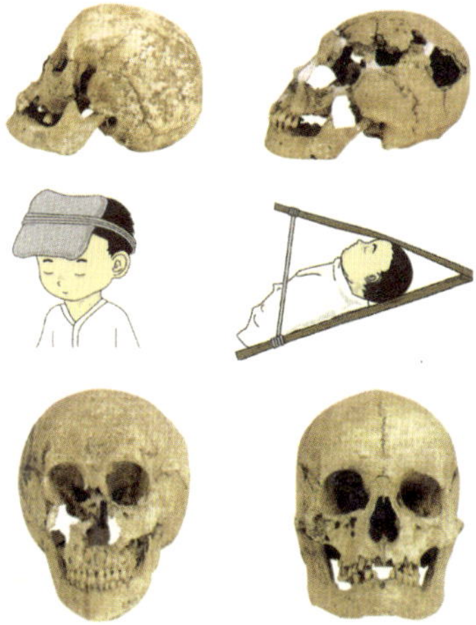

그림 9 편두와 발치

전통시대에 아들은 많이 낳을수록 복 받았다고 생각했다. 중국 역사에서 자식을 100명 이상 둔 사람만 해도 한나라 중산왕 유승劉勝, ?~기원전 113, 남조시대 양나라 파양왕 소회蕭恢, 북연의 왕이었던 풍발馮跋, ?~430, 송나라 전유錢昱, 943~999 등이 있었다. 조선에서는 정종이 15남 8녀, 태종이 8남 13녀, 세종이 18남, 성종이 15남 12녀, 중종이 9남 11녀, 선조가 14남 11녀를 두었다.『임하필기』

우리 동방인은 아들 4~5명을 두면 모두 부러워하고, 7~8명을 두면 사람들이 기이하게 여기고, 10여 명을 두면 세상에 드문 예라 하여 크나큰 복으로 부른다. _『오주연문장전산고』 인사편 1, 자손, 다남변증설多男辨證說

자식을 많이 낳으면 조정에서는 특별한 상을 내렸다. 정조 때에 이형복의 부인이 한 번에 2남 2녀를 낳아서 원래 정해진 상 외에도 곡식을 특별히 더 내렸다고 한다. 자녀를 많이 낳는 것은 국가의 경제력을 확보하는 의미가 있었다. 전통시대 경제력의 원천은 인력이었기 때문이다. 역사를 돌아보면 반드시 출산을 장려한 것만은 아니었다. 서양의 경우, 귀족은 상속자의 수를 줄이기 위해서, 평민은 먹여 살릴 식구 수를 줄이려고 출산을 기피했다고 한다. 그러나 과거에는 마땅한 피임법이 없어 인위적인 조절은 어려웠다.

아이들은 대가족 속에서 살게 된다. 그러니 자기 공간이란 있을 수 없다. 사생활의 개념도 존재하지 않았다. 자기 방에서 혼자 생활하다 보니 조금만 몸을 부닥쳐도 옥신각신 싸우는 요즈음 아이들은 상상할 수 없을 것이다. 다음은 5세대가 함께 산 경우다.

해당 관청에 명하여 삭주의 전 참봉 최진첨과 곽산 사람 김익필을 등용하게 했다. 최진첨은 5세가 한 집에서 살고, 김익필은 함께 밥 지어 먹는 식구가 많은데도 화목하게 지내기 때문이다. _영조실록 22년(1746) 5월 28일

5세가 동거하면 고조까지 함께 사는 것이 된다. 고조까지 제사를 지내는 것도 대체로 내가 생전에 볼 수 있는 최대 범위에 해당되기 때문

이었다. 그러면 이럴 경우 가족은 모두 얼마나 되었을까? 4세가 함께 사는 김익필의 경우다.

관서 사람 김영준에게 정려문을 내렸다. 김영준은 곽산 사람인데 4세가 한 집에 살았다. … 이때 김영준의 아들 김익필이 수문장으로 서울에 있었으므로, 임금이 불러서 물었다. "듣건대 너희는 4세가 한 집에서 산다고 하는데, 무슨 방도가 있는가?" 김익필이 "신의 조부가 자손들에게 옷과 음식을 함께 하되 다투는 일이 없게 했습니다"고 아뢰었다. … 뒤에 김영준이 서울에 와서 은혜에 감사드리니, 임금이 불러보고 "함께 사는 사람이 모두 몇인가?"라고 묻자, 김영준이 "자손과 노복까지 합쳐 모두 70여 명입니다"고 대답하니, 임금이 어여삐 여겨 칭찬했다. _영조실록 16년(1740) 7월 13일

이렇게 70여 명이 오순도순 사는 모습은 상상하기조차 힘들다. 그런데 1962년부터 인구 증가율을 낮추기 위해서 가족계획사업을 벌이기 시작했다.그림 10 '둘만 낳아 잘 기르자'고 하더니 '둘 낳기는 이젠옛말 일등국민 하나낳기', '축복속에 자녀하나 사랑으로 튼튼하게' 등의 표어로 발전했다. 내 경우에 셋째 아이를 1992년에 낳았는데, 셋째 아이부터는 의료보험 혜택도 받지 못했다. 교수 아파트에 아이 셋인 집이 많은 것을 보고 유치원 선생이 "여기 엄마들은 많이 배웠을 텐데" 하며 놀라워했던 기억이 있다. 그러던 것이 2000년대 들어서 갑자기 고령화 사회가 부각되면서 '자녀에게 가장 큰 선물은 동생입니다'와 같은 정반대의 정책으로 돌아섰다. 오히려 자녀를 많이 낳을수록 출산장려금을

그림 10 가족계획 포스터(2010. 6.)

더 많이 지급해주는 형편이 되었으니, 불과 몇 년 만에 세상이 돌변해버렸다.

그래도 몇십 년 전보다는 아이를 적게 낳아서 금지옥엽으로 키우는 편이다. 필요한 것이 있으면 다 해주고, 잘못한 일이 있어도 훈계를 하지 않아 버릇없이 자란다. 서울대학교박물관에 아이들이 부모와 함께 관람하러 오는 경우가 많은데, 정신없이 뛰어다니는 등 질서를 어지럽히는 일이 있어 관계자가 뭐라 말을 하면 부모는 오히려 인상을 찌푸리곤 한다. 자기 자식 귀한 줄만 알지, 아이를 망치고 있는 것을 깨닫지 못한다. 심지어 대학생이나 성인이 되어도 엄마가 모든 것을 챙겨주는 '헬리콥터 맘'이란 말이 나온 지 꽤 되었다. 헬리콥터처럼 자녀의 주위를 맴돌며 챙겨준다고 해서 붙여진 말이다.

이런 풍조에 대해서는 다음 글을 한번 음미해볼 필요가 있다.

아버지께서 지계공의 집을 방문했을 때다. 공은 어쩌다가 어린 자식과 밥상을 같이하여 식사를 하고 있었다. 아버지가 이를 보시고 "군자는, 손자는 안아주지만 자식은 안아주지 않는 법일세"라고 말씀하시자 공은 식사를 중단하고 자기가 잘못했노라고 사죄했다. _『과정록』 231쪽 근대 서양인의 그림 가운데 눈에 띄는 장면이 하나 있다. 길에서 아버지를 만나자 젖은 땅인데도 무릎을 꿇고 인사를 하는 모습이다.그림 11 이처럼 아버지는 엄했고, 아들은 아버지에 대해서는 무한의 존경을 표해야 했다. 지금은 엄한 엄마에 자애로운 아버지가 되어 격세지감을 느끼게 한다.

그림 11 진 땅에서 무릎 꿇고 아버지를 대하는 아들

아이가 똑똑하게 자라면 신동으로 불리기도 했다. 변계량이 그런 사람에 속했다.

판우군부사 변계량이 죽었다. … 어려서부터 총명하여 4세에 고시古詩의 대구를 외우고, 6세에 글귀를 짓기 시작했다. 14세에 진사 시험에 합격하고, 15세에 생원 시험에 합격했으며, 17세에 문과에 급제했다. _세종실록 12년(1430) 4월 24일

그런데 이익은 중국의 신동 사례를 정리한 다음 이렇게 적었다.

우리나라에선 김시습·이산해 등 몇 사람뿐으로, 다른 이는 듣지 못했다. 일찍 깨친 지혜로 밀고 나갔다면 아마 못할 일이 없었을 것이지만, 공명과 업적이 반드시 이런 사람들에게서 나온 것은 아니었다. _『성호사설』 인사문, 신동

성장하여 사회적 활동을 할 때에 중요한 지표는 신분이었다. 조선시대에는 과거시험을 통하여 개인 능력을 발휘할 수 있었지만, 고대로 갈수록 혈통을 중시했다. 세종 때에 성균관 생원 신처중 등이 상소한 내용을 보면 만물의 질서에 대한 의식을 엿볼 수 있다.

"천지가 있은 뒤에 만물이 있고, 만물이 있은 뒤에 남녀가 있고, 남녀가 있은 뒤에 부부가 있고, 부부가 있은 뒤에 군신이 있고, 군신이 있은 뒤에 상하가 있고, 상하가 있은 뒤에 예의가 제자리에 놓이게 된다" 했으니, 이것은 천하에 통달한 도리이고 고금에 떳떳한 법이어서 조금이라도 벗어날 수 없는 것입니다. _세종실록 6년(1424) 3월 12일

고대에는 신분에 따라 사람 크기를 달리 표현했다. 1995년에 일본에서 흥미로운 전시회가 열렸다. 고대 유물인 동탁銅鐸에 그려진 그림을 요즘 어린아이들의 그림과 비교하여 전시한 것이다. 소학교 4학년 아이가 그린 생선 가게 장면을 보면, 주인인 아버지가 크게 그려져 있고 고객은 물고기 크기만하게 그려져 있다.그림 12 그것이 아이가 본 세상이다. 그런 장면은 이집트나 로마 등 고대 서양 그림에도 흔히 보인다. 이 이집트 벽화만 봐도 두 사람의 크기가 크게 다른 것을 볼 수 있다.그림 13 신분이 높은 사람은 크게, 신분이 낮은 사람은 작게 그려놓았다.

고구려 벽화에서도 이와 동일한 모습이 보인다. 예를 들어서 제3책 '일기 속의 노비 1'에 제시한 무용총 접견도를 보면, 주인공과 손님은 크게 그려져 있고, 가운데 시동은 작게 그려져 있다.

그림을 보다 보니, 조선시대의 인물 초상화가 생각난다. 공민왕 부부

그림 12 일본 어린이가 그린 생선 가게

그림 13 이집트 벽화(2013. 6.)

상처럼 고려시대에는 부부가 함께 그려진 것이 있고, 조선 초기의 조반 부부상도 그러하다. 그러나 시간이 흐르면서 그림에서 여성은 사라지고 남성만 등장한다. 경수연은 70세 이상이 된 부모를 모신 자손들이 어버이를 위하여 올리는 잔치인데, 다음 두 그림에서 시대적 변화를 읽을 수 있다. 서울역사박물관 소장의 「경수연도첩慶壽宴圖帖」1605에는 총 20명의 부인이 소반 앞에 앉아 있다.그림 14 그런데 부산박물관 소장의 「칠태부인경수연도七太夫人慶壽宴圖」1691에는 제일 오른쪽 건물 내부에 부인들 자리가 방석으로만 표현되어 있다.그림 15 여성이 그림에서 사라진 것이다. 이것은 맨 왼쪽 차일과 그 다음 건물 안에 남성들이 소반 앞에 정좌하고 있는 모습과 대비된다. 두 건물 사이에 앉아 있는 인물들은 잔치의 흥을 높이는 악사이다.

또 숙종이 자신의 비妃였다가 사망한 인경왕후의 초상화를 그리려 하였으나, 신하들의 반대로 좌절된 적이 있다.숙종실록 1695. 7. 27. 그림을 통해서도 조선시대가 남성 중심의 세계였다는 것을 인식할 수 있다. 20세기

그림 14(위) 경수연도첩(1605)
그림 15(아래) 칠태부인경수연도(1691)

에 와서야 다시 여인상이 등장하게 된다.

우리나라 초상화는 인물을 있는 그대로 그렸다. 얼굴에 생긴 곰보 자국이나 검버섯 자국도 그대로 표현했다. 그 이유는 다음 말에서 찾을 수 있다.

정자程子의 말에 "영정은 터럭 하나가 맞지 않아도 딴사람이므로, 추호의 차이도 없어야 영정이라 할 수 있다" 했습니다. _인조실록 13년(1635) 5월 14일

중국 성현이 말한 이 원칙을 충실히 지킨 것이다. 이에 따라 초상화 얼굴을 통하여 당사자가 앓고 있던 질병을 추정하는 연구도 있다. 게다가 얼굴에는 아무것도 걸칠 수가 없기에 안경을 사용했더라도 그림에는 넣지 않았다. 근대에 와서야 안경을 쓴 인물상이 등장한 것은 이 때문이다.

태어나서 살고지고 2

그림 1 독서하는 여인(윤덕희)

전통시대는 남성에 대한 언급이 주종을 이루니, 여기서는 성인 여성에 대한 이야기로 시작하겠다. 여성은 여성다워야 했다. 집 안에서 묵묵히 순종적으로 살아야만 했다.

유희춘의 부인이 가족을 데리고 담양에서 서울로 올라올 때에, 약한 딸을 말 대신에 가마에 태우자고 했으나, 부인은 집안어른의 허락이 없었다고 하며 끝까지 따르지 않았다. 또 그것이 칭송의 대상이 되었다. 집안에서 남성이 차지하는 위상을 느낄 수 있다.

조선시대 그림에는 기생이나 서민 여인은 많이 나오지만 사대부 집 여성은 찾기 어렵다. 독서하는 여인그림 1이나 아이와 노는 처녀를 묘사한 윤덕희의 그림이 예외적인 것이다.

임진왜란이 발발한 사실을 객지에서 듣고 오희문은 다음과 같이 걱정을 했다.

다만, 내 노모와 처자는 평생 문 밖의 길을 알지 못한다. 하루 아침에 피신하려면 걸어서 갈 수 없는 형편일 터인데, 어느 길 위에 서로 모여 울고 있는지 알 수가 없다. _『쇄미록』 1592. 5.

부녀자는 특별한 경우에 나들이를 했다.

(26일)저녁에 두 며느리와 딸을 데리고 뒷산 모정茅亭에 올라가서 한참 동안 바라보다가 돌아왔다. 그곳이 광활하다는 소리를 듣고 모두 보자고 하다가 마을 사람들이 들에 나갔다는 말을 듣고 올라갔다 내려온 것이다.

(27일)또 집사람이 앞 냇가가 기이하고 좋다는 말을 듣고 가보기를 원하니, 여러 여자가 힘을 합해 찬성했다. 먼저 민시중 등에게 차일 장막을 치게 한 뒤에 집사람은 가마를 타고 먼저 가고, 나는 여자들을 데리고 걸어가서 종일토록 놀았다. _『쇄미록』 1597. 5.

서울에서는 밤에나 여자들이 나들이를 할 수 있었다. 중국 사신이 행차했을 때에 구경하러 나오는 경우도 있었다. 그런 구경 모습이 무질서하다고 생각하여 선조는 다음과 같이 지시했다.

듣건대, 세 번째 예행연습하던 날에 성 안의 남녀들이 온통 쏟아져 나와 길 양편에서 멋대로 구경했는데, 사족 부녀자들이 타고 온 가마가 즐비했으며, 일부는 화장을 짙게 하고 구별 없이 뒤섞여 있었다고 하니 경악할 일이다. 부인의 도리는 낮에도 뜰에 나다니지 않고 규방에서 날을 보내는 법인데, 어찌 교외로 나가 보고 싶은 대로 구경하며 나돌아 다닐 수 있단 말인가? 비록 미천한 부녀자라도 어찌 길가에 나란히 앉아 대낮에 구경을 한단 말인가? 중국 사람이 어떻게 사족과 천민을 구별하겠는가? 필시 웃음거리가 될 것이다. 내가 들으니 중국에는 길가에서 구경하는 부인들이 없다고 한다. 황제의 조서를 맞이하는 날에 구경 나온 부인들은 사족이나 천민을 막론하고 일체 통렬히 금지하라. 이를 범하면, 사족의 경우 가장을 치죄하라고 예조와 도감에 이르라. _선조실록 39년(1606) 4월 8일

여인은 남편이 죽어도 다시 시집가지 못했다. 재혼한 여인의 자식은 벼슬길이 막혔고, 그로부터 개가는 부끄러운 일이 되었다. 고려시대부터 행실이 좋지 않거나 세 번 이상 개가한 사대부 집 여자는 자녀안恣女案이라 불리는 장부에 따로 기록을 해두었다. 다음은 사헌부에서 건의하여 왕이 승인한 사례다.

또 변씨는 처음에 파평군의 손자 윤장손에게 시집갔다가 다시 부정 김자견에게 시집갔고, 지금 또 김자균에게 시집갔다. 세 남편에게 시집가서 방자하고 절개가 없으니, 청컨대 『육전』 규정에 따라 자녀안에 기록하소서. _단종실록 2년(1454) 9월 6일

그러나 여성들은 우리가 생각했던 것처럼 항상 죽어 살았던 것은 아

니다. 샤를 바라는 당당한 주막 여주인을 목격했다.

당당한 주막 여주인은 소란을 정리해줬다며 내게 몇 번이고 고맙다는 인사를 했다. 길을 떠나면서 나는 통역관에게 우리가 마을에 도착했을 땐 그토록 수줍음을 타며 모습을 숨기던 조선 여인네가 어쩌면 그렇게 험악한 상황 한가운데 나서서 당당한 태도를 보일 수 있는 건지 물어보았다. 대답인즉, 마침 사건이 남편이 없을 때 벌어졌으므로, 굳이 그렇게 나서고 싶지 않았다 해도 어쩔 도리가 없었을 거라는 것이었다. 이 나라에서는, 심지어 상류층에서조차, 여인들은 무시 못할 주도권을 행사하는 경우가 허다하다는 말도 덧붙였다. _샤를 바라·샤이에 롱 책, 133쪽

발해에서는 절을 할 때에 남자는 무릎을 꿇지만 여자는 그러지 않았다. 당나라 측천무후가 그런 조치를 내린 후로 여자는 무릎을 꿇지 않았다고 한다. 여성이 남장하는 풍습도 이때부터 유행했다. 여자 황제가 여성의 지위를 높이려는 조치였고, 발해도 그런 영향을 받은 것이다. 지금도 여성이 절할 때는 두 손으로 바닥을 짚고 이마를 약간 숙이는데, 여성의 복식이 남자처럼 절하기에 불편해서도 그러거니와 혹시 옛날의 이런 전통이 내려왔기 때문인지도 모르겠다.

항상 그런 것은 아니었겠지만, 조선시대 기록에 우리나라 여성들이 드세다는 말이 종종 등장한다.

우리나라도 중국 유연幽燕 지방과 가장 가깝기 때문에 여자가 남자보다 많을 뿐 아니라, 서민들도 때로 한 남편이 몇 아내를 둔다. 남편이 죽으

면 시집을 가지 못하기 때문에 천민도 수절하는데, 이것은 오직 우리나라만의 풍속이다.

내가 지금 사람들의 가정을 살펴보니, 날날이 그 권세가 모두 안방에 있다. 남편이 강하고 아내가 부드러워 안과 밖이 정상을 유지한 가정은 열에 한둘도 없을 정도다. 아내가 거세고 남편이 유약하면 오히려 그 집안이 제대로 유지된다. 혹시 우리나라 지역이 유연에 가까워 그 풍기가 서로 비슷하여 그런 것일까? _『성호사설』 인사문, 여다남소女多男小

유연 지방은 현재의 북경 일대를 가리킨다. 공처가에 대한 조선시대의 우스갯소리 하나를 보겠다.

옛날부터 부녀자를 교화하기는 어렵다. 강심장인 남자일지라도 몇 사람이나 능히 부인을 두려워하지 않을 수 있겠는가?

옛날에 한 장군이 있었는데 십만 병사를 이끌고 넓고 막막한 들에 진을 치고는 동서로 나누어 큰 기를 꽂았다. 한 깃발은 푸른색이고 한 깃발은 붉은색이었다. 장군이 군중에 세 번 명령하고 다섯 번 거듭하여 타이르며 말했다. "아내를 두려워하는 자는 붉은 기 아래에 서고, 아내를 두려워하지 않는 자는 푸른 기 아래에 서라." 십만의 군사 모두 붉은 기 아래에 모여 섰는데, 한 사내만이 유독 푸른 기 아래에 서 있었다. 장군이 전령을 시켜 물으니, 다음과 같이 대답했다. "제 처가 항상 경계하여 말하기를 '남자들 셋이 모이면 반드시 여색을 논하게 되니, 세 남자가 모인 곳에 당신은 일체 들어가지 마시오'라고 했는데, 하물며 지금은 십만의 남자가 모여 있지 않습니까? 감히 아내의 명을 어길

수 없어서 혼자 푸른 깃발 아래에 섰습니다." _『어우야담』 처첩

반대로 투기 심한 부인에게 당당했던 사람도 있었다.

관원 김효성?~1454은 사랑하는 계집이 많았는데, 부인은 질투가 대단히 심했다. 어느 날 공이 밖에서 들어오다가 부인 자리 곁에 검정 물을 들인 모시 한 필이 있는 것을 보고, "이 검은 모시는 어디다 쓸 것인데 부인 자리 곁에 놓았소" 하고 물었다. 부인이 정색을 하고 "공께서 여러 첩에 빠져서 마누라를 원수같이 대하시니, 저는 결연히 출가할 마음을 먹고 이것을 물들였습니다" 하였다. 공이 웃으며 "내가 여색을 좋아하여 기생과 여의女醫로부터 양인과 천인, 코머리絃首, 관청의 우두머리 기생나 바느질하는 여종에 이르기까지 곱기만 하면 꼭 정을 통했지만, 여승은 아직 한 번도 가까이 해본 적이 없소. 그대가 여승이 되는 것이 내가 원하던 바요" 하니, 부인은 마침내 말 한마디 못하고 손으로 검은 옷을 던져버렸다. _『청파극담』

남자는 남자다워야 했다. 조선시대에는 수염이 아름다워야 했다. 턱수염이 적은 사람은 열등의식에 사로잡혀 있었다. 이규경이 그러했다. 지금 남자들의 대머리 콤플렉스와 비슷했을 것이다.

나는 수염이 적은 데다 성질마저 옹졸하여 '수염 달린 부인髯婦'이라고 자칭하는데, 공연히 고금에 수염이 아름다운 사람들을 부러워했기 때문에 이 변설을 짓는다. 무릇 남자의 모습을 일컬을 때는 먼저 그의 수

그림 2 팩차기(2003. 4.)

염을 지적하여 '아름다운 수염'이라고 말한다. _『오주연문장전산고』 인사편 1. 신형身形, 수염변증설

동서와 고금을 막론하고 오래 사는 것은 공통된 꿈이었다. 지금은 운동이나 다이어트를 통해서 건강을 유지한다. 대학교 교정에서는 쉬는 시간에 족구를 많이 하더니 팩차기란 독특한 운동으로 바뀌었다. 팩차기는 빙 둘러서서 제기차기하듯이 우유팩을 차는 것으로서,그림 2 전하는 말에 따르면 1980년대 말부터 서울대학교 복학생들이 시작한 것으로 알려졌다. 그러나 요즘은 함께 하는 것보다 헬스나 수영처럼 개인적인 운동을 선호하는 것 같다. 이처럼 지금은 운동이나 다이어트를 통해서 건강을 유지하지만, 조선시대에는 몸을 움직이지 않는 양생법에 공을 들였다.

양생가들이 자시子時, 밤 11~1가 되면 옷을 걸치고 동쪽이나 남쪽을 향해

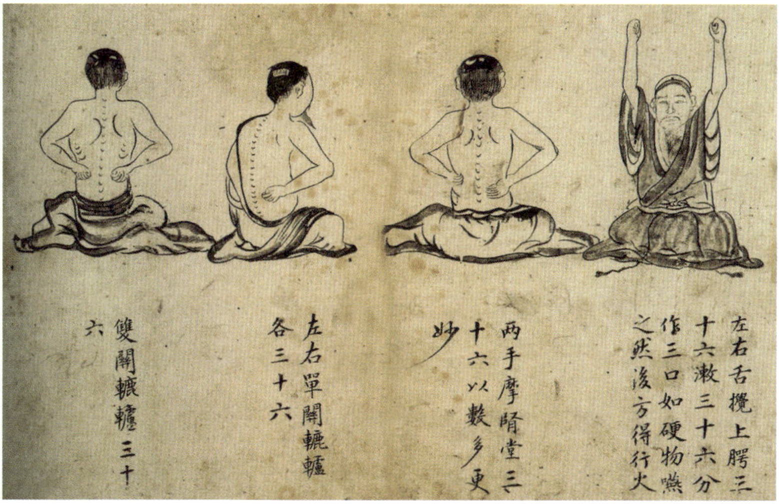

그림 3 퇴계의 활인심방

책상다리를 하고 앉는다. 36회에 걸쳐 윗니와 아랫니를 마주쳐 소리를 내고, 주먹을 불끈 쥔 채 숨을 정지한다. 마음속으로 오장을 내려다보는데, 폐는 희고 간은 푸르고 비장은 누렇고 심장은 붉고 신장은 검게 되도록 생각한다. 그런 다음 마음이 밝고 환하게 되어 하단전下丹田, 배꼽과 불두덩 사이으로 들어가도록 생각한다. _『청장관전서』 이목구심서耳目口心書 2

이런 전통은 지금 단전호흡을 중심으로 하는 국선도나 단학선원의 수양법에 계승되어 있다. 퇴계 이황은 어려서부터 건강이 좋지 않았다. 이 때문에 양생법에 관심을 가져 '활인심방'에 대한 글과 그림을 남긴 것으로 유명하다.그림 3 8폭의 그림을 보면, 위의 설명보다는 동적인 모습들이 보이는데, 몸을 푸는 지금의 체조와 비슷하다. 그런가 하면 아랍 쪽에서 들어온 양생법도 조선에 소개되었으니, 남성의 불알을 따뜻하게 해주는 것이 요체였다고 한다.

그러나 사람의 수명은 무엇보다도 의술 발달이나 영양 공급에 달려 있다. 과거에는 환갑 잔치를 성대하게 했지만, 지금은 칠순 잔치로 대체될 정도로 평균 수명이 크게 늘어났다. 어렸을 때에 보아서 그런지는 모르겠지만, 환갑 어른은 아주 늙은 노인이었다. 그러나 지금은 청년과도 같아 보인다.

서양사를 보면, 프랑스 샤를 5세는 1356년 17세에 즉위하여 1380년 42세의 나이에 '현명한 노인'이란 명성을 남기고 사망했다. 또 카를 5세는 55세의 나이에 '너무 늙어서' 국정을 담당할 수 없다고 하여 양위했다.

조선시대 왕들도 마찬가지다. 태종은 50대의 나이에 자신을 노인이라 생각했다.

이에 앞서 임금이 조계를 파한 뒤에 대언들에게 일렀다. "… 점치는 자가 말하기를 '내 수명이 길지 않아 61세가 되면 죽을 것이다'고 하였다. …" 이때에 이르러 조말생을 참판에 제수하고 임금이 말했다. "우리 노인들은 이제 나가야겠다." _태종실록 18년(1418) 7월 8일

이때 태종의 나이 52세였다. 세종은 병약하기로 유명하다. 그는 이미 40대의 나이에 노인과 같다고 하였다.

요즈음 생각하건대, 내가 겨우 40이 넘어 옛사람이 말하는 도명道明·덕립德立의 나이가 되었으니, 근무에 게으를 때가 아니다. 그러나 재위한

그림 4 창경궁에서 재현된 영조 오순 잔치(2009. 6.)

지가 오래되고 경험한 일도 많은데, 단단한 뜻이 이미 쇠하여 70세 늙은이와 다름이 없고 또 병이 있어서 이른 아침부터 밤늦게까지 정사를 보기가 참으로 견디기 어렵다. _세종실록 19년(1437) 3월 27일

영조 때의 기록을 보면, 군주의 40세는 일반인의 80세와 같다거나, 제왕의 50세는 보통 사람의 6, 70세에 해당한다는 말이 나온다.그림 4 왕은 맘대로 돌아다닐 수가 없기에 운동량이 부족했다. 그래서 빨리 늙게 되었다.

그러나 예외도 있다. 장수왕394~491은 98세에 사망했고, 재위 기간만 79년이나 된다. 그러기에 사망한 뒤에 이를 기려서 장수왕이란 이름을 붙였다. 조선시대 영조1694~1776도 52년간 재위한 뒤에 83세에 사망하여 역시 장수한 왕에 속한다. 그렇지만 짧은 영화를 누리다 사망한 왕이 많은 편이다.

조정에서는 장수한 사람들을 파악하여 포상을 하기도 했다. 다음은 고려 때의 장수자 기록이다.

수주 정곡촌에 사는 한 노파가 나이 104세인데 장정 자손 95명을 모두 부역에 보냈다는 말을 왕이 듣고, 그 노파에게 곡식 30석을 주었다. _『고려사』 명종 25년(1195) 정월

2001년 말에 전라남도의 100세 이상 고령자는 여자 235명, 남자 24명이었다.경향신문 2002. 5. 4. 그래서 장수 지역으로 알려진 곳이다. 이것은 태종 때 전라도의 장수자 수와 비교된다.

전라도에 나이가 100세인 자가 1명, 90세인 자가 5명, 80세인 자가 102명입니다. 서울의 사례에 따라 쌀과 콩을 차등 있게 주기를 바랍니다. _태종실록 14년(1414) 6월 20일

전라도는 지금의 전라북도까지 포함되는 호남 지방이다. 이런 지역 범위와 함께 인구 증가분을 고려하지 않는다고 하면, 100세 이상의 노인이 600년 만에 250배 이상이나 늘어난 것이 된다. 이를 전국 차원으로 넓혀보겠다.

서울과 지방의 벼슬아치로서 나이 70세 이상, 선비와 평민으로서 나이 80세 이상은 각각 1등급씩 올려주었는데, 모두 2만 5,810명이었다. 【100세 이상은 89명, 90세 이상은 2,375명, 80세 이상은 2만 2,890명,

70세 이상은 456명이었다.】 _정조실록 14년(1790) 6월 24일

18세기 말에 100세 이상은 전국적으로 89명으로 보고되었다. 1996년에 전국적으로 100세 이상이 1,124명경향신문 1996. 7. 20.이던 것과 비교된다. 1789년 국가가 파악하고 있는 전국 인구는 740만 정도였고, 1996년 인구는 4,500만이었으니, 207년 사이에 인구는 6배 늘어난 데 비해서 100세 이상 장수자는 13배 가까이 증가했다. 그런데 장수자에게 내리는 은전을 바라고 나이를 속여서 보고하는 일이 많았기 때문에 조선시대의 사례는 정확하게 파악하기 어려운 면이 있다.

일본은 2002년 현재 100세 이상이 1만 7,934명으로 그 가운데 여성이 84퍼센트를 차지한다고 하여,한국일보 2002. 9. 11. 우리나라 국민의 수명과 비교가 된다. 2008년 9월 뉴스에 따르면, 일본 인구 1억 2천만여 명 가운데 70세 이상이 2,000만 명을 넘었다고 한다. 우리나라도 곧 이런 노령화사회로 접어들 것이라고 한다.

조선시대 그림에 장수를 축원한 것이 많이 있다. 바위는 오랜 세월 변함이 없으니 장수의 상징물로 적합하다. 그런데 장수를 상징하기 위해서 고양이와 나비를 그려넣은 것은 고개를 갸웃하게 한다. 일본에서는 고양이와 개를 똑같이 좋아하지만, 우리는 고양이를 별로 좋아하지 않는다. 그런데도 그림에 고양이가 종종 등장하는데, 고양이를 이르는 묘猫는 70세를 이르는 모耄, 나비를 가리키는 접蝶은 80세를 이르는 질耋과 중국어 발음이 같기 때문이란다. 김홍도 그림에 고양이와 나비를 그린 것도 이 때문이다.그림 5 중국 사람의 언어에서 비롯한 그들의 관념인 것이다.

그림 5 고양이와 나비를 그린 황묘농접도(김홍도)

『열하일기』에서도 지적했듯이 중국인들은 발음이 같은 다른 글자로 대체해 쓰는 버릇이 있다. 올림픽을 8월 8일 8시에 개최하였듯이 중국인이 8ba을 좋아하는 것도 '돈을 많이 번다'는 뜻의 '발재發財, fa-cai' 첫 글자와 발음이 유사하기 때문이다. 우리 기업이 이를 이용해서 큰 돈을 벌기도 했다. 해표김 포장지에 '8절 8매'란 글자가 표기되어 있었기 때문이라고 한다. 큰 김 한 장을 8등분한 것이 여덟 장 들어갔다는 의미에 불과하지만, '8' 자가 들어갔다는 이유만으로 대박을 터트린 것이다. 여기에 중국인들이 복과 행운을 의미한다고 믿는 붉은색 포장도 한몫을 했다.중앙일보 2011. 4. 21.

이와 유사하게 태국에서는 '9' 자를 좋아한다. 9의 태국어 발음인 까오Gaow가 발전을 뜻하는 까오나Gaow-Nah를 연상시키고, 불교에서 9가 높은 영적인 힘이나 성취를 의미하기 때문이란다. 그래서 군부 쿠데타로 집권한 신임 총리가 첫번째 내각 회의를 2014년 9월 9일 9시 9분에 연 적이 있다.조선일보 2014. 9. 12. 이런 사례들은 우리나 일본이 4를 죽을 사死와 연계시켜 좋아하지 않는 것과 상통한다.

전통시대는 신분사회였다. 여성의 경우에 사대부 집 부인에게는 씨氏를 붙일 수 있었지만, 서민의 부인은 다만 소사召史를 붙여 김소사, 이소사 등으로 불렀다. 소사는 '조이'라고도 읽는다. 남자가 죽으면 역시 그 지체에 따라 달리 표현했다.

천자가 죽으면 붕崩이라 하고, 제후는 훙薨이라 하고, 대부는 졸卒이라 하고, 선비는 불록不祿이라 하고, 서민은 사死라 한다. 상에 올려져 있는 것을 시尸라 하고, 관에 넣으면 구柩라 한다. _『예기』 곡례 하

이에 따라 사망에 대한 글자를 함부로 바꾸어 쓸 수 없었다. 또 그 글자에는 평생의 행적에 대한 평가도 담겨 있었다.

지사 이현석이 '졸'하였다. … 비록 재상의 벼슬에 있었더라도 명망이나 덕행, 업적에 볼 만한 것이 없으면, 사관은 누구에게도 '졸' 자를 경솔히 쓰지 않는다. 그런데 기록의 붓을 잡은 자가 일관되게 공적으로 헤아리지 않고 분수에 넘치게 쓴 적이 많았다. 이세석에 이르러서는 관직이 장령에 불과했고, 사람도 미천하고 명망도 없는 데다 흠이 많고 그릇이 작아서 헤아릴 것이 없었다. 그러나 인척 관계에 얽혀 있어 다른 사람이 보지 않는다고 해서 외람되게 '졸' 자를 써주었으니, 어찌 우

습지 않은가? _숙종실록보궐정오 29년(1703) 10월 20일

사람이 죽는 양상은 다양하다. 먼저 억울하게 죽은 사례다.

당시에 조정의 관원으로 김빙이라는 자가 있었는데 평소 눈병을 앓아 바람만 쏘이면 눈물이 흘러내렸다. 정여립을 추가로 처형할 때에 김빙이 반열에 서 있었는데, 날이 너무 추워 흐르는 눈물을 아무리 닦아도 어쩔 수 없었다. 이 때문에 탄핵되어 국문을 받다가 죽었다. 이때에 헛소문이 날로 일어나 조정의 규찰이 매우 엄했으므로 이런 식으로 억울하게 걸려든 자가 많았다. _선조수정실록 23년(1590) 3월 1일

임진왜란 때에 이순신의 전사 장면은 우리 기억에 각인되어 있지만, 그가 막내아들의 전사 소식을 들었을 때의 슬픔도 기억할 만하다.

저녁에 어떤 사람이 천안에서 와서 집안 편지를 전하는데, 봉함을 뜯기도 전에 뼈와 살이 먼저 떨리고 마음이 긴장되고 조급했다. 대충 겉봉을 뜯고 열아들이 쓴 글씨를 보니, 겉면에 '통곡' 두 글자가 씌어 있어 면이 전사했음을 알고, 나도 모르게 간담이 떨어져 목놓아 통곡하였다. 하늘이 어찌 이다지도 어질지 못하신고. 간담이 타고 찢어지는 듯하다. 내가 죽고 네가 사는 것이 떳떳한 이치거늘 네가 죽고 내가 살았으니, 어찌하여 이치에 어긋났단 말인가. 천지가 캄캄하고 해조차도 빛이 변했구나. 슬프다, 내 아들아! 나를 버리고 어디로 갔느냐? 남달리 영특하여 하늘이 이 세상에 머물러두지 않는 것이냐. 내가 지은 죄 때문에 화

가 네 몸에 미친 것이냐. 내 이제 세상에 살아 있은들 앞으로 누구에게 의지할 것인가. 너를 따라 같이 죽어 지하에서 같이 지내고 같이 울고 싶건만 네 형 네 누이 네 어미가 의지할 곳 없으니, 아직은 참고 연명이야 한다마는 내 마음은 죽고 형상만 남은 채 울부짖을 따름이다. 하룻밤 지내기가 한 해를 지내는 것 같구나. _『난중일기』 1597. 10. 14.

임진왜란 이야기가 나왔으니 그 유명한 곽재우의 말년도 언급할 만하다. 곽재우는 말년에 인적이 끊긴 산골에 여막을 짓고 두 아들과 함께 병든 채 살았다. 광해군 때에 그를 불러들이려 했으나, 말도 없고 옷도 없어서 움직일 수 없었다. 또 상소문을 쓰려 해도 종이가 없었다. 지금 독립운동 후손들이 빈한하게 사는 것이 연상된다. 유정대사도 말년에 중풍을 앓아 움직이기 어려운 상태였다.

고려 최영 장군1316~1388이 비참하게 죽은 것은 잘 알려진 사실이다. 그의 무덤과 관련해서 다음과 같은 말이 전해진다.그림 6

공이 항상 임렴의 소행을 분하게 여겨 그의 종족을 모두 죽였는데, 공이 형을 받으면서 "평생 동안 악한 일을 하지 않았는데, 다만 임렴을 죽인 것이 지나쳤다. 내가 탐욕스런 마음이 있었다면 내 무덤 위에 풀이 날 것이고, 그렇지 않다면 풀도 나지 않을 것이다"고 했다. 그의 무덤은 고양군에 있는데, 지금까지도 한 줌의 떼도 없는 벌겋게 벌거벗은 무덤이다, 속칭 홍분紅墳이라고 한다. _『용재총화』 권3

2008년 8월 한창 무더울 때 이 글을 쓰다가 최영 장군 묘소를 찾아

그림 6 최영 장군 묘(2008. 8.)

나섰다. 지금은 잔디가 잘 자라 홍분이라 할 수는 없었다. 안내판에 "황금 보기를 돌같이 하라"는 아버지의 가르침을 좇아 평생 청렴하게 살았다고 적혀 있었다. 그의 전기에 나오는 내용이다. 500미터 이상 되는 호젓한 산길을 내려오면서 "황금을 보기를 돌같이 하라"는 최영 장군 노래 가사가 떠올랐다. 이 노래는 "무찌르자 오랑캐"란 노래와 함께 고무줄 놀이에서 쌍벽을 이루던 것이었다.

사람이 죽으면 행장을 쓰고 시호를 내렸다. 행장은 자제들이 만드는 것이기에 업적은 기리되 과실은 기록하지 않는다. 칭찬만 있는 것이다. 무덤 앞에 세우는 묘지명이 바로 그런 것이다. 반면에 시호는 국가에서 내리는 것으로 평생의 공과 과를 함께 평가하는 내용이 담겨 있다. 행동은 자신에게서 비롯되었지만, 시호를 통한 평가는 남에게서 나오는 것이다. 그래서 시호를 보면 그 사람의 행실을 알 수 있다고 했다.

우리나라는 처음에 시호 내리는 법을 중히 여겼다. 정2품 실직 이상과 공신으로 추봉된 자 이외에는 비록 훌륭한 행실이나 큰 공로가 있더라도 시호 내리는 것을 허락하지 않았다. 시호를 논의하는 방법은 이렇다. … 마땅히 시호를 받을 사람이 죽으면, 그 집에서 즉시 행장을 갖추어 해당 관청에 보냈다. 평소에 공로나 덕행, 명예가 없더라도 시호를 청하지 않을 수 없었으며, 혹시 양煬 · 황荒 · 혹惑과 같은 나쁜 시호가 내려져도 사양하지 못했다. 근래에 이러한 풍조가 갑자기 변했으니, 처음에는 물의를 일으킨 집에서 나쁜 시호를 얻을까 두려워하여 시호를 청하지 않았는데, 마침내는 훌륭한 신하나 큰 공로가 있는 사람까지도 시호를 청하지 않게 되었다. _『지소록識小錄』; 『연려실기술』 별집, 관직전고, 의시議謚 재인용

충무공처럼 '충' 자가 들어가는 것은 원래 쉽게 있는 일은 아닌데, 후기로 내려오면서는 남발되는 경향이 나타났다.

호랑이는 죽어서 가죽을 남기지만, 사람은 죽어서 족보에 이름을 남긴다. 우리나라의 족보 간행은 1565년에 문화 유씨 족보에서 비롯되었다고 알려져 왔다.

우리나라 족보를 보면, 가정 연간에 문화 유씨의 족보가 가장 먼저 만들어졌는데, 외가까지도 심세하게 상세히 기재하였다. 이 때문에 뒤에 족보를 꾸미는 집에서는 이를 많이 고려해서 만들었다. _『여술보藜述補』; 『연려실기술』 별집, 문예전고, 족보 재인용

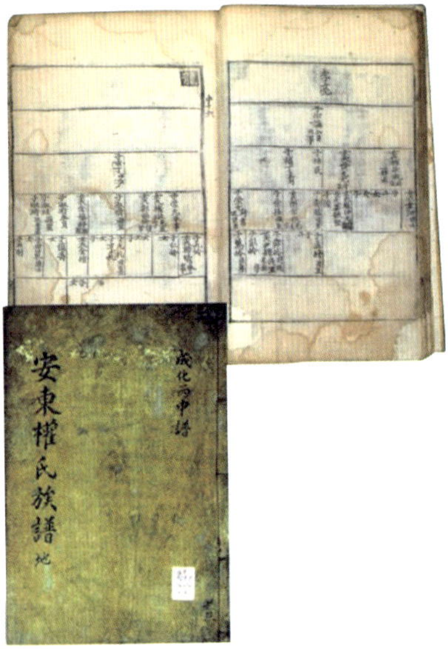

그림 7 안동 권씨 족보

그렇지만 1476년에 간행된 안동 권씨 족보그림 7가 근래에 확인되어 시기를 더 올려보게 되었다. 17세기부터는 족보 편찬이 활발해지기 시작했고, 임진왜란과 병자호란을 겪으면서 명문가가 몰락하고 신흥세력이 등장해서 족보를 경쟁적으로 만들기 시작했다고 한다.서울신문 2009. 7. 8. 17세기를 기준으로 족보 내용도 변하는데, 조선 전기에는 부계와 모계를 모두 기록하는 내외보로서 자녀와 친손, 외손을 차별하지 않고 자녀도 남녀 구분 없이 출생순으로 적었으나, 조선 후기에는 외손을 제외하고 친손만 적었으며 출생순과 상관없이 남자를 먼저 내세웠다.

족보 간행이 늘어나면서 족보 위조도 그만큼 증가하여 조선 후기 족보는 믿기 어려운 면이 많게 되었다. 다음은 족보 위조의 사례다.

> 근래에 간사한 자가 금성 임林 모라고 사칭하면서 위조 족보를 영남에서 간행했다. 그는 금성 임씨와 평택 임씨의 족보를 합치면서 "본래는 같은 선조였으나 형제가 따로 봉해지면서 마침내 본관이 다르게 되었다"고 하였다. … 또한 여러 도에 돌아다니면서 임가 성을 가진 어리석은 백성들을 속이고 족보를 팔아 생계로 삼았다. 서울에 사는 임씨들이 발견하여 관청에 고발했으므로, 그 사람을 조사하여 잡아 가두었다가

귀양 보냈다. 또 여러 고을에 공문을 보내어 거짓 족보를 거두어 불살라 없앴다. 근래 족보의 폐단이 이처럼 매우 크다. _앞과 동일

지금 우리 국민 대부분이 양반가 출신으로 되어 있는데, 이것은 그만큼 위조된 족보가 많다는 사실을 방증한다. 

인물 평가

신라시대에 외교 문장을 잘 썼던 것으로 유명한 강수는 태어날 때부터 머리 뒤쪽에 뼈가 튀어나와 있었다. 신라 무열왕이 그를 만나 성명을 물으니 대답하기를 "신은 본래 김해 사람으로 이름은 쇠머리牛頭입니다" 하니, 왕이 말하기를 "그대의 머리뼈를 보니 강한 머리强首 선생이라 불러야겠다" 하여 그 뒤로 강수가 되었다. 원래 이름인 '쇠머리'나 임금이 지어준 '강한 머리'나 모두 뿔처럼 삐죽 나온 머리뼈 모양에서 딴 것이다.

조선 세조 때에 종친인 이철은 술에 취하면 눈동자가 맑지 못했는데, 임금이 이를 희롱하여 '물거윤勿巨尹'이라는 별명을 붙여주었다고 한다. 당시 말에 눈이 맑지 않은 것을 '물거'라고 하던 데서 유래한다고 하는데, 물거란 '묽다'는 말을 한자로 표기한 것이 아닌가 생각한다.

이렇게 사람의 모습에 따라 이름이나 별명이 붙여지는 경우가 허다하다. 하지만 외모와는 달리 사람의 내면을 평가하기란 참 어렵다. 사람을 네 가지로 분류하면서 그 기준을 다음과 같이 제시한 것이 있다.

옛 선비가 말하기를 "재주와 덕이 겸비되어 있으면 성인聖人이라 이르고, 재주와 덕이 둘 다 없으면 우인愚人이라 하며, 덕이 재주보다 나으면 군자君子라 하고, 재주가 덕보다 나으면 소인小人이라 이른다" 했습니다. 사람을 선택할 때에 소인을 얻는 것이 우인을 얻는 것보다 못하다고 하는데, 이것은 소인이 재주를 끼고 나쁜 짓을 할까 두려워하기 때문입니다. _태종실록 4년(1404) 8월 20일

이런 사람 평가의 기준은 너무나 추상적이기 때문에 현실에 적용할 때에는 주관적일 수밖에 없다. 지킬 박사와 하이드처럼 누구나 양면성을 띠고 있어서 '이 사람이 이렇다'고 단정하기가 어렵다.

실제로 이런 양면성을 띤 인물이 스코틀랜드 에든버러에 있었으니, 소설 『지킬 박사와 하이드』의 모델이 된 윌리엄 브로디William Brodie, 1741~1788가 그였다. 그는 낮에는 캐비닛을 만드는 장인이자 상인 조합의 대표자요 시의회 의원 등을 지낸 명망인사이면서 밤에는 도둑질을 하는 이중생활을 하다가 발각되어 처형되었다. 에든버러 중심가에는 '브로디 조합장의 선술집Deacon Brodie's Tavern'이란 펍이 있고, 돌출 간판에 열쇠를 들고 있는 그의 모습이 그려져 있다. 가게 측벽에는 그의 이중생활에 대한 설명이 붙어 있다.그림 1 여기서 가까운 교회 마당에는 그가 처형된 곳을 가리키는 하트 모양

그림 1 윌리엄 브로디 소개(2013. 7.)

의 바닥 장식이 있는데, 사람들이 침을 뱉는 곳이라고 한다.

그럼에도 불구하고 역사서에는 인물에 대한 평가가 항상 등장한다. 칭찬과 비난을 밝힘으로써 후대 사람들의 본보기를 삼게 하는 것이 동양 역사서의 주요 기능이었기 때문이다. 이러한 평가는 분명히 일면만 강조된 것이겠지만, 그것만 남은 상황에서는 그 인물에 대한 이미지가 그것으로 고정될 수밖에 없다.

조선 세종 때 통역관이던 임군례에 대해서는 다음과 같이 재미있는 별명이 붙여졌다.

임군례를 저잣거리에서 수레로 찢어 죽이는 형벌에 처했다. 그 아비 임언충은 중국인 통역관으로 개국공신이 되었다. 이 때문에 임군례도 충의위에 소속되었는데, 인품이 욕심 많고 야비했다. 통역관으로 여러 번 명나라에 사신을 따라가서 큰 부자가 되었으면서도, 당시의 세력가에게 꼭 아부를 했기 때문에 사람들이 '오방저미五方猪尾'라는 별명을 붙여주었다. 돼지는 꼬리를 잘 흔든다. 그래서 아첨하지 않는 곳이 없을 정도로 이리저리 쫓아다니며 아부하기 좋아하는 사람을 속칭 오방저미라고 한다. _세종실록 3년(1421) 2월 18일

쉴 새 없이 사방으로 흔들어대는 작달막한 돼지꼬리를 본 사람은 이 뜻을 금방 이해할 수 있을 것이다. '오방으로 흔들어대는 돼지꼬리'란 말이 조선 초기에 아부꾼이란 뜻으로 쓰였던 것을 알 수 있다. 아첨꾼을 비유한 것으로 '안각시'란 말도 있다. 다음은 왕에게 아뢴 말에 사관이 용어를 해설한 것이다.

이희보는 비굴하게 아첨하고 말재주가 있는 사람입니다. 폐조연산군 때에 조계형과 함께 총애를 제일 많이 받아서, 당시 사람들이 이를 지목하여 안각시內各氏【속칭 부인을 '각시'라고 한다. 이는 뜻에 영합하고 소신을 굽혀 좇는 것이 궁궐의 폐첩嬖妾과 같다는 말이다.】라고 했습니다. _중종실록 4년(1509) 1월 23일

왕의 총애를 받는 첩처럼 아양을 떨었기 때문에 안각시란 별명을 붙여준 것이다. 또 항상 '지당합니다'만 외치는 재상도 있었다.

사신은 논한다. 유순이 연산군 때에 수상이 되어 국가의 경중輕重이 그에게 달려 있었다. 그런데도 연산군이 살육하고 방탕하여 가깝고 먼 사람들이 이반하고 종사가 위태롭게 되는 것을 앉아서 보기만 하고 한마디 말로 바로잡으려 하지 못했다. 왕의 하문이 있을 때마다 문득 '지당합니다'고 대답하여, 세상 사람들이 '지당재상允當宰相'이라 불렀다. _중종실록 6년(1511) 3월 9일

과거에는 국가의 경중을 논할 때에 재상이 어떠한가를 보았다고 한다. 그런데도 유순은 연산군의 물음에 '지당합니다'만 외쳤으니, 국가 체통이 말이 아니었다. 그런가 하면 '수염 달린 쥐'란 인물평도 보인다.

남탁은 평수 일컬을 만한 것이 없었다. 일찍이 지평이 되었을 때에 권세 있는 자가 죄를 범한 일이 있었는데, 동료들과 함께 대열에 끼어 이를 거론했다. 그런 다음에 거슬림을 받게 될까 염려하여 몰래 자신의 아내

를 시켜 권세가의 누이에게 글을 보내서, 죄를 동료 관리들에게 돌리고 자신은 벗어나려고 했다. 당시 사람들이 이를 매우 부끄럽게 생각하여, 어떤 사람은 그를 '수염 달린 쥐鬚鼠'라고 불렀다. _선조실록 37년(1604) 5월 20일

지평은 관리의 비행을 다루는 사헌부 소속이었다. 그럼에도 권세가의 눈치를 보아서 뒤로 딴 행동을 했다고 해서 이런 별명이 붙게 되었다. 전통시대에 남자는 모름지기 수염이 아름다워야 남자답다고 생각했다. 그러니 수염이 적으면 자괴심에 빠졌다. 이처럼 수염은 남자의 상징물이니, '수염 달린 쥐'는 그야말로 '쥐새끼 같은 사람'이란 말이다.

이와 반대로 평소에 쌓은 인품으로 화를 면한 사례도 보인다. 고려시대 무신이었던 정중부가 난을 일으켰을 때에 최유청에 대해서는 다음과 같이 기록되어 있다.

정중부의 난리에 문신들이 모두 피해를 입었다. 그러나 여러 장수가 평소 최유청의 덕망에 감복해 있었으므로 군사들에게 그 집에는 들어가지 말라고 경계하였다. 그런 까닭에 가까운 친척까지 모두 화를 면했다. _『고려사』 최유청 전기

한편, 형제지간에도 평가가 엇갈리는 경우가 종종 발견된다. 이에 앞서 형제간의 우애를 보여주는 사례를 하나 보겠다.

당시에 어떤 형제가 같이 길을 가다가 아우가 황금 두 덩이를 얻어서 하나를 형에게 주었다. 양천강에 이르러 배를 타고 함께 강을 건너는

데, 아우가 갑자기 금을 물속에 던졌다. 형이 이상하게 생각하고 물으니, "평소에 저는 형을 아주 깊이 사랑해왔는데, 지금 금을 나누어 가지고는 형을 시기하는 마음이 갑자기 싹텄습니다. 이것은 상서롭지 못한 물건이니, 강에 던지고 잊어버리는 것만 못합니다" 하였다. 형도 "네 말이 진실로 옳다" 하고 역시 금을 물 속에 던졌다. 그때 함께 배에 탔던 사람들은 모두 어리석은 백성들이라 그 형제의 성명과 마을 이름을 물어보지 않았다고 한다. _『고려사』 정유 전기

이렇게 우애에 관한 미담이 있는가 하면, 형제간에 인물평이 극단적으로 다른 경우도 보인다. 조선시대 1등 개국공신이면서 제1차 왕자의 난 때 정도전과 함께 죽임을 당했던 남은1354~1398에게는 역시 1등 개국공신이 된 형 남재1351~1419가 있었는데, 그가 사망했을 때에 다음과 같은 평가가 내려졌다.

개국공신이 되자 세력을 믿고 남의 노비를 많이 빼앗았다. 무인년에 판정도감 제조가 되었을 적에 어떤 사람이 그를 고소한 일이 있었는데, 그가 성을 내면서 딴 일을 가지고 여러 가지 방법으로 핍박하니, 그 사람이 분통을 이기지 못해 죽었다. 그 까닭에 만년에는 재산이 제법 많았다. 또 그의 아우 남실과 재산을 다투어서 종신토록 화목하지 못했으며, 남실이 아침밥을 겨우 먹는데도 도와주지 않았다. _세종실록 1년(1419) 12월 14일

역시 개국공신이었던 조준1346~1405과 그의 동생 조견1351~1425은 조선

개국과 함께 상반된 길을 갔다고 전해진다. 후대의 기록이기는 하지만, 정조 때에 경기도 유생인 김상목 등이 상소한 내용에 조견의 행적이 전해진다.

고려의 운명이 끝났다는 소문을 듣고 통곡하면서 두류산에 들어가 자기 이름을 고쳐 조견趙狷이라 했으니, 대개 개 견犭=犬 자를 취한 것입니다. 이것은 나라가 망해도 따라 죽지 못한 것이 개와 같다는 뜻이며, 또한 개는 옛 주인을 생각한다는 뜻을 취한 것입니다. 두류산에서 청계산으로 옮겼는데, 매번 최고봉에 올라 개성을 바라보면서 통곡했습니다. 태조가 그를 호조전서로 발탁하여 서신을 보내니 "송악산의 고사리를 캐어 먹길 원하되, 성인의 백성이 되기를 원하지는 않습니다"고 대답했습니다.

하루는 태조가 조준과 더불어 수십 명의 기병을 거느리고 청계산으로 가서 조준으로 하여금 나오도록 권고했습니다만, 조견은 이불을 뒤집어쓰고 누워서 일어나지 않았습니다. 조준이 이불을 어루만지면서 "내가 만나보지 못한 지도 벌써 여러 해가 되었으니, 형제간의 깊은 정이 어찌 그립지 않겠는가?" 하니, 조견이 이불 속에서 "나라도 없어지고 집도 망하여 아비도 없고 임금도 없는데 어찌 형제를 알겠는가?"고 대답했습니다.

조준이 나와서 "신의 아우 성품이 편협해서 신도 어찌할 수 없습니다"고 아뢰니, 태조가 "나와 옛 친분이 있으니 손님과 주인의 예의로 서로 만나볼 수 없겠는가?" 하니, 조견은 비로소 의관을 정제하고 나와 고개만 숙이고 절은 하지 않았습니다. 태조는 칭찬하고 감탄하면서 "조

그림 2 개성 만월대와 송악산

견은 지조가 금석 같아서 빼앗을 수 없다" 하고, 청계산 한 구역의 땅을 봉해주도록 명했습니다.

조견은 양주 땅에 옮겨 살면서 자기의 호를 자칭 송산松山이라 했으니, 이는 대개 송악을 잊지 않는다는 뜻이었습니다. 조견은 이따금 송도에 가서 궁궐 월대月臺의 폐허그림 2에서 통곡하니, 옛 도성의 유민들이 그를 따라서 슬퍼했습니다.

조견은 일찍이 철석鐵石 두 글자로 두 아들의 이름을 지었습니다. 죽을 때 임박하여 경계하기를 "나의 묘비에는 고려의 안렴사라고 쓰라" 했으나, 아들들이 유언을 감히 따를 수 없어 우리 조정에서 내린 관직을 비석에 썼습니다. 그 뒤로 얼마 안 되어 비석이 갑자기 절반으로 꺾여져 '조공지묘趙公之墓'란 네 글자만 남아 지금도 그대로 있습니다. _정조실록 14년(1790) 10월 14일

세조가 김종서 등을 살해하고 정권을 잡았을 때에 여진족을 등에 업고 '대금황제'를 자칭하며 반기를 들었던 이징옥?~1453도 그의 형 이징석?~1462과 아주 대조적이었다.

이징석과 이징옥은 모두 이름난 장수다. 그러나 이징석은 탐욕스럽고 비루하여 재산을 영위하는 데에 부지런하고, 이징옥은 청렴하고 고고하여 자기 도리를 지켰다. 이징석이 일찍이 이징옥에게 말하기를, "청백淸白이란 복 없는 사람의 딴 이름이다" 하였다. _문종실록 1년(1451) 6월 1일

'청백'은 청백리란 말처럼 품행이 순결하여 더러움이 없는 것을 이른다. 다른 기록에서도 이징석은 탐욕스럽고 음란하여 아버지가 죽자 땅을 두고 다투며 막대기로 아우를 때린 적이 있고, 친척이 계집종을 보내어 뒤늦게 문상을 하니 밀실로 끌어들여 간음했다고도 전한다.

이들은 이미 어렸을 때부터 성격이 대조적이었다고 한다. 어머니가 산 멧돼지를 보고 싶다고 하여 두 형제가 사냥을 나갔는데, 형은 그날로 멧돼지를 활로 쏘아 죽여서 잡아 왔지만, 동생은 이틀이나 힘들게 몰이를 해서 기진맥진한 멧돼지를 산 채로 끌고 왔다는 일화가 전해진다.

이런 성격 차이로 평소에도 사이가 좋지 않았는데, 이것이 운명을 갈라놓기도 하였다. 동생 이징옥이 반란을 일으켰을 때에 형이 아들과 함께 연좌되어 감옥에 들어갔는데, 세조는 "평소에 동생과 사이가 나쁘고 내통이 없다"고 하여 석방했다. 그리고 죽음 대신에 오히려 세조의 찬탈을 도운 공신으로 책봉되었다. 성격이 모났기 때문에 죽음을 면하고 더 오래 사는 계기가 되었던 것이다. 역사의 아이러니를 보는 듯하다.

역사상 유명한 인물도 평가에서 자유로울 수 없었다. 여기서는 우리가 알고 있는 이미지와는 다르게 평가된 사례를 세 가지 들어보겠다.

먼저 "백두산 돌은 칼을 갈아서 다 닳고, 두만강 물은 말이 마셔 없어지도다. 남아 스무살에 아직 나라를 평정하지 못하였으니, 후세에 누가 대장부라 일컬으리요"라는 기개 있는 한시로 우리 머릿속에 남아 있는 남이1441~1468 장군에 대한 평가다.

남이는 활 잘 쏘는 김연근·신정보 등을 천거하고 유자광은 최강을 천거하므로, 이들을 불러서 쏘게 했는데, 최강이 많이 맞추어서 활 하나를 내려주었다. … 남이는 일찍이 대장이라 자칭하며 당시의 무사들을 멸시했는데, 이날은 여러 번 쏘아도 맞추지 못하여 임금이 웃었다. _세조실록 14년(1468) 5월 1일

이 구절로 보아 남이는 과시형 인물이었던 것 같다. 그런 그가 궁궐에서 숙직하다가 혜성이 나타나자 "혜성의 등장은 묵은 것을 없애고 새것을 나타나게 하려는 징조다"고 말했다가 모함을 받아 처형당했다. 그 뒤에 무슨 이유에선지 그의 죽음은 억울한 것으로 비추어졌고, 이에 따라 그와 관련된 구전설화가 전국에 두루 전해지게 되었다. 그의 무덤이 있다고 전해져서 붙여진 가평 부근의 남이섬이 한류 열풍과 더불어 다시 부각되고 있다.

암행어사와 관련된 설화가 워낙 많아서 암행어사 하면 당장 떠오를 정도로 유명한 영조 때의 박문수1691~1756, 그림 3의 성품도 예상과는 달리 상당히 거칠었던 것 같다.

그림 3 박문수 초상

대개 박문수가 병조판서가 되었을 때 훈련대장 구성임과 연석筵席에서 서로 꾸짖고 욕을 하며 서로 '너'라 말하기에 이르렀으므로, 이와 같은 상소가 있게 되었다.

박문수는 성품이 거칠고 낭패스럽다. 일찍이 임금 앞에서 윤유와 서로 꾸짖고 욕을 하여 대간의 논박까지 받았는데, 또 구성임과 서로 싸우자 임금이 둘 다 죄를 주었던 것이다. 그러나 구성임은 무장으로서 문신 재상을 능욕했으니, 무신이 점차 교만 방자해지는 것을 식견 있는 사람들이 우려했다. _영조실록 19년(1743) 1월 7일

연석은 임금이 신하에게 자문을 구하는 자리다. 여기서 싸움이 붙어 아랫사람인 상대방이 감히 자신에게 '너'라고 말했다고 해서 상소를 올렸는데, 이 기록 말미에 사관이 이와 같은 인물평을 덧붙여 적은 것이다. 다음은 박문수가 사망했을 때의 인물평이다.

영성군 박문수가 사망했다. 박문수는 춘방春坊. 세자 시강원에 있을 때부터 이미 임금이 알아주었고, 무신년 반란1728년 이인좌의 난 때에 조현명과 더불어 원수元帥의 막부에서 보좌하여 개선해 오니, 임금의 총애가 날로 융성하여 아주 높은 벼슬에까지 이르렀다. 나랏일에 대해서는 마음을

다하면서 해이하지 아니하여 병조·호조에서 개혁한 것이 많았고, 여러 차례 병권을 장악하여 사졸의 환심을 얻었다. 그러나 연석에서 때때로 익살을 부렸고, 거칠고 조잡한 병통이 있었다. 또 이광좌를 사표로 삼아 지론이 시종일관 변하지 아니했으니, 그 때문에 끝내 정승에 제수되지 못했다. 그가 졸하자 임금이 슬퍼하여 마지않았다. _영조실록 32년(1756) 4월 24일

그는 소론의 거두 이광좌를 끝까지 사표로 삼아 정승이 되지 못하였을 정도로 고집이 셌던 모양이다. 그럼에도 왕 앞에서마저 아랑곳하지 않고 다른 신하와 싸움을 할 정도로 평소 행동은 거칠었다고 한다.

그런데 실록을 읽다가 이들보다 더 의외의 평가를 내린 대목을 발견하게 되었다. 태종이 "공신은 아니지만 나는 공신으로서 대우했고, 하루이틀 접견하지 못하면 반드시 불러서 접견했으며, 하루라도 좌우를 떠나지 못하게 하였다"고 할 정도로 두터운 신임을 받았던 정승 황희 1363~1452, 그림 4 에 대한 기록이다.

황희는 판강릉부사 황군서의 얼자였다. 김익정과 더불어 서로 잇달아 대사헌이 되어서 모두 승려 설우雪牛의 금을 받았으므로, 당시의 사람들이 '황금 대사헌'이라 하였다.

또 난신亂臣 박포의 아내가 죽산현에 살면서 자기 종과 간통했는데, 이를 우두머리 종이 알게 되자 박포 아내가 그 우두머리 종을 죽여 연못에 집어넣었다. 여러 날 만에 시체가 나오니 누구인지 알 수가 없었다. 그 현의 장관이 검시하고 이를 조사해 가니, 박포 아내는 사실이 드

그림 4 황희 초상(2008. 7.)

러날까 두려워 서울로 도망해 와 황희 집의 북쪽 동산에 있는 토굴 속에 숨어 여러 해 살았다. 황희가 이때 간통했고, 그 뒤 박포 아내는 일이 잠잠해진 것을 듣고 돌아갔다.

황희가 장인 양진에게서 노비를 물려받은 것이 단지 세 명뿐이었고, 아버지에게 물려받은 것도 많지 않았는데, 집안에서 부리는 자와 농가에 흩어져 사는 자가 많았다. 정권을 잡은 여러 해 동안에 매관매직하고 형벌과 관련하여 뇌물을 받았다. 그러나 그가 사람들과 일을 의논할 때나 자문에 대답할 때에는 언사가 온화하고 단아하며 의논하는 것이 다 사리에 맞아서 조금도 틀리거나 잘못됨이 없었다. 이에 임금에게서 무거운 은혜를 받았다. 그러나 그의 심술은 바르지 않아서 자기에게 거슬리는 자가 있으면 몰래 중상했다. _세종실록 10년(1428) 6월 25일

황희는 얼자孽子, 천민 출신 첩의 아들였고, 박포 아내와 간통했으며, 매관매직과 뇌물을 통하여 재산을 불렸다고 적혀 있다. 또 심술궂은 인물로 묘사되어 있다. 이것은 황희 정승의 알려진 이미지와 너무나 달라서 의아하게 생각했었는데, 나중에 그 의문이 마침내 풀렸다. 단종 때에 실록을 편찬하면서 이 기록이 논란이 되었던 사실이 적혀 있기 때문이다.

그때 『세종실록』을 편찬했는데, 지춘추관사 정인지가 사관史官 이호문이 기록한 황희의 일을 보고 "이것은 내가 듣지 못한 것이다. 감정에 치우치고 근거가 없는 것 같으니, 마땅히 여러 사람과 의논하여 정해야겠다"고 했다.

정인지는 영관사 황보인, 감관사 김종서, 지관사 허후, 동지관사 김조·이계전·정창손, 편수관 신석조·최항과 더불어 이호문이 쓴 것을 조목별로 의논하기를, "그가 '황희는 황군서의 얼자'라고 하였는데, 일찍이 이러한 말이 있었다. 황희도 자신을 '나는 정실의 아들이 아니다'고 말했었다. 그러나 그 밖의 일은 전에 듣지 못했다"고 하였다.

허후가 말하기를, "우리 아홉 사람이 모두 듣지 못했으니 이호문이 어찌 홀로 알 수 있었겠는가? 나의 선친께서 매번 황희 재상을 칭찬하고 흠모하면서 존경하여 마지아니했다. 사람됨이 도량이 매우 넓으며 기쁨과 노여움을 나타내지 아니했다. 재상이 된 지 거의 30년간 진실로 더러운 소문이 없었는데, 어찌 남몰래 사람을 중상하고 관작을 팔아먹고 옥사에 뇌물을 받아서 재물이 거만에 이르렀겠는가? … 그가 '김익정이 황희와 더불어 서로 잇날아 대사헌이 되어서, 모두 승려 설우의 금을 받았으므로, 당시 사람들이 이들을 황금 대사헌이라고 일컬었다'고 했으나, 이것도 또한 알 수 없다. 이미 말하기를, '당시 사람들이 이를 일컬었다' 했는데, 지금 여기에 앉아 있는 8, 9인은 어찌 한 사람도 들은 적이 없는가? 이호문은 나의 친속이지만 사람됨이 조급하고 망령되고 난잡하지 못한데, 그 말을 취하여 믿을 수 없으니 이를 삭제함이 어떠한가?" 하였다.

김종서가 말하기를 "박포의 아내 사건은 집안의 은밀한 일이니, 진실로 쉽게 알 수 없다. 그 밖의 일은 마땅히 사람의 이목을 피할 수 없는데 어찌 사람들이 알지 못하였을까? 김익정은 나의 재종형으로, 내가 그 사람됨을 자세히 안다. 스스로 청렴하고자 하였고 스스로 신의 있고자 하였는데, 그가 도량이 작다고 일컬을 수는 있지만 대사헌이 되어서 남의 뇌물을 받았다는 것은 단연코 그렇지 않았을 것이다"고 하였다.

모두들 "예나 지금이나 역사 기록은 이처럼 다 믿을 수 없다. 만일 한 사람이 개인 감정에 따라서 쓰면 천만년을 지난들 능히 고칠 수 있겠는가?"했다. _단종실록 즉위년(1452) 7월 4일

결국, 사관이었던 이호문이 사사로운 감정으로 쓴 것으로 밝혀졌다. 이 때문에 이를 삭제해야 하지 않겠는가 하는 문제로 의논이 이어진다. 그러나 삭제하는 선례를 남기면 나중에 마음에 안 드는 대목을 맘대로 빼내는 폐단이 일어날까 염려하는 의견도 있었다. 이런 이유에서인지 왜곡된 황희의 평가는 그대로 살아남게 되었다. 다행히 나중에 이 왜곡 문제가 불거진 기록도 남게 되어 황희는 누명을 벗을 수가 있었다.

이처럼 인물 평가는 역사 기록자, 즉 사관을 통하여 이루어지기 때문에 실제와는 동떨어지게 왜곡되는 상황도 벌어진다. 더구나 당쟁이 심할수록 당파에 따라 인물 평가가 극과 극으로 치닫는다. 오죽했으면 정권을 새로 잡은 당파가 중심이 되어 실록을 다시 편찬했겠는가. 이때에 원래 실록과 새로 편찬한 실록에 정반대의 인물평이 많이 등장할 수밖에 없다. 근대에 와서 김옥균의 평가도 고종실록과 순종실록에 정반대로 등장한다. 정치적 상황에 따라 서술이 달라진 것이다.

한쪽의 입장만 대변한 일방적인 평가만 전해질 경우에 그 인물은 영

원히 잘못된 평가 속에 남게 될 소지가 있다. 따라서 역사학자로서 인물 평가나 역사적 사실의 평가를 해야 할 경우 점점 더 조심스럽고 어려워지는 것을 절감한다. 요즘 인물들에 대한 비평도 그래서 더욱 신중해진다. 나이가 들수록 더욱 그러하다.

죽음과 무덤

해질녘에 산에 오르면 밤하늘의 별과 함께 지상에서는 교회의 붉은 십자가가 하나씩 떠오른다. 십자가는 서양에서 들어왔지만 이런 광경은 우리나라에서나 볼 수 있는 독특한 현상이다. 한 프랑스인은 이렇게 적었다.

> 밤이 되면, 각 교회의 십자가에는 조명이 들어오고 서울 전체가 묘지로 변한 듯한 미래파적인 인상을 준다. _에릭 비데 책, 73쪽

도심의 십자가 밭이 서양인에게는 공동묘지를 연상시키는가 보다. 홍콩의 유명한 건축가 아론 탄도 "한국에 오면 항상 인상적인 게 도시 야경 속에서 빛나는 십자가예요"라고 지적했다. 영화 '도쿄 택시'에서도 일본인 주인공들이 서울 야경의 십자가를 보며 "왜 이리 무덤이 많지?"라고 내뱉는 장면이 나온다고 한다.그림 1 기독교가 소수인 일본에서는 보기 어려운 풍경이기 때문이다. 이것이 외국인에게 비친 한국의 독특한 도시 정경이다.

언덕 위에 동글동글하게 표주박처럼 솟아 있는 무덤이 마을 풍경과

그림 1 영화 '도쿄 택시'에서

어우러진 모습도 외국에서는 찾아보기 어렵다. 이런 한국적인 정경은 1930년대 마을 뒷산의 공동묘지 사진에서 잘 드러난다.그림 2

조선시대 사신의 일기를 보면, 중국에서는 무덤 봉분을 만들기는 하지만 우리와 달리 떼莎草를 입히지는 않았다고 한다.

> 사람이 죽으면 산에 장사 지내지 않고 들판 밭 가운데나 길가의 평지에 장사 지낸다. 봉분 모양은 쑥 심지처럼 윗부분이 아주 뾰족하다. 해마다 흙을 한 삽씩 떠서 그 위에 올리는데 이를 가토加土라고 한다. 이로 인해 더욱 높아지고 더욱 뾰족해진다. 떼는 덮지 않는다. _『조경일록』 1636. 11. 6.

가토하는 수고를 덜기 위해서인지 요즈음은 봉분을 시멘트로 덮기도 한다. 더구나 산이 없어서 들판이나 밭 가운데, 길가 평지에 무덤을 쓰기 때문에 우리의 모습과는 다르다. 그렇지만 화장을 하는 일본에서는

그림 2 마을과 무덤이 어우러진 모습(1930년대)

이런 모습을 아예 볼 수 없다.

19세기 말에 한국을 여행한 한 미국인은 다음과 같이 썼다.

풍경의 대부분은 묘지들이 차지했다. 묘들은 언덕을 점점이 수놓은 봉긋한 반원의 모임이었다. 마른 풀잎 사이로 간혹 비석이 보였지만 대부분 나무가 없는 구릉 위에 둥그스름한 모양으로 봉분만 솟아올라 있었다. 무덤들은 보통 구릉의 경사진 면을 차지하고 있었는데, 내가 짐작하는 한 이것은 그 위치와 관련된 어떤 믿음 때문이 아니라 그곳이 주민들에게 덜 소용되는 곳이기 때문일 것이다. 언덕의 경사진 면은 조선의 농사법에서는 별 가치가 없는 반면 평평한 땅은 길이나 논 그리고 집터 등으로 유용하게 쓰인다. _퍼시벌 로웰 책, 144쪽

그림 3 호환 장면(남장사 감로탱)

이제는 사라졌지만 얼마 전까지도 비디오테이프를 보면 이런 경고가 꼭 등장했다. "옛날 어린이들은 호환, 마마, 전쟁 등이 가장 무서운 재앙이었으나 현대의 어린이들은 불량 불법 비디오를 시청함으로써 비행청소년이 되는 무서운 결과를 초래하게 됩니다. … 한 편의 비디오, 사람의 미래를 바꿀 수도 있습니다." 호환은 호랑이에게 물려 죽는 것이고,[그림 3] 마마는 두창이라고도 부르는 천연두를 가리킨다. 전통시대에 사람을 괴롭히던 3대 질병이 두창, 콜레라, 나병이었다. 콜레라는 조선 후기에 들어온 전염병이다.

호환도 중요한 사망 원인이었다. 호랑이가 얼마나 무서웠으면 곶감과 얽힌 얘기가 지금도 동화책에 등장하겠는가? 비숍 여사는 여행기에서 다음과 같이 적었다.

한국 사람의 호랑이에 대한 공포는 너무나 유명해서 '한국 사람은 일 년의 반을 호랑이를 쫓느라 보내고 일 년의 나머지 반을 호랑이에게 잡아먹힌 사람의 문상을 가느라 보낸다'는 중국 속담이 거짓말이 아님을 알 수 있다. _이사벨라 버드 비숍 책, 154쪽

영조 때의 기록은 당시 호랑이에 의한 피해 정황을 짐작케 한다.

이때에 사나운 호랑이가 횡행하여 사람과 가축을 물어뜯었으므로 팔도의 보고가 없는 날이 거의 없었으니, 여름부터 가을까지 죽은 사람이 모두 140명이었다. _영조실록 10년(1734) 9월 30일

이보다 20년 뒤에는 호랑이에게 물려가는 부모를 구하려다 함께 죽은 효자들을 표창한 기록도 보인다.

이때 경기 지방에 호환이 심하여 한 달 사이에 잡아먹힌 사람이 120여 명이었다. 이천 백성 서차봉이 호랑이에게 물려갔는데, 서태금이 그 꼬리를 잡고 따라가 아버지와 아들이 함께 죽었다. 한수재의 어머니도 호랑이에게 물려갔는데, 한수재가 막대기를 잡고 호랑이를 쫓다가 어머니와 아들이 함께 죽었다. _영조실록 30년(1754) 윤4월 19일

사람이 죽으면 장례를 치르고 무덤을 쓴다. 그러나 과연 모든 사람이 무덤을 썼을까 궁금하다. 이 물음에 답을 주는 자료가 1123년 고려에 사신으로 온 송나라 사람이 지은 책에 보인다.

죽어서 염할 때에는 관에 넣지 않는데, 왕이나 귀족이라도 그렇게 한다. 가난해서 장례 도구가 없으면 시신을 들판에 내놓는다. 봉분이나 비석을 만들지 않고 땅강아지나 개미, 까마귀나 솔개가 먹게 하지만, 사람들은 그르다고 하지 않는다. _『고려도경』 잡속

조선시대에 와서도 도성 안에 여기저기 버려진 시체를 수습하도록 자주 조치를 내린다. 조선 초기 태종과 세종 때의 기록이다.

다섯째에 이르기를, "성 안에서 죽은 사람을 길에 버리거나 개울에 두기도 하니, 차마 볼 수 없는 일입니다. …" 하였다. _태종실록 10년(1410) 4월 8일

경기도 감사에게 유시하기를 "듣건대 도성 10리 밖에는 버려진 사람 시체가 아주 많다고 한다. 가까운 곳이 이와 같은데 먼 곳은 어떻겠는가? 시체를 덮고 묻는 법령이 이미 있는데 수령들이 받들어 실행하지 못하니, 경이 이를 알고 때때로 조사하여 살피라"고 하였다. _세종실록 29년(1447) 7월 11일

평시에 이러하니 기근과 전염병이 돌 때에는 사태가 더욱 심각했을 것이다. 전염병으로 죽은 사람은 산간으로 옮겨 풀로 덮어 장사 지내거나 시신을 싸서 나뭇가지에 매달아두는 초빈草殯을 만들었다가 나중에 매장했다고 한다. 영조 때에 이성경이 이렇게 건의했다.

새로 기근과 전염병을 겪어서 백성들이 요절하니, 들판에는 풀 더미 속

에 버려지듯 장사 지낸 것이 여러 겹으로 쌓여 있습니다. 가난하고 의지할 데 없는 무리들이 여러 해가 지나도록 시신을 땅에 묻지 못한 경우가 많습니다. 귀신은 슬퍼하고 고아와 과부는 울부짖고 있습니다. 그러니 어찌 조화로운 기운을 손상하지 않겠으며, 자애로운 정치를 훼손하지 않겠습니까? _영조실록 32년(1756) 10월 10일

전염병으로 죽은 시신을 묻지 않는 것은 근대에 도성에서도 목격되었다.

나는 성벽에 기대 세워져 있거나 아니면 그냥 땅바닥에 팽개쳐져 있는 짚 더미에 우연히 시선이 가게 되었다. … 그 안에 시체가 들어 있었다. … 그에 의하면 천연두로 죽은 사람의 경우에 이런 식으로 처리할 수 있다고 했다. 코레아인들은, 이렇게 할 경우 천연두를 일으킨 병마가 시체를 따라 성벽까지 가서 거기에 오랫동안 머물게 되고 그러면 그 병마는 자신이 침범했던 집을 찾을 수 없게 된다고 믿는다. _아손 그렙스트 책, 289~290쪽

그렇지만 일반적인 시신 방치도 근대 외국인의 눈에 들어왔다. 다음은 러시아 장교가 공주에서 목격한 모습이다.

굵은 나뭇가지가 무성한 숲 근처의 절벽 아래에 이르렀을 때 우리는 짚으로 싼 물체들이 나무에 매달려 있는 광경을 보게 되었다. 이것은 남자아이들의 시신이라고 하였다. 고을에 가까워지면서 절벽 아래에 짚

더미로 덮어놓은 어른들의 시체가 몇 구 보였다. 좀 더 가자 길 가까운 곳에 짚 더미 바깥으로 죽은 사람의 발이 나와 있는 모습도 눈에 띄었다. 시체 위에 덮어놓은 짚 더미가 흘러내려 시신의 무릎이 나와 있었던 것이다.

그러나 주민들은 자신들의 집에서 30~40사젠약 64~85미터 밖에 떨어져 있지 않은 곳에 시체가 놓여 있어도 그 어떤 관심조차 보이지 않았다. 보통 사람이 죽으면 몇 달이 지나서야 시체를 매장한다고 하였다. …

가난한 백성들의 경우에는 매장하기 전에 짚으로 만든 돗자리에 시체를 싸서 집에서 가까운 곳에, 종종 들 근처에 놓아두는데 어떤 때에는 개들이 시체를 뜯어먹기도 한다고 하였다. _카르네프 외 책, 110쪽

지금은 사람이 사망하면 삼일장을 치른다. 그러나 시대를 거슬러 올라가 고구려, 백제 때에는 3년장을 치렀다. 광개토왕비에는 "39세에 세상을 버리고 떠나시니, 갑인년 9월 29일 을유일에 산릉山陵으로 모셨다"고 하였다. 사망한 해는 412년이고 장례를 치른 해는 414년이다. 백제 무령왕릉 지석에도 "나이가 62세가 되는 계묘년 5월 임진일인 7일에 돌아가셨다. 을사년 8월 갑신일인 12일에 안장하여 큰 무덤에 모셨다"고 하였으니, 523년에 사망하여 525년에 안장하였다.그림 4 요즘의 삼일장처럼 3년장도 만 3년이 되지는 않는다.

성리학의 영향을 받아서 장례 기간은 줄어든 반면에 장례 후 상복을 입는 기간은 대폭 늘어났다. 고려시대에는 부모가 돌아가셨을 때에 100일이나 27일간 상복을 입었는데 조선시대에는 3년이 된 것이다.

다음 박상충1332~1375의 사례는 그 전환기의 상황을 보여준다.

그림 4 복원된 무령왕릉의 지석(2004. 5.)

어머니 상 중에 전교령에 임명되었다. 당시 사대부들이 부모의 상을 100일 만에 벗었는데, 박상충은 3년상을 마치려 했으나 부득이해서 마침내 취임했다. 그러나 고기를 먹지 않으면서 3년상을 마쳤다. _『고려사』 박상충 전기

예조판서 신상이 아뢴 자료에도 그러한 전환이 드러나 있다.

앞 왕조의 선비와 백성들은 부모의 상을 당했을 때에 '달'을 '날'로 바꾸어 지냈으니 3년상을 행하지 않는 자가 많았습니다. 만일 무덤에 초막을 짓고 3년을 지키는 자가 있으면 세상에서 모두 아름답다 일컬어 정표했습니다. 그렇지만 오늘날에는 모두 3년상을 행하고, 여막살이 하는 사람도 많이 있습니다. _세종실록 14년(1432) 11월 28일

3년상이 실제로는 27개월에 해당하는데, 사람이 태어나면 3년간 부모의 품속에서 자라므로 이를 보답해야 한다고 생각한 것이다. 자식이 태어나면 3년간 부모 품 안에서 자란 뒤에 이를 면하기 때문에 세 살을 '면회免懷의 나이'라고 부른다. 그러나 27개월이 너무 길어서 달을 날로 바꾸어 27일간, 즉 한 달 동안 복을 입는 편법을 썼다. 이런 방식은 고려시대에 행해졌다. 중국에서도 이미 한나라 때부터 이러한 역월易月 제

도를 시행했다.

그러나 조선에서는 원칙을 좇아 3년상을 지켜나갔다. 그럼으로써 옛법을 지키는 데서 중국보다 우리가 우위에 있음을 자랑스럽게 생각했다. 세종이 사망한 뒤 중국 사신을 맞이할 때에 문종이 상복을 입어야 하는지 문제가 된 것은 이렇게 명나라와 조선의 복상 기간에 차이가 났기 때문이었다.

그러나 3년상의 시행에는 우여곡절도 있었다. 연산군이 이를 폐지하고 역월제를 단행했는데, 중종반정이 일어나 그가 폐위된 뒤에는 패륜의 상징으로 생각됐다. 이 여파로 3년상을 서민이나 천민에까지 확대하려는 움직임도 나타났다. 생원 임계중의 건의는 당시의 분위기를 짐작하게 한다.

폐주연산군 때에 상기를 단축한 제도로 말미암아 우리나라의 풍속이 무너지고 사람의 도리가 깨지게 되었으니, 어찌 마음 아픈 일이 아니겠습니까? 3년상은 천하 사람이 다 행하는 것으로 귀천 없이 동일한 것입니다. 우리나라 상세는 서민은 단지 100일 동안만 행하게 되니, 어리석은 백성들이 한갓 100일 동안의 슬픔만 알 뿐이지 3년 동안 부모 품 안에서 자란 의리는 알지 못합니다. 바라건대, 서민도 모두 3년의 복을 입게 하소서. _중종실록 3년(1508) 2월 1일

이렇게 지키려 했던 3년상 제도가 시대가 바뀐 지금에 와서는 대개 49일이 되면 탈상을 하니, 이것은 불교의 49재에서 유래한 것이다.

3년의 세월은 너무나 길고, 사회적 비용도 만만치 않았을 것이다. 부

모 무덤 옆에 오두막을 짓고 3년간 시묘살이를 하는 것은 결코 쉬운 일도 아니었다. 잘 먹고 지내던 서울 양반들은 3년을 버티기가 더욱 어려웠을 것이다.

평소에 호사스럽게 생활하다가 하루아침에 예법에 따라 상을 치르려고 한 움큼의 쌀로 입에 풀칠하니, 3년이 못 되어 죽는 자가 많다. 『삼강행실』을 누누이 헤아려보건대, 우리나라 사람 중에서 죽을 마시며 상을 끝내는 자는 산야에서 어렵게 살던 선비가 대부분이고 서울 사람은 드물다. _『어우야담』 효열

얼마 전에 충남 서산에 사는 한 사람이 3년간 어머니 묘소에서 시묘살이 한다는 기사가 난 적이 있다. 이 기사가 난 뒤에 학생 견학을 비롯하여 많은 사람이 다녀갔다고 한다.그림 5 한 학생은 "나를 위해 고생하시는 부모님을 생각하면 나도 1년은 할 수 있을 것 같다"고 했다.

시묘살이의 어려움으로 편법도 등장했다. 고려 말기 이곡1298~1351의 글이다.

우리나라 제도에는 부모 묘소를 3년간 지킨 사람에게는 정문旌門을 허락하게 되어 있고, 평소의 행동이 어떠했는지는 묻지 않는다. 그래서 근세의 사대부가 흔히 자기 집 종을 시켜서 대신 시묘살이를 하고, 끝마치면 사사로이 그 신분을 복구시켜 마음대로 떠나게 한다. 이 때문에 종살이하는 자들은 다투어서 하려고 한다. 무릇 소인이 이득에 급급한 것이 마치 군자가 의리를 중히 여기는 것과 같다. 대체로 자식이 부모

"묘 옆에서 3년살이요? 우와~"

'시묘' 현장 견학 깜짝 놀란 고교생들

"산속 무덤 옆에서 3년 동안 한시도 떠나지 않고 생활했다니 믿기지 않아요."

지난 6일 오후 2시 충남 당진고 1학년 6반 학생 29명이 서산 성연면 야산 자신의 어머니 묘소 옆에서 '시묘살이'하는 유범수(52·인천 부평구, 본지 2003년 12월 11일 27면)씨를 찾았다.

어버이날을 맞아 우리 조상의 극진한 효 실천 방식이었던 시묘 현장을 직접 살펴보고 효에 대해 다시 생각해 보는 시간을 갖기 위해서다.

학생들의 이날 방문은 이 학교 이명성(61) 교장이 학생들에게 체험하기를 권유해 이뤄졌다.

학생들은 유씨가 생활하는 한 평 남짓한 움막을 살펴보고 모두 놀라는 모습이었다. 추운 겨울을 세 번씩이나 이곳에서 보냈다는 사실이 믿기지 않았기 때문이다.

한 학생이 "감기는 안 걸렸느냐"고 묻자 유씨가 "움막 안과 밖 온도가 거의 비슷해 잘 걸리지 않는다"고 답해 폭소가 터졌다.

유씨는 학생들에게 "부모는 자식을 위해서라면 목숨도 버릴 수 있으며 자식이 아무리 큰 잘못을 해도 용서할 수 있는 마음을 가졌다"며 "여러분이 할 수 있는 효도는 건강하게 자라고, 공부를 열심히 해서 부모님의 마음을 편하고 즐겁게 해 드리는 것"이라고 말했다. 그는 또 "효는 부모 걱정을 덜어주는 데서 시작된다"면서 "부모가 계시거든 멀리 떠나지 말며 가더라도 행선지를 꼭 알려라"는 명심보감 구절을 강조했다.

동행했던 이 교장은 "행여 학생들이 시대에 어긋난다며 부정적 시각으로 볼까 염려됐는데 이해하려는 입장을 보여 대견스럽다"고 말했다.

이상빈(16)군은 "효심이 깊지 않으면 시묘의 어려움을 참아내지 못할 것"이라면서 "나를 위해 고생하시는 부모님을 생각하면 나도 1년은 할 수 있을 것 같다"고 말했다.

김태우(16)군은 "아저씨 때문에 가족들이 고생할 거라고 생각했으나 시묘를 위해 오래 전부터 돈을 저축하는 등 치밀한 준비를 했다는 얘기를 듣고 안심했다"고 말했다.

유씨의 시묘살이는 22일로 만 3년을 채우고 끝이 난다. 유씨는 2002년 어머니가 돌아가시자 오래전부터 계획해 온 시묘살이를 실천했다. 그의 시묘살이가 알려진 뒤 지금까지 수천 명이 이곳을 다녀갔다.

서산=조한필 기자
chopi@joongang.co.kr

충남 당진고 학생들이 부모 묘소에서 3년째 시묘살이를 하는 유범수씨(오른쪽)를 찾았다. 사진 오른쪽 움막은 유씨가 3년째 기거하고 있는 곳. [당진고 제공]

◆**시묘(侍墓)살이**=부모의 생전 은혜에 보답하기 위해 돌아가신 직후부터 3년 동안 무덤 옆에 오두막을 짓고 식사를 올리며 묘를 돌보는 풍습을 말한다. 부모님의 죽음이 자신의 불효에서 비롯됐다고 여겨 머리와 수염도 안 깎으면서 온갖 고초를 견뎌냈다. 조선시대에는 시묘살이를 부모에 대한 가장 효성스러운 행위로 평가해 3년간 시묘살이를 마친 이에게 나라에서 상을 내리기도 했다.

그림 5 시묘살이 기사(중앙일보 2010. 5. 9.)

를 생각하는 것이 어찌 종들이 상전을 사랑하는 것만 못하겠는가? 다만 습속에 얽매여 하지 못하는 것이다. _『동문선』 기박지평시서寄朴持平詩序

이처럼 종을 시켜서 대신 시묘살이를 하게 했다. 그리고 자신은 국가에서 살했나는 표창을 받아 집 앞에 붉은 문을 세웠다. 이 붉은 문이 정문이다. 그런가 하면 왕실에서는 국장을 치르면서 슬피 통곡할 여자를 따로 고용했다. 다음은 예조에서 건의한 말이다.

전 왕조의 국장 및 우리 태조의 장례에 저잣거리의 온갖 여자들을 불러다 울며 따라가게 하고, 이를 '통곡하는 비婢'라 한 것은 진실로 좋지 못한 일입니다. 삼가 『두씨통전』과 『당원릉장의唐元陵葬儀』를 살펴보면, 공주와 내시 등이 영구를 둘러싸고 모두 울고 발을 구르며 따라간다고 했습니다. 이제 태행상왕정종의 장례에 공주는 궁녀로 대신하고, 사정이 있으면 관비官婢가 울며 따라가게 하소서. _세종실록 1년(1419) 12월 21일

이러한 '통곡비'는 고대 그리스의 사례를 연상시킨다. "사람들은 흔히 돈을 주고 곡하는 사람을 고용하여 애도가트레노스를 부르도록 했다"고 한다. 슬피 우는 사람이 있어야 그 장례식은 더욱 엄숙하게 연출될 것이다. 아무튼 대신 시묘살이 하고 대신 통곡하는 편법이 있었던 사실을 볼 수 있다.

지금 우리 국토는 무덤으로 가득 채워진다는 얘기를 많이 한다. 그래서 매장보다는 화장을 보급하려 애쓰고 있다. 그런데 중국 역사를 보면 그 반대 조치를 내린 적이 있다. 자크 제르네는 다음과 같이 언급하였다.

항주에서는 매장이 일반적인 풍습이 아니었다. 토지가 한정되어 있고 그 가격이 일반인은 살 수 없는 것이었기 때문에 매장보다도 훨씬 값싼 화장의 풍습이 특히 중하층에 퍼져 있었다. 옛 풍습에 반하는 이 화장은 10세기 말부터 중국 각지하북·산서와 동남 지방에 정부 당국의 의향과는 반하면서 퍼졌다. _자크 제르네 책, 81쪽

중국에서 963년에 화장 금지령까지 내렸으나 그 조치는 효과를 보지 못하였다. 불교의 영향 아래 있었던 고려에서도 화장을 선호했다. 그런데 이 역시 성리학이 들어오면서 화장을 비판하고 매장을 장려하는 쪽으로 선회하였다.

장사 지낸다는 것은 감춘다는 뜻이니, 그 해골을 감추어 드러나지 않게 하는 것이다. 요즈음 불교의 다비법이 성행하여, 사람이 죽으면 뜨거운 불 속에 넣어서 모발이 타고 살이 문드러져 해골만 남게 한다. 심한 경우에는 뼈도 태워서 그 재를 뿌려 물고기나 새에게 주며 "이렇게 해야만 천당에 태어나고 서방정토에 갈 수 있다"고 한다. 이 주장이 일어나자 고명하다는 사대부도 여기에 혹하여 땅에다 매장하는 사람이 많지 않게 되었다. 아아, 심히 어질지 못한 일이다.

사람의 정신은 흘러다니며 서로 소통한다. 죽어서나 살아서나 사람이거나 귀신이거나 본래 동일한 기운일 뿐이다. 조부모가 지하에서 편하게 있으면 자손도 편해지는 것이고, 그렇지 않으면 그 반대가 된다. 또 사람이 세상에 태어난 것은 나무가 땅에 뿌리를 박은 것과 같아서, 그 뿌리와 그루터기를 불사르면 가지와 잎이 말라 시들 것이다. 그러니 어찌 꽃 피고 번식할 수 있겠는가? 이것은 어리석은 남녀도 모두 아는 것이다. … 원하건대 지금부터는 일체 화장을 금지하고 이 법을 범한 사람에게는 죄를 주고, … _세종실록 2년(1420) 11월 7일

이런 논리 때문에 조선시대 이래 매장을 선호하였고 그 전통은 지금까지 내려오게 되었다. 고대에 매장을 하다가 불교가 들어와 화장으로 바뀌었고, 성리학이 들어오면서 다시 매장으로 바뀐 것이다. 그리고 지금 환경 문제가 불거지면서 다시 화장으로 선회하기 시작했다. 반면에 일본은 근대에 들어서 모든 사람이 화장을 해야만 하는 법을 제정하였다. 그러지 않으면 사망신고가 되지 않는다고 한다. 예외적으로 천황만은 매장을 할 수 있다고 한다.

조상의 음덕을 받기 위해서 조선시대에는 명당 자리 다툼이 치열하였다. 이래서 생긴 독특한 사건이 산송山訟이다. 산송이란 무덤을 중심으로 발생하는 분쟁 사건으로 노비 소송, 전답 소송과 함께 조선시대 3대 소송을 이루었다. 특히 산송은 18, 19세기에 집중적으로 나타났다. 최근까지도 문제가 된 대표적인 것이 고려시대 윤관 장군의 묘소다.

임금이 밤에 홍화문에 나아가서 도정을 지낸 심정최와 첨정을 지낸 윤희복을 친문하였는데, 두 집안의 산소 다툼 때문이었다.

원래 고려 시중 윤관의 묘가 파주에 있었으나 도중에 그 위치를 잃어버렸다. 상신 심지원의 묘 밑에 큰 무덤이 하나 있어 윤관의 묘라고 전해왔는데, 심씨네가 그 위에 무덤을 써버렸다. 윤씨네 후손이 비석 몇 조각을 증거로 찾아서 심씨네 무덤을 이장해달라고 소청했는데, 심씨네는 윤씨네의 외가 후손들이기 때문이었다. 임금은 두 집안이 각자 자기네의 무덤을 보호하고 서로 다투지 말라고 두 집안을 달래어 모두 진정시켰었다.

그런데 이때에 와서 윤씨의 후손이 모여서 심씨 무덤의 계단을 허물자 심씨네가 또 여러 사람을 이끌고 와서 두들겨 쫓아냈다. 이에 서로 잇따라 북을 쳐서 임금에게 하소연하니, 임금이 "윤·심은 대대로 큰 집안인데 조정의 은혜를 저버리고 서로 다투었으며 번거롭게 잇따라 호소했으니, 엄하게 처리하지 않으면 기강을 무너뜨리고 교화를 위태롭게 하는 일을 진정시킬 수가 없다"고 하고, 드디어 직접 심문하겠다는 명령을 내렸다. … 밤을 새워 두 사람을 친문하여 형을 가한 뒤 차례로 멀리 귀양 보냈다. 그런데 심정최와 윤희복은 나이가 각기 70여 세였으

그림 6 윤관 장군 묘소(2005. 12.)

므로, 윤희복은 형을 받고 며칠이 되지 않아서 귀양 가는 도중에 죽었다. _영조실록 41년(1765) 윤2월 23일

지금 파주시 광탄면 분수리에는 사적 323호로 지정된 윤관 묘소가 있다. 묘비와 문무인석이 잘 갖추어진 묘소 위쪽으로 가면 심씨네 묘소가 앞이 답답하게 담장으로 가로막힌 채 있다.그림 6 그곳으로 올라가보면 파평 윤씨와 청송 심씨 두 집안의 싸움이 아직도 끝나지 않은 것을 직접 느낄 수 있었다. 다행히 2008년에 와서 두 집안이 화해를 하고 심씨 집안 묘소를 옮기기로 결정했다고 한다.

조선 후기에 부계 질서가 확립되어 처가살이에서 시집살이로 정착되면서 무덤 쓰는 장소도 변하기 시작했다. 종전에는 외손이나 사위로서 외가나 처가의 산에 묻혔지만, 이제는 그들의 후손이 다른 곳으로 가지

않고 같은 곳에 묻히면서 종산宗山이 형성되기 시작했다. 종산은 외가 산이나 처가 산에서 시작하는 경우가 많았고, 자연히 원래의 소유주인 외가나 처가와 마찰이 생기게 되었다.

이런 마찰의 극단적인 사례가 1899년 이후연 집안의 무덤 싸움이다. 시집간 누나가 사망하여 친정 종산에 허락 없이 묻히자, 동생은 "오호라! 저희는 차라리 누님의 죄인이 될지언정 조상의 죄인이 될 수 없고, 조카의 죄인이 될지언정 문중의 죄인이 되고 싶지 않습니다"며 관청에 호소하였다. 유교적 관념으로는 무덤을 살아 있는 사람처럼 취급하여 감히 손을 대지 않는데도, 그는 강제로 누나 시신을 파내어 다른 곳에 묻었다. 16세기까지만 해도 여자가 친정 산에 묻히는 것은 자연스런 일이었으나, 부계 질서가 확립된 17세기 이후부터는 그야말로 출가외인이 된 것이다.

집은 살아 있는 사람이 사는 곳이고 무덤은 죽은 사람이 사는 곳이다. 그래서 집을 양택, 무덤을 음택이라 한다. 음택이 좋아야 양택에 사는 사람도 편안해지고 복을 받는 것으로 생각하였다. 이것이 이른바 명당이다. 그런데 이 좋은 무덤이란 개념도 문화에 따라 다르다. 우리는 시신이 빨리 자연으로 돌아가는 곳이 명당이라 생각하지만 이집트에서는 미라가 부패하지 않는 곳이 명당이었을 것이다. 한반도가 산성질이 강한 척박한 땅인 데다가 건기와 우기가 반복되어 시신이 부패하기가 쉽고 여기에 순응하다 보니 명당 개념도 그렇게 정해진 것이 아닌가 생각된다. 우리 북쪽에 있는 만주 땅에만 가도 고대 무덤에서 인골이 많이 발견되는데, 우리 땅에서는 이를 기대하기가 어렵다. 그래서 우리 조상이 어떻게 생겼는지, 어디서 왔는지를 연구하는 데에 애로가 무척 많다.

그림 7 시왕도의 한 부분(2010. 10.)

이집트와 우리가 명당에 대해서 반대로 생각하기도 했다면, 비슷한 사고도 보인다. 우리는 흔히 죄가 '무겁다'고 한다. 죄를 무게로 따지는 것이다. 사람이 죽으면 명부에 가서 심판을 받는데, 이때 생전의 잘못을 적은 종이 뭉치의 무게를 재서 죄의 경중을 따졌다고 한다. 물론 불교적인 발상이다. 불화를 보면 그런 장면이 그려진 것을 볼 수 있다. 2010년 불교중앙박물관에서 연 '지장보살 특별전' 포스터에도 그런 장면이 들어 있었는데, 옥천사 시왕도에서 따온 것이었다.그림 7

이집트에서도 죄가 무겁다는 식으로 표현한다고 한다. 미라를 만들 때에 내장을 모두 꺼내지만 유일하게 남기는 것이 심장이다. 사람이 죽으면 오시리스 앞에서 심판을 받는데, 이때 저울의 한쪽에는 마아트 여신이나 그녀의 상징인 깃털을 놓고, 다른 쪽에는 생각과 기억의 중추인

그림 8 이집트의 사후 심판(2004. 1.)

죽은 사람의 심장을 올려놓는다. 그림에는 흔히 심장을 담은 단지로 나타난다.[그림 8] 지은 죄 때문에 심장이 마아트보다 무거우면 심판을 받아 불멸하지 못하게 된다고 생각하였다. 서로 비슷한 발상이다.

상례와 장례는 조상의 문제를 다루는 것이라서 쉽게 고치기가 어렵다. 진보적인 생각이 있더라도 막상 내 문제로 부닥치면 옛날 하던 대로 따르게 된다. 그래서 그 전통은 다른 문화보다 훨씬 오래 유지되는 보수성을 지닌다. 그러나 역사를 돌이켜보면 화장이냐 매장이냐, 명당이냐 아니냐 하는 것도 시대적 산물이요 지리적 소산일 따름이다. 시간의 흐름에 따라 변할 수밖에 없다.

사람 제물

사람이 죽으면 황천길에 간다고 하거나 북망산에 간다고 한다. 황천黃泉은 지하에 있다는 샘으로 저승을 가리키는 중국의 전통적 용어이다. 지옥도 땅 속에 있는 감옥을 의미하는데,그림 1 중국에 불교가 전파된 뒤에 생겨난 말이다. 산스크리트어의 나라카Naraka를 의역한 것이 지옥이고, 발음대로 적은 것이 나락那落이다. "절망의 나락에 떨어지다"고 할 때의 나락이 그것이다.

북망산은 중국 낙양의 북쪽에 있는 망산으로 낙양 사람들이 공동묘지로 사용하던 곳이다. 이 산에는 고구려와 백제가 멸망한 뒤에 끌려갔던 보장왕과 의자왕, 연개소문의 아들, 그리고 흑치상지도 묻혔다. 이런 낙양 사람의 관념을 받아서 사람이 죽으면 북쪽에 묻힌다는 생각을

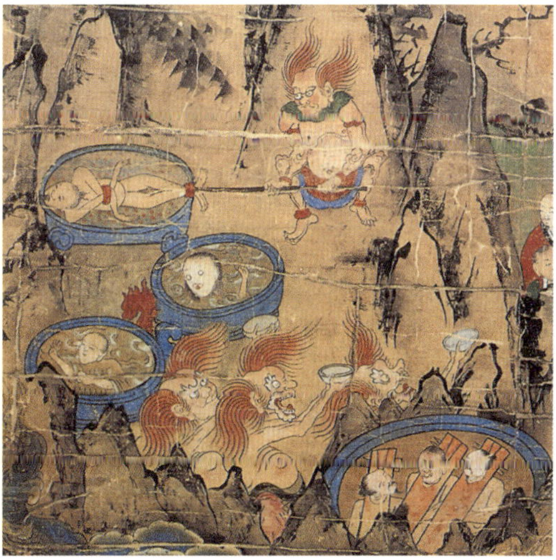

그림 1 지옥 모습(선암사 감로탱)

그림 2 이집트 '태양의 배'(2004. 1.)

갖게 되었다.

이집트에 갔더니 사람이 죽으면 서쪽으로 간다고 생각하였다. 고대 이집트인에게는 나일 강을 경계로 동쪽은 삶의 공간, 부활의 공간, 신전의 공간이었고, 서쪽은 죽음의 공간, 무덤의 공간이었다. 그래서 카이로에 가면 피라미드가 모두 강 서쪽에 있다. 서쪽 죽음의 세계로 인도하는 것은 강을 건너는 배였다. 쿠푸 왕의 피라미드 옆에는 장례 때에 사용한 '태양의 배solar boat'가 원형 그대로 발굴되어 전시되어 있다.그림 2 나일 강 중류의 룩소에는 유명한 투탕카멘 왕을 비롯하여 왕과 왕비, 귀족들이 묻힌 고분군이 강 서쪽에 있다. 반면에 룩소 신전이나 카르낙 신전은 강 동쪽에 있다. 기독교에서는 죽음을 요단강 건너서 가나안 땅으로 가는 것으로 비유한다. 장례식 때 "며칠 후 며칠 후 요단강 건너가 만나리"란 노래를 부른다.

고대에는 이처럼 저승과 이승의 경계를 강으로 상징하면서 삶과 죽음이 그리 현격한 차이가 있는 것으로 보지 않았다. 두 세계가 강 하나를 사이에 두고 공존하였다. 지금과 다르게 이승의 삶이 저승까지 이어질 수 있다고 생각하였다. 이집트 무덤에 수많은 유물이 부장된 것은 내세에서 그것을 사용할 수 있다고 믿었기 때문이다. 사람은 물론이고 주인공과 생전에 함께 생활한 애완동물까지도 미라로 만들었다. 지금 중국 사람은 죽은 사람이 사용하기를 염원하면서 돈이나 아파트, 가재도구가 인쇄된 종이를 무덤에서 불태운다. 가야나 신라 무덤에도 유물이 많이 부장되었고, 고구려 무덤은 마치 땅속의 집처럼 조성하여 화려한 벽화도 그려놓았다.

그림 3 망자 배송도

5세기 무렵의 고구려 수산리 벽화에는 구름을 타고 천상의 세계로 떠나는 아버지를 아들이 무릎을 꿇고 읍하며 배송하는 모습이 그려져 있다.그림 3 이 세상과 저 세상이 이어진다는 이러한 계세繼世 관념을 극적으로 보여주는 것이 사람을 희생시켜 주인공과 함께 묻는 순장殉葬이다. 헤로도토스가 지은 책에는 흑해 연안에 살던 스키타이족의 순장에 대해서 다음과 같이 전한다.

묘지 내의 넓고 빈 공간에는 죽은 왕의 후궁 중 한 명과, 진배進盃하는

그림 4 고깔모자 쓴 스키타이 사신(2009. 2.)

자, 요리사, 마부, 시종, 접대인들을 교살하여 순장한다. 그리고 말도 매장하며 온갖 황금 술잔과 재보 가운데 일부를 선택하여 함께 묻는다. … 거대한 흙무덤을 만든다. 1년이 지나면 … 죽은 왕을 모셨던 시종 중에서 왕을 가장 가까이 모셨던 자 50명과 가장 우량한 말 50필을 교살하고 내장을 끄집어낸 다음 깨끗이 씻어내고 여기에 왕겨를 집어넣고 다시 봉합한다. _헤로도토스 책, 상권, 407쪽

이들의 모습은 페르시아에 조공하러 온 사신들 부조 가운데서 발견할 수 있는데, 고깔 모자를 쓴 것이 특징적이다.그림 4 이들은 정착생활을 하는 종족이 아니라서 다른 사람의 손이 타지 않게 무덤의 위치를 아무도 모르게 하였다. 역시 유목민인 몽골족도 그러하였다. 그래서 지금도 칭기즈칸의 무덤을 찾으려 애쓰고 있다. 원나라의 다른 황제 무덤도 수

수께끼로 남아 있다. 이에 대해 마르코 폴로는 다음과 같이 적었다.

여러분은 칭기즈칸의 계통에서 나온 모든 대카안들은 알타이Altai라고 불리는 커다란 산으로 운구되어 매장된다는 사실을 분명히 알아야 할 것이다. 타타르들의 대군주들은 어디에서 사망하든, 설사 그 산에서 100일 거리나 떨어진 곳에서 죽었다 할지라도, 그들의 시신은 그곳 장지로 운구되어야만 한다. 더구나 내가 말하건대 이 대카안들의 시신이 그 산으로 운구되는 동안, 심지어 그것이 40일 거리 정도나 떨어져 있는 경우에도, 도중에 부딪치는 모든 사람들은 그 시신을 옮기는 사람들의 칼에 베인다. 그러면서 그들은 "가서 저승에서 너의 주군을 섬겨라!"고 말한다. 그들은 정말로 자기들이 죽이는 사람들이 모두 저승으로 가서 주군을 섬긴다고 믿고 있다. 그들은 말에 대해서도 똑같이 행한다. 그래서 주군이 죽으면 그가 소유하던 최고의 말들을 모두 죽이는데, 그렇게 함으로써 주군이 저승에서 그것들을 갖도록 한다는 것이다. 여러분은 몽구 칸이 죽었을 때 그의 시신이 장지로 운구되는 동안 2만 명 이상의 사람들이 모조리 죽음을 당했다는 사실을 알아야 할 것이다.

_마르코 폴로 책, 191~192쪽

중국에서 인순人殉이라고도 부르는 순장은 고대 이집트, 메소포타미아, 아메리카 마야 등에서도 유행했을 정도로 광범위하게 퍼져 있었다. 그러나 무덤에서만 그러했던 것은 아니다. 영국 역사를 상징하는 유적인 스톤헨지로부터 동북쪽으로 3킬로미터 떨어진 곳에 우드헨지Woodhenge가 있다. 목조 구조물이었기 때문에 지금은 원형으로 돌아가는

그림 5 우드헨지(2013. 8.)

기둥 자리에 말뚝만 박아놓았다.그림 5 부족의 회의장소나 사원으로 사용된 것으로 보이는 이 유적의 중앙 부근에서 세 살 어린이가 발굴되었는데, 두개골은 매장 전에 분리되어서 신석기시대에 희생 제물로 바친 것임을 알 수 있다. 이렇게 희생물로 바친 것을 인순人牲 또는 순생殉牲이라 한다.

사람을 제물로 바치는 것은 멕시코의 아즈텍에서도 크게 유행했다. 멕시코시티 부근에 있는 테우티우아칸Teotihuacan의 께쌀빠빨로뜰Quetzalpapalotl 궁전을 발굴했을 때에 희생 제물로 바쳐진 인골들이 발굴된 적이 있다. 모두 아홉 명이 손은 뒤로 묶이고 반 구부려진 채 발견되었다.

아즈텍 전체에서 1년에 1~5만 명이 희생되었는데, 대부분 포로이고 일부는 사 온 노예와 어린이였다고 한다. 가장 일반적인 것은 심장과 피를 태양신에게 바치는 의례로 실행했다. 사제가 신전에서 흑요석 칼로 살아 있는 사람의 가슴을 갈라 심장을 꺼내어 태양신에게 바쳤다.그림 6 희생자는 태양의 파라다이스로 갈 거라는 생각에 기꺼이 죽음을

그림 6
아즈텍의 인신 공양

맞이했다고 한다.

동양에도 이런 순장, 순생제도가 있었다. 중국 상나라 때에는 순장이 성행하였을 뿐 아니라 사람들을 제물로 삼아 제사를 지냈다. 중국 허난성 안양시 인쉬殷墟 유적에는 상나라 왕실과 귀족 무덤이 밀집되어 있는데, 무덤 안에 사람을 순장하거나 무덤 주위에 사람을 희생 제물로 넣은 제사 구덩이들이 대량으로 발굴되었다. 예를 들어서 2009년에 발굴된 유적에서 무덤 안의 순장그림 7과 제사 구덩이의 순생그림 8이 모두 드러났다. 이 당시에 이민족을 잡아다가 희생물로 삼은 기록도 많이 나오는데, 머리를 잘라 몸통과 분리해서 희생 제물로 삼은 유적이 많이 발견된다.

한나라 때에 와서 사람 제물을 금지시켰고, 남북조시대에는 불교가 들어오면서 이런 풍습이 사라지게 되었다. 그러나 이민족 정권이 들어

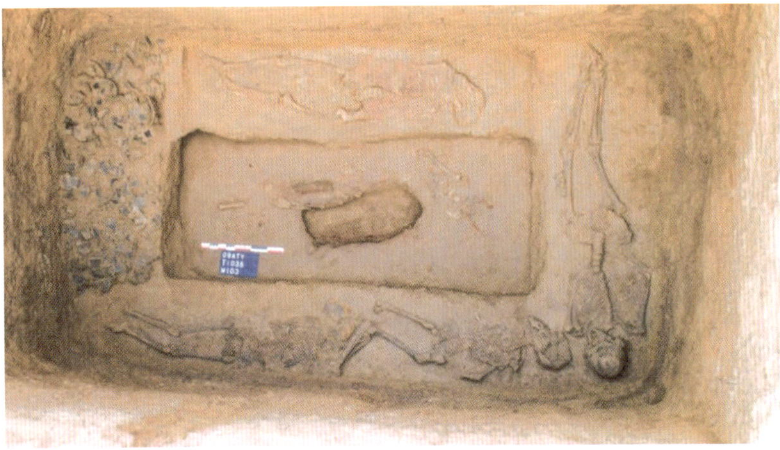

그림 7 무덤 주인공 주위의 순장자들

섰을 때에는 그런 풍습이 되살아났으니, 금나라나 원나라, 청나라 때가 대표적이다. 그 사이에 있던 명나라는 한족 정권이었지만, 원나라 영향을 받아서 일시적으로 재현되었다. 뒤에 보이는 명나라 사례는 이런 배경에서 나온 것이다. 금나라 때의 장례 풍습을 일례로 보겠다.

> 죽은 사람을 매장하는 데 관곽棺槨을 사용하지 않는다. 귀한 자가 묻힐 경우에는 평소에 총애하던 노비와 타던 말을 산 채로 불에 태워 순사시킨다. _『대금국지』 초흥풍토初興風土

우리나라에서는 삼국시대에 순장이 유행했다. 만주에 있었던 부여국에서는 "사람을 죽여서 순장을 하는데, 많은 경우에 100명을 헤아린다"고 하였다. 그러나 아직 부여 지배층의 무덤이 제대로 발굴되지 않아서 그 실체를 확인하지 못하고 있다. 고구려에는 관련 기록이 없지

그림 8 제사 구덩이의 희생자들

만, 동천왕의 기록으로 보아서 순장이 있었던 것 같다.

22년248 … 9월에 왕이 죽었다. 시원柴原에 장사하고 동천왕이라 이름하였다. 나라 사람들이 왕의 은덕을 생각하여 슬퍼하지 않는 자가 없었고, 가까운 신하 중에는 스스로 따라 죽으려는 자가 많았다. 새 왕중천왕이 그것은 예의가 아니라고 하여 금지했다. 그러나 장사하는 날 무덤에 와서 자살한 자가 매우 많았다. _『삼국사기』 고구려 동천왕

이처럼 임금이나 주인 또는 남편을 따라 자발적으로 죽는 것을 순사殉死라 한다. 잉카 최후의 지배자인 아타우알파1502?~1533가 처형되던 날에 그의 아내 몇 명과 누이가 내세에서 그를 섬기기 위해 스스로 목을 매달았다. 군주를 따라 죽는 자살은 북부 안데스에 널리 퍼져 있던 풍습이었다고 한다.

유구국오키나와에서도 이런 풍습이 있었다. 신숙주1417~1475는 일본에 사신으로 다녀온 뒤에 쓴 『해동제국기』에서 "남편이 죽고 자녀가 없으면 스스로 목을 찔러 남편을 따라 죽는 부인이 열에 일곱, 여덟이 되며, 왕도 이를 금지하지 못한다"고 적었다. 일본에서는 주군이 죽으면 평소 사랑을 받았던 부하가 자결하는 풍습이 있었다. 예를 들어서 막부의 우두머리인 도쿠가와 이에야스德川家康가 죽자 아베 츠시마노카미阿部對馬守와 혼다 가가미노카미本田加賀守가 자결한 것이 그런 것이다. 특히 혼다는 할복하여 죽었고, 그를 따라 죽은 부하도 세 명이나 되었다.

신라의 수도인 경주 천마총 옆에 표주박 모양의 쌍분인 황남대총이 1970년대에 발굴되었는데, 남편은 남쪽 무덤에 부인은 북쪽 무덤에 묻혀 있었다. 그런데 60세 전후의 남자 무덤에 어린 여자아이가 순장되어 있었다. 경상북도 영덕의 한 무덤에서는 순장된 사람들이 금동으로 만든 귀걸이를 착용하고 있었다. 2015년에 발굴된 경주 황남동 고분에서는 30대 정도의 여자 주인공 위에 20대 정도의 남자 순장자가 겹쳐 있는 채로 발굴되어 화제가 되었다.

스키타이의 사례에서 보듯이 순장되는 사람들이 노비나 궁녀처럼 하층 신분만은 아니었던 듯하다. 창녕 송현동 고분의 순장자에게서는 외부 타격 흔적이 발견되지 않아서 약물로 죽였을 것으로 추정되었다. 최근에 국립가야문화재연구소에서는 이 무덤의 순장자 한 사람을 실물대로 처음 복원해서 공개했다.그림 9 16세에 사망한 소녀로 키는 153.5센티미터이고, 무릎을 많이 꿇는 생활을 한 흔적이 발견되었다고 한다.

신라는 지증왕 때에 와서 순장 금지령을 내린다.

3년502 2월에 명령을 내려 순장을 금지했다. 이전에는 국왕이 죽으면 남녀 각각 다섯 명씩 순장했는데, 이때 이르러 금지한 것이다. _『삼국사기』 신라 지증마립간

그림 9 순장된 가야 처녀의 복원

일본에서도 스이닌垂仁 천황 때에 순장을 금지했다.

28년기원전 2 … 11월 정유일에 야마토 히코노미코토를 무사 지방의 스키사카에 장사 지냈다. 이때에 근신들을 모아서 모두 무덤 주위에 생매장하여 세워놓았는데, 며칠 동안 죽지 않고 밤낮으로 울고 신음하였다. 드디어 죽어서 썩으니 개와 까마귀가 몰려들어 먹었다. 천황이 울부짖는 소리를 듣고 마음이 슬프고 아파서 신하들에게 "무릇 생전에 사랑하던 사람을 따라 죽게 하는 것은 매우 가슴 아픈 일이다. 비록 옛 풍습이라 해도 좋은 것이 아니면 어찌 따르겠는가? 지금부터는 서로 의논하여 순사를 금지시키도록 하라"고 명령을 내렸다. _『일본서기』 스이닌 천황

기록 그대로 기원전 2년의 일로는 받아들일 수가 없지만, 고대 일본에서도 순장을 금지했다고 한다. 히미코卑弥呼, ? 247년 또는 240년 여왕이 사망했을 때도 큰 무덤을 만들고 노비 백여 명을 순장했다고 전한다. 그러나 순장의 증거가 일본에서 아직까지 발견되지 않아서, 이런 풍습이

그림 10 지산동 73호분 발굴 모습(2008. 6.)

실제로는 없었다고 일본학계에서 보는 것 같다.

순장 사례가 가장 많이 보이는 곳은 가야 무덤이다. 1970년대 후반에 고령에 있는 지산동고분군을 발굴할 때에 44호분과 45호분에서 순장 현상이 확인되었다. 이들은 대가야 지배자의 무덤이다. 44호분은 큰 봉분 안에 35개의 돌무덤이 자리 잡고 있었는데, 봉분을 쌓아올린 토층을 조사하니 이들은 모두 동시에 만든 것이었다. 만약에 가족이나 친족이 묻힌 공동묘지라면 봉분을 일부 파내서 무덤을 추가한 흔적이 토층에 보여야 하는데 그렇지 않았다. 가운데 큰 돌무덤에 주인공이 묻히고 그 주변을 둘러싼 나머지 무덤에는 30명 정도가 순장된 것으로 판단되었다. 45호분에는 10명 정도가 순장되었다.

그러나 당시에는 순장이 아니라 추가장일 가능성도 있다는 반론도 제기되었는데, 2007년에 다시 왕릉급 무덤들이 발굴되면서 무덤 주인공과 동시에 묻힌 순장자들이 분명히 확인되었다. 5세기에 만들어진 73호분을 예로 들어보자. 지표에서 3미터 이상 들어간 묘광을 파서 동쪽에 주인공을 묻은 주곽을 만들고, 그 서쪽에 부장품을 넣은 부곽을 만들었다.그림 10 그런데 이 주곽과 부곽 둘레는 순장자들이 묻힌 무덤들

그림 11 주인공 발치의 순장자(경산 조영동고분)

이 둘러싸고 있었다. 또 지상의 봉토 안에도 순장 곽이 하나 있었다. 순장된 사람들이 몇 명인지는 알 수 없지만, 상당수 사람들이 순장되었던 것을 알 수 있다.

1980년대에 조사된 경산시 임당동 일대의 고분군에서도 역시 확인되었다. 이 일대에는 압독국이란 나라가 있었다. 무덤은 주인공이 묻힌 무덤 칸과 함께 그 옆에 부장품을 묻는 부장 칸이 있는 형식인데, 몇 사람이 무덤 칸의 주인공 발치에 놓여 있거나 부장 칸에 뉘어 있기도 하였다.그림 11 주인공과는 달리 자세도 똑바르지 않았다. 최근 분석에 따르면 주인공은 순장자에 비해 육류 섭취가 많았다고 한다. 신분에 따라 영양 섭취가 달랐을 것이다. 또 부산 동래의 복천동고분군이나 1990년대 발굴된 금관가야 지배자의 무덤인 김해의 대성동고분군에서도 순장 현상이 많이 발견되었다. 이처럼 가야의 여러 나라에서 순장이 두루 유

그림 12 연꽃에서 새로 태어나는 사람(장천 1호분)

행하였다.

가야 무덤에서는 유물도 엄청나게 쏟아져 나와 후대의 역사 연구자에게는 아주 좋은 연구 자료가 된다. 하지만 역설적으로 이것은 가야인의 생각이 덜 깨인 것을 보여준다. 유물을 많이 넣은 것은 사후세계와의 연결을 믿었기 때문이다. 현실과 내세가 확실히 구분된다는 생각을 하면 인간을 희생시키거나 많은 유물을 넣을 필요가 없다. 그래서 후대로 내려올수록 상징적인 몇 가지 유물만 넣는 박장薄葬을 하게 된다. 그럴수록 고고학자들은 연구를 하기가 더욱 어려워진다.

고대에 불교의 도입은 사후세계에 대한 관념을 근본적으로 바꾸어놓았다. 죽은 사람이 지금 모습 그대로 다음 세계에 가는 것이 아니라, 내세에 새롭게 다시 태어나는 것이다. 고구려 벽화를 보면 심청이가 피어나듯이 연꽃 사이로 사람들이 태어나는 모습을 볼 수 있다.그림 12 이렇게 되면 이승의 신분을 그대로 유지하거나 이승의 물건을 가져갈 수가 없음을 깨닫게 된다. 이처럼 불교는 고대인의 관념을 크게 바꾸어놓았다. 그래서 시험 볼 때에 삼국의 불교 수용 연대를 그리도 힘들게 외웠던 것이다. 이런 변화에 따라 순장도 점차 사라진다.

그림 13 일본의 하니와(2003. 2.)

그렇지만 그러한 관념을 하루아침에 떨쳐버릴 수는 없었다. 지금도 그렇지만 무덤을 만드는 것은 조상과 관계된 일이라서 가장 보수적인 특징이 있다. 순장 금지 후에는 사람 대신 인형을 묻는 풍습이 생겨났다. 일본에서는 순장 대용으로 사람이나 동물 모양으로 된 하니와埴輪, 그림 13를 무덤에 넣었다고 『일본서기』에 전하지만, 어디까지나 전설로서 사실과 다르다고 한다. 이런 종류의 하니와는 훨씬 늦게 출현하고, 앞서 말했듯이 순장이 정말 있었는지도 불분명하기 때문이다.

통일신라 무덤에서도 흙으로 만든 토용이 많이 발견된다. 조선시대까지도 나무 인형을 무덤에 넣는 전통이 있었는데, 영조는 이것이 못마땅하여 금지 조치를 내렸다.

국장國葬이나 예장禮葬, 국장 다음 가는 장례에서 목인木人을 사용하는 것은 아마 순장을 대신하는 것일 게다. 공자께서 인형 만든 자를 그르다고 하여 배척한 것은 인형이 폐단이 되어 사람을 순장하기에 이르렀기 때문이었다. 목인으로 대신하게 된 것이 어느 시대에 시작되었는지를 알지 못하겠다. 그러나 이것을 사용하는 것은 불경스러운 것인데, 지금 그 명칭을 그대로 둔다면 후일에 목인을 빌미로 다시 순장하는 일이 없으리라는 것을 어찌 알겠는가? 옛날 기록을 그대로 두는 것은 대개 이를 경계하여 신중히 하려는 것이고, 지금 그 사용을 없애는 것은 곧 후세의 폐단을 제거하려는 것이다. 의례를 담당하는 관청에 명하여 국장과 예장에서 특별히 순장을 없애도록 하라. _영조실록 20년(1744) 8월 19일

중국에는 처음에 꼴을 묶어서 만든 인형을 묻는 풍습이 있었다. 그런데 그런 풍습이 산 사람을 직접 묻는 순장으로까지 변모하자 그 폐단을 없애고자 목인으로 대체했다는 것이다. 조선시대에 무덤 안에는 생활용기를 모방하여 작게 만든 명기明器, 각종 악기, 옷, 노리개 등과 함께 나무로 만든 사람 모양의 노비, 음악인 등을 넣었다. 바로 순장의 흔적이 조선시대 장례제도에까지 내려온 것이다. 영조 때에 와서야 그 문제점을 깨닫고 이를 폐지하였다.

그런데 우리나라에서는 고대에 사라진 순장제도가 조선의 이웃나라였던 명나라에서도 실행되었다. 때로는 우리나라에서 공출해 간 궁녀들이 황제의 장례식 때에 애꿎게 희생되었다. 조선 세종 때에 그 슬픈 기록이 보인다.

사신이 "중국에 전후로 뽑혀 들어간 우리나라 여자 한씨韓氏 등이 모두 대행황제大行皇帝, 죽은 황제를 위하여 순사하였다"고 했다. … 황제가 죽자 궁녀로서 순장된 자가 30여 명이었다. 죽는 날 모두 뜰에서 음식을 먹이고, 끝난 다음 마루로 올라오게 하니, 곡소리가 궁궐을 진동했다. 마

루 위에 놓인 작은 나무 평상에 이들을 세우고, 그 위에 올가미를 만들어 머리를 넣었다. 그런 뒤 평상을 떼어버리니 모두 목 매달려 죽었다. 한씨가 죽을 때 김흑에게 이르기를, "유모야 나는 간다. 유모야 나는 간다"고 하였는데, 말을 마치기 전에 곁에 있던 환관이 평상을 빼내므로 최씨와 함께 죽었다. _세종실록 6년(1424) 10월 17일

명나라 영락제가 죽었을 때 벌어진 일이다. 그 장면이 생생하다. 그런데 청나라 때인 1662년에 편찬된 만주의 한 지방지에도 순장자를 죽이는 장면이 나온다.

남자가 죽으면 반드시 첩 한 명을 순사시킨다. 그 대상자가 생전에 정해지면 사양하거나 어길 수가 없다. 순사를 당함에 곡을 하지 않고 예쁘게 단장하여 온돌 위에 앉으면 부인이 아랫사람들을 이끌고 와서 절하고 제사한다. 때가 되면 활줄로 둘러서 당겨 죽이는데 만일 순사하지 않으려 하면 군중이 목을 졸라 죽인다. _『영고탑지』 풍속

영락제 다음에 즉위한 인종이 이듬해에 죽자 다시 후궁을 순장했다고 한다.

북경에서 돌아와서 "인종 황제의 장사에 후궁 다섯 사람을 순장했고, 또 등회왕을 함께 장사했습니다"고 보고했다. 등회왕은 인종의 여덟째 아들로 먼저 죽은 사람이다. _세종실록 7년(1425) 10월 27일

이때에도 조선 출신의 궁녀가 포함되었는지 알 수 없다. 그런데 앞서 한씨가 순장된 뒤 4년이 지나서 한씨의 동생이 다시 중국에 공출되는 사태가 발생하였다.

도성의 남녀가 한씨의 행차를 바라보고 탄식하여 말하기를 "그의 언니 한씨가 영락제의 궁녀가 되었다가 순장당한 것도 애석한 일인데 이제 또 가는구나" 하고 눈물을 흘리는 자도 있었다. 이때 사람들이 이를 '생송장'이라 하였다. _세종실록 10년(1428) 10월 4일

황제가 죽으면 어차피 죽게 될 몸이니 생송장이나 마찬가지였을 것이다. 이렇게 우리나라에서는 일찍 사라진 순장이 중국에서는 청나라 때까지 이어졌다. 청나라에서는 남편을 따라 죽는 것을 장려하기도 했고, 금지하기도 했다. 1634년에 순사의 대상을 한정한 지시문을 보겠다.

부인으로 남편을 따라 순사하고자 하는 자로서 평소 부부가 신임하였다면 이를 허락하고 정표를 내린다. 만일 서로 신임하던 부인이라도 자신은 순사하지 않고 첩으로 하여금 순사하도록 강요하는 자가 있다면 그는 죽음으로 논할 것이다. 신임하지 않던 부인과 잉첩媵妾은 순사를 불허한다. 규율을 어기고 스스로 순사하는 자는 그 시체를 내다 버리고, 그 집안에서 여자 한 명을 배상하여 관청에 넣게 한다. 고발하는 자가 있으면 그를 본래 주인에게서 해방시킨다. 그리고 형제들도 각기 마땅한 벌로 다스린다. _『태종문황제실록』 천총天聰 8년 2월 임술

명나라의 문물제도를 표준으로 생각했던 조선이지만 순사하는 제도만은 도저히 따를 수 없었다. 다음은 이조판서 허조가 세종에게 아뢴 것이다.

또 중국의 예법이 옛날과 합치되지 않는 것이 많습니다. 장례만 하더라도 "인형으로라도 순장하면 후손이 끊어진다"는 옛말은 아이들도 다 아는 것입니다. 그런데도 지금 태종황제의 장사에 궁녀 15명을 순장하고, 반우反虞, 장례 끝난 뒤 혼백을 모시고 귀가하는 것하는 날에 풍악을 울려 시체를 즐겁게 했다고 하니, 이와 같은 것은 비록 중국의 일이라도 본받을 만한 것이 못 됩니다. _세종실록 7년(1425) 10월 9일

명나라에서 벌어진 순장 모습을 읽으면 처참한 광경이 눈에 선하다. 죽지 않으려고 몸부림을 치는 사람들의 곡성이 들려온다. 이런 기록을 보면 희생된 사람들이 불쌍하다고 생각할 것이다. 하지만 반드시 그렇지만은 않았던 것 같다. '미망인'은 남편 따라 죽어야 할 텐데 아직 죽지 않은 여자를 의미한다. 그와 관련하여 그리스와 터키 일대에 살던 트라키아Thracia 부족의 사례를 보겠다.

남편이 죽으면 어떤 아내가 죽은 남편에게 가장 사랑받았을까 하는 문제를 둘러싸고 아내들 사이에서 격렬한 경쟁이 벌어진다. 게다가 죽은 남편의 친구들도 이편저편으로 나뉘어 심한 논쟁을 벌인다. 그리하여 평결 결과 선정되는 영예를 얻는 여자는 남녀를 불문하고 부족민 전체로부터 찬사를 받으며, 그녀의 가장 가까운 친족의 손에 의해 남편의

묘소 위에서 살해되어 남편과 함께 매장된다. 한편 다른 아내들은 자신의 불운을 한탄한다-그녀들에게는 이보다 더한 치욕이 없기 때문이다.

_헤로도토스 책, 하권, 7쪽

이처럼 오히려 순장 대상으로 뽑히는 것을 영광으로 알고 기꺼이 죽음을 맞이한 사례도 있다. 그러나 인명을 빼앗는 것은 동서와 고금을 막론하고 언제나 슬플 수밖에 없다.

망자를 위한 기억

죽은 자를 땅에 묻고 왜 봉분을 만들게 되었는지는 공자의 얘기에서 잘 알 수 있다.

공자가 이미 부모를 방防에 합장한 뒤에 말씀하셨다. "내 들으니 옛날에는 묻었을 뿐이지 봉분은 만들지 않았다고 한다. 이제 나는 동서남북으로 돌아다니는 사람이니 표지를 하지 않을 수 없다" 하고 무덤에 봉분을 만드니 높이가 4척이었다. _『예기』 단궁檀弓

무덤의 소재지를 잃지 않기 위해서 봉분을 만들었다. 물론 공자가 처음은 아니었을 것이다. 무덤을 한자로 '묘墓'라 하는데, 봉분을 쌓아올리다 보니 높은 언덕처럼 되어서 '총塚, 冢', '분墳', '구丘', '능陵'이란 말도 쓰게 되었다. 적석총이니 석실분이니 할 때에 총, 분 등이 쓰이는 것이다. '능'은 중국에서 전국시대 중기에 쓰기 시작했는데, 왕릉을 특별히 가리키는 용어로 사용되기 시작하였다. 국왕의 높고 큰 무덤을 흔히 산이나 구릉에 비유했고, 황제의 죽음도 산이 무너진 것과 같다 하여 '붕崩'이라 했다.

그림 1 왕릉과 고령 시가지(2008. 6.)

봉분은 흙으로 쌓는 것이 일반적이지만 고구려 무덤처럼 돌로 쌓은 것도 있다. 또 원형이 있는가 하면 방형도 있고, 고대 일본 천황릉인 전방후원분처럼 방형과 원형이 붙어 있는 것도 있어 다양하다.

봉분은 후손의 권위를 높여주는 역할도 하였다. 가야시대 왕릉은 수도가 내려다보이는 산 능선에 자리 잡고 있다.그림 1 선조들의 무덤이 그 나라를 수호하는 상징성을 띠고 있는 것이다. 그런 이유로 왕릉은 크게 만들었다. 인공으로 쌓은 것으로는 경주 봉황대 고분이 제일 크다. 지표 부근에 시신을 안장하고 그 위로 직경 82미터, 높이 22미터로 흙과 돌을 쌓아 올렸으니 체적만 해도 엄청나다. 그런데 이보다 더 입이 벌어지게 하는 것이 중국의 진시황릉이다. 동서 485미터, 남북 515미터, 높이 약 76미터니 가히 인공산이라 할 만하다. 한번 무덤을 올라야만 그 크기를 체감할 수 있을 정도다. 이를 조성하는 데에 70만 명이나 동원했다고 한다. 그런가 하면 일본 사카이시에 있는 닌토쿠仁德 천황릉은 전체 길이 468미터, 최대 폭 305미터, 높이 35미터로 무덤 면적이 48만 제곱미터에 달하여 인공위성 사진에서도 보일 정도다.

봉분은 돌로도 만들었다. 서울 석촌동에는 백제 무덤들이 있다. 지금은 도시화되었지만 1980년대만 해도 마을과 무덤들이 어우러져 있었다. 그 무덤들이 돌로 쌓은 것이기에 마을 이름이 '돌마을'이었고 이를 한자로 바꾸어 석촌石村이 된 것이다.

고구려 수도인 지안集安에 가면 곳곳에 대형 무덤들이 있다. 지안 시내 전체가 공동묘지라 해도 과언이 아닐 정도다. 제일 정성을 들여서 쌓은 돌무덤이 바로 장군총이다. 벽돌처럼 네모지게 돌을 깎아서 계단식으로 쌓아올렸으니 흔히 '동방의 금자탑'이라 부른다. 금자탑金字塔이란 피라미드의 번역어이다. '금' 자 모양으로 된 탑이란 뜻이니 쇠 금金 자의 윤곽선이 피라미드 외형처럼 삼각형으로 되어 있어서 붙인 이름이다. 금자탑을 이루었다는 말은 피라미드와 같이 큰 위업을 이루었다는 뜻이다.

피라미드는 이집트에도 있고 멕시코에도 있다. 제일 유명한 것으로는 카이로에 있는 쿠푸Khufu 왕의 피라미드가 있다.그림 2 밑변이 사방 230미터인 사각형이고 높이는 146.5미터에 이른다. 쌓아올린 부피를 따지면 장군총의 690여 배가 된다. 이 무덤을 쌓은 얘기는 헤로도토스 기록에 보인다.

뒤이어 이집트 왕이 된 케오프스쿠푸는 국민들을 참으로 비참한 상태에 빠뜨렸다고 사제들은 말하고 있었다. … 항상 10만에 이르는 사람

그림 2 기자 피라미드, 오른쪽이 쿠푸 왕 피라미드(2004. 1.)

들이 3개월씩 교대로 노역에 동원되었던 것이다. 석재를 끌고 가기 위한 도로를 건설하는 데 실로 10년에 걸쳐 국민의 고역이 계속됐다 한다. … 피라미드 자체의 건조에는 20년이 소요됐다 한다. _헤로도토스 책, 상권, 230~231쪽

이 피라미드 건조에 몇 개의 돌이 들어갔는지 알 수가 없고, 어떻게 쌓아올렸는지에 대해서도 논쟁 중이다. 250만 개라는 설을 따르면 20년간 매일 340여 개씩 쌓아야 하니 도저히 상상이 안 간다. 이 피라미드 가운데에 있는 무덤 칸에 입장할 수 있는 인원이 매일 제한되어 있다. 아침 일찍 언덕을 뛰어올라 숨을 헐떡이며 올라갔더니 이집트 돈만 받고 달러는 받지 않았다. 그래서 주변 사람에게 급히 환전하여 표를 사서 들어갈 수 있었다. 좁은 미로를 타고 올라간 곳에 시신을 안치

했던 석실이 있었는데, 몇백만 개의 돌 무게를 느껴서인지 모든 사람이 침묵에 빠졌다. 정말 우주의 기운을 느낄 만한 분위기였다. 멕시코 피라미드에 올라갔을 때에도 기를 받는 서양인들이 보였다.

그런데 쿠푸 왕의 피라미드는 세계에서 둘째이고, 첫째와 셋째는 멕시코에 있다. 촐룰라Cholula 피라미드가 세계 제일인데, 밑변이 각각 380미터, 439미터이고 높이가 54미터에 이른다. 쿠푸 왕의 피라미드보다 높지 않지만 부피가 이보다 1.2배 정도가 되어 세계 최대인 것이다. 그러나 스페인 사람들이 이를 무너뜨리고 그 위에 성당을 지었다. 그런 까닭에 세계 최대는 지금 볼 수 없다. 셋째가 테오티우아칸Teotihuacan에 있는 태양 피라미드로 밑변 215미터, 높이 63미터다.

이렇게 봉분을 경쟁이나 하듯이 높이 그리고 크게 쌓아올린 것이 세계 곳곳에서 보이지만, 유목민은 사정이 달랐다. 떠돌아다녀야 하기 때문에 무덤 표시를 해놓을 수가 없었다. 처음에는 시신을 깊지 않게 묻고 무덤 표시도 해두었으나 이민족의 도굴 표적이 되었다. 그래서 흉노족 무덤처럼 지하 깊숙이 매장했으나, 그래도 도굴이 이루어져 원나라에 이르러서는 지상에 아무런 표시도 하지 않게 되었다.

중세 유럽을 흔들었던 훈족은 흉노족의 후신인데, 그 왕 아틸라의 관은 일시적으로 도나우 강을 막은 뒤 강바닥 깊은 곳에 묻었다고 하는 전설이 헝가리에 전해진다. 지금까지 칭기즈칸의 무덤도 확인되지 않고 있다. 무덤 축조에 동원된 인부들을 모두 죽였고, 매장이 끝난 뒤에는 그 위에 말을 달리게 해서 평지로 만들어 흔적이 남지 않게 했다고 한다. 그뿐 아니라 원나라 황제들의 무덤은 모두 오리무중이다. 이들이 묻힌 곳은 현재 몽골 북부의 헨테이 산지로 추정되는데, 그 지점을 찾기 위해서 일본과 몽골이 공동으로 수년간 고도의 장비를 동원했지만 결국 중단되고 말았다. 현지에서 신성시하는 곳을 조사한다고 해서 주민들이 반대했고, 또 무덤을 찾는다고 하면서 지하자원 탐사를 하지 않느냐는 의구심도 있어서 실패로 끝나고 말았다.

사망자를 기억하는 방법에는 제사도 있다. 초기에는 무덤 위에 사당을 지었다. 중국 허난 성에서 발견된 부호묘婦好墓는 기원전 1300년 전후의 왕비 무덤이다. 도굴되다가 말았기에 대량의 청동기가 발견되어 유명해졌다. 그 무덤 위에서는 죽은 사람에게 음식물을 바쳤던 건물 흔적이 발견되었다. 우리나라에서도 무덤 위에 있던 건물 흔적이 발견된 경우가 있다. 석촌동 무덤에서는 봉분에서 기와가 많이 발굴되었고, 고구려 장군총 무덤 정상부에도 건물을 지었던 흔적이 지금도 남아 있다. 또 발해 삼릉둔 무덤에는 봉분 위에 건물을 세웠던 주춧돌이 남아 있다. 최근 용해고분군에서 발굴된 발해 왕과 왕비 합장묘 위에서는 건물을 올렸던 자취가 뚜렷하게 드러났다.

중국 상나라는 갑골문으로 유명한데, 거기에는 제사와 관계된 내용이 아주 많다고 한다. 예를 들어서 "조상 무덤에 소를 바칠까요?", "풍요를 조상에게 기원하는데 불을 피워 희생 제물을 태우는 것이 어떨까요?" 등과 같은 물음이 보인다. 1년 내내 제사가 있었고 그때마다 도살한 가축과 바친 술로 신과 만나는 향연을 베풀어, 이 왕조를 멸망시킨 주나라 왕이 상나라는 "술에 탐닉하여 나라를 망쳤다"고 훈계할 정도였다.

우리나라에서도 일찍부터 조상 제사를 모셔왔다. 『삼국사기』에는 유리 이사금 2년기원후 25 2월에 시조 사당에 제사를 지낸 것으로 나온다. 이처럼 지배자는 따로 사당을 지어서 그들의 조상을 제사 지냈다. 이것

그림 3 종묘의 제기(2007. 11.)

이 발전하여 조선시대의 종묘가 되었다.그림 3 수도가 정해지면 궁궐을 중심으로 해서 좌묘우사左廟右社를 두었으니, 동쪽의 종묘와 함께 서쪽에 토지와 곡식의 신에 제사 지내는 사직단이 있었다. 지금 종묘가 경복궁보다 동쪽에, 사직공원이 서쪽에 있는 것은 이 때문이다.

왕실은 그렇다 치고 일반인은 어떻게 제사를 지냈을까? 고려시대까지만 해도 불교식으로 화장하여 유골을 절에 보관하는 경우가 많았으므로, 보통 절에서 재를 올려 제사를 지냈다. 지금도 많이 하고 있는 49재는 불교 전통에서 나온 것이다. 77재라고도 하는데, 7일마다 재를 올려 고인이 다음 세상에서 좋은 곳에 태어나기를 비는 의식이다. 그런가 하면 초상화를 그려 절에 보관하고 제사를 지내기도 하였다.

인예태후가 사망하자 금나라가 태부감 완안고를 보내서 제사 지내게 했다. 장차 제사하려 할 때 그가 "태후의 화상이 앉아 있는가 서 있는가"고 물었다. "앉아 있다"고 답하니, 그가 "제후의 왕모王母가 앉아 있는데 천자의 사신이 절할 수 있겠는가. 영정을 감추어야 들어가서 제사 지내겠다"고 했다. 이에 왕이 사람을 보내서 재삼 권유하자 이를 좇아서 왕은 마당에 서고 그는 건물로 올라가 재배하고 술잔을 올렸다. _『고려사』 흉례지凶禮志

당시에는 영당影堂이니 진전眞殿이니 하는 건물을 지어 초상화를 모셔두었고, 거기에서 제사를 지냈다. 때로는 무당이 제사를 주관하기도 했다.

차차웅次次雄을 자충慈充이라고도 한다. 김대문이 "차차웅은 방언에 무당을 일컫는 말이다. 무당은 귀신을 섬기고 제사를 받드는 까닭에 세상 사람들이 그를 두려워하고 공경하여 마침내 존장자를 일컬어 자충이라 했다"고 했다. _『삼국사기』 남해차차웅

병자일, 일관日官이 "근래에 무당 풍속이 크게 번져서 음탕한 제사가 날로 성하게 되니, 담당 관리를 시켜서 무당들을 멀리 내쫓도록 하소서" 하고 아뢰니, 조서를 내려 허가했다. _『고려사』 인종 9년(1131) 8월

일관은 길흉을 점쳐 택일하는 일을 맡아본 관리다.

조선시대에 들어오면 성리학의 가르침에 따라 제사가 아주 중요시되었다. 사대부의 기본 임무는 '봉제사奉祭祀와 접빈객接賓客'이었다. 제사를

그림 4 예천 권씨 종택의 소반들(2009. 6.)

받들고 손님을 맞이하는 것이 주된 일이었다. 안동이나 예천 등의 종갓집에 가면 대청마루 위에 소반이 나란히 올려져 있는 것을 목격할 수 있다.그림 4 이제는 많이 퇴락한 상태이지만, 과거에 손님을 분주히 접대하던 모습이 떠오른다.

제사와 관련된 속담이 많은 것도 이를 반영한다. "제사보다 젯밥", "가난한 집에 제사 돌아오듯", "제사를 지내려니 식혜부터 쉰다", "까마귀도 모르는 제사" 등등이 있다. 또 회갑상을 '산제사 받기'라 했으니, 제사상 올리듯이 생존한 부모님께 음식을 올렸기 때문이다.

고려시대까지만 해도 명절이 거의 매달 있었는데, 조선시대에 와서 설날, 한식, 단오, 추석으로 축소되었고, 지금에 와서는 설날과 추석만이 공휴일로 정해져 있다. 이것은 조선시대 이래로 조상에 대한 제사를 중시하면서 생긴 현상으로서 그 전통이 지금까지 내려온 것이라 한다.

2008년 9월에는 제사를 제대로 모시지 않아 불화가 생긴 종손집 며느리와 이혼하라는 판결이 나왔으니, 아직도 제사는 중요한 집안일에 속하는 것을 알 수 있다.

다음은 조선 사회가 어느 정도 예의를 중시했는지 잘 보여주는 사례다.

장령 장선징이 아뢰기를 "낭선군 이우가 사촌 여동생의 상에 한 번도 찾아가 조문하지 않았고 상복도 입지 않았습니다. 예의를 멸시하고 행실이 없는 것이 막심합니다. 이 밖에 평소에도 교만하고 패려한 태도가 한두 가지가 아닙니다. 파직하소서" 하니, 임금이 징계하라고 명령했다. _현종개수실록 5년(1664) 1월 6일

예의를 차리지 않은 사람은 왕족이라도 관직에서 쫓겨날 수 있었던 사회였다. 문중의 제사에 빠짐없이 참석해야 하고 음복을 통해서 친족의식을 강화했다. 여기에 빠지는 사람은 징계를 하거나 아예 친족에서 제명해버리기도 하였다.

오희문의 일기에 따르면, 1598년 한 해 동안 25회 제사를 지냈다. 일년간 얼마나 자주 제사가 오는지 짐작할 수 있다. 그러니 제사는 점차 큰 부담이 되었을 것이다. 그의 일기에는 다음 날이 외조부 기일인데, 깜빡 잊고 다른 집에서 가져온 만두를 먹고 자책한 대목이 있다. 또 이순신의 일기를 보면, 국가의 제삿날이라서 또는 형님의 제삿날이라서 공무를 보지 않았던 사실을 알 수 있다. 나라의 제삿날이라서 고기를 먹지 않았다고도 하였다. 끼니를 때울 수 없을 정도로 가난해도 제사

음식은 잘 차려야 했다. 다음은 근대 외국인이 경험한 사례다.

마침내 우리는 산기슭에 있는 한 오두막집에 도착하여 음식을 청했다. 하지만 먹을 것이 전혀 없다고 했다. … 그 집의 다른 방에서 우리는 이튿날 지낼 제사를 위해 준비한 훌륭한 음식들을 보았다. 그 집의 가족들은 너무 가난해서 부인과 아이들은 의복을 반도 걸치지 못했고, 특히 부인은 얇은 무명옷 하나만을 걸치고 있었다. _제이콥 로버트 무스 책, 266쪽

종도 제사를 지냈던 것 같다. 역시 오희문의 일기에 다음 장면이 보인다.

그래서 늘 미워하여 처음에는 보내지 않으려 했으나 아비 무덤에 제사를 지내겠다고 간청하기를 그치지 않으니, 꼭 그럴 것 같지 않지만 자식된 심정은 상하가 모두 같아서 가도록 하고 속히 돌아오라고 일렀다. _『쇄미록』 1594. 12. 21.

조선 초기까지는 피를 나눈 후손들이 돌아가면서 제사를 맡았다. 이를 흔히 윤회봉사輪回奉祀라고 한다. 재산상속 때처럼 남녀 사이에 아무런 차등이 없었다. 윤인미1607~1674의 처가인 전주 유씨 집안에서 4남 6녀가 4년간 제사를 돌아가면서 지낸 것을 보면 이를 잘 알 수 있다.표 4년 동안에 각 집에서 2~3회 정도의 기제사를 담당하였다. 이러한 담당 차례는 문건으로 만들어두었다. 둘째 사위인 윤인미는 이미 사망했으므로 그의 자녀가 제사를 대신하였다.

표. 윤인미 처가의 기제사 차례(김경숙 글, 74쪽)

제사 종류	기일	경신년(1680)	신유년(1681)	임술년(1682)	계해년(1683)
고조부	9. 1.	임생원댁	이생원댁	정찰방댁	임생원댁
고조모	4. 26.	여주댁	권진사댁	이생원댁	정찰방댁
증조부	7. 25.		임생원댁		
증조모	3. 15.			해미댁	
조부	12. 11.	종가	윤정자댁	여주댁	종가
조모	3. 25.	정찰방댁	종가	권진사댁	이생원댁
부	11. 28.	해미댁	남참봉댁	남참봉댁	윤정자댁
모	10. 22.	윤정자댁	아산댁	아산댁	해미댁

그런데 성리학 이념이 자리 잡으면서 이 전통도 바뀌었다. 윤회봉사 대신에 장자봉사長子奉祀가 주류를 이루었다. 처음에는 딸이 빠지고 아들들만 지내다가, 그 다음에는 둘째 이하의 아들이 빠지면서 최종적으로 맏아들만 제사를 맡게 되었다. 이에 따라 아들과 딸의 차별이 생기고 맏아들의 위상은 높아갔다. 딸은 결혼과 동시에 출가외인으로 취급되어 딸과 사위가 제사에서 배제되었고 외손봉사外孫奉祀가 금기시되었다. 제사를 맡은 맏아들에게 재산을 더 물려주면서 상속에도 차등을 두게 되었다. 제사를 받들 아들을 낳지 못한 여자는 칠거지악에 포함되어 죄인 취급을 받은 것도 조선 후기의 이런 사회 분위기를 반영한다.

딸은 출가한 후에는 다른 집안 사람이 되어서 남편을 따르는 의리가 중하기 때문에, 성인들이 예법을 만들 때 차등을 두었다. 그런데 요즘 사대부 집에서는 사위에게 제사를 돌려 맡기는 자들이 많지만, 사위와 외손은 제사를 빠뜨리는 경우가 많고, 제사를 지내더라도 제물이 정갈하지 못하고 정성이 부족하여 제사를 지내지 않은 것만 못하다. 사위나

그림 5 동래 정씨 사당(2008. 4.)

외손에게 제사를 윤행시키지 말라. _김경숙 글, 79쪽 재인용

이것은 1669년 부안 김씨 집안의 분재문서 서문에 나오는 당부의 말이다. 사회가 변해가는 것을 느낄 수 있다.

제사는 산소에 가서 직접 지냈으나 성리학이 도입되면서 사당 중심으로 바뀌었다. 왕실 사당은 종묘였고 일반인 사당은 가묘家廟라 하였다. 서울 동작구에 있는 사당동은 동래 정씨 사당이 있어서 붙여진 이름이다.그림 5 사당 안에는 초상화가 모셔졌지만 이 역시 조선시대로 넘어오면서 신주로 대체되었다. 조선 후기에 와서 사대봉사가 일반화되면서 고조까지의 신주를 모셨고, 그 이상의 조상 신주는 사당에서 내와 땅속에 묻었다.

너도나도 사당을 세워야 하니 그에 따른 폐단도 발생했다. 다음 지적은 이를 짐작하게 해준다.

빈부는 일정하지 않고 제사의 절차는 더욱 번거로워지는데, 장차 계속 비어 있는 방을 어찌 장만해낼 것인가? 달팽이집 같은 토방에 몸을 굽히고 겨우 들어가서 누워 잠자는 형편에 사당을 마련할 겨를이 어디 있겠는가? 어리석은 내 소견으로는, 관직이 있는 자에 한해서만 2세의 신주를 받들고 그 나머지는 침실에서 제사하며 사당을 세우지 않는다면, 옛 제도에도 맞고 지금의 현실에도 어긋나지 않으리라 생각된다. _『성호사설』 인사문, 묘제廟制

나무 신주에 혼령이 머문다는 생각은 중국 고대부터 있었다고 한다. 토지신을 모신 사社에는 그 지역에서 가장 잘 자라는 나무를 심어 토지의 신령이 머물도록 했다. 이에 따라 하나라에서는 소나무, 은나라에서는 잣나무, 주나라에서는 밤나무를 심었다고 한다. 이처럼 나무에 신령이 깃들인다는 관념이 유교의 나무 신주로 발전하였다.그림 6 우리나라에서는 주나라 때의 예법에 따라 밤나무로 만들었다.

영흥과 함흥에 있는 본궁本宮의 옛날 위패는 종이로 바른 것이었는데, 임금이 밤나무를 보내서 바꾸도록 봉상시에 명령했다. _숙종실록 5년(1679) 3월 3일

사실 제사상을 차리는 원칙인 홍동백서紅東白西도 중국에서 지방에 따

그림 6 타이완 공자 사당의 신주(2008. 2.)

라 생산되는 과일을 배치한 데서 유래한 것이라 한다. 그러니 이제 와서 그것을 꼭 지켜야 할지는 생각해볼 문제다. 공자와 관련된 니산尼山포럼의 대표자가 안동에서 문묘 제례에 참석했다가 "제사 음식으로 중국에선 요즈음 많이 먹는 요리 등을 올리는데, 한국은 아직도 춘추시대 것을 그대로 쓰더라"면서 놀라워했다는 기사가 났다.중앙일보 2014. 7. 8., 그림 7 한국에선 아직도 밤, 대추, 고사리 등을 올리며 음식에서 전통을 엄격히 지킨다고 한 것이다. 전통 고수와 현실 추종의 두 가지 잣대에서 어느 쪽을 택해야 할지 고민되는 문제이다.

제사는 신주에 지내는 것이 원칙이었다. 다음은 중종과 신하가 논의한 내용이다.

"… 유식한 집안일지라도 사당을 세운 집에서 기제사를 지내지 않고

제사상에 중국은 요즘 요리, 한국은 밤·대추…

중국 니산포럼 쉬자루 주석

안동 인문가치포럼 고유제 참석

"제사음식 전통 중시 한국에 놀라"

니산(尼山)은 공자 부모가 기도한 뒤 공자를 얻었다는 곳이다. 여기서 이름을 딴 니산포럼은 공자와 중국 유학을 알리는 대규모 국제학술대회를 해마다 열고 있다.

니산포럼을 이끄는 쉬자루(許嘉璐·77) 주석이 경북 안동을 찾아 3일 향교에서 문묘제례에 참석했다. 안동에서 처음 열린 인문가치포럼의 개막을 알리는 고유제(告由祭) 자리다. 그는 공자 등 성현들에게 두 번째 잔을 올리는 아헌(亞獻)을 맡았다.

쉬 주석은 "중국에서도 공자나 황제에게 지금도 제사를 지낸다"며 "그러나 제사 음식으로 중국에선 요즘 많이 먹는 요리 등을 올리는데 한국은 아직도 춘추시대 것을 그대로 쓰더라"며 놀라워 했다. 한국에선 밤·대추·고사리 등을 올리며 음식도 전통을 엄격히 지킨다는 것이다.

문묘에 배향되는 인물도 다르다. 한국에선 공자·안자·증자·자사·맹자 등인데 중국은 공자와 72 제자 모두가 대상이다. 그는 "중국은 1911년 신해혁명으로 서양 예절이 많이 들어오면서 제례도 영향을 받았다"고 덧붙였다. 그러나 공자를 인류의 스승으로 받드는 정신만큼은 두 나라가 지금도 변함이 없는 것 같다고 강조했다.

니산포럼 쉬자루 주석은 "중·한 두 나라가 제사 형식은 달라졌지만 정신은 같은 것 같다"고 했다.

가정의 제례도 차이가 있단다. 한국은 부모가 대상인데 중국은 한족을 제외한 55개 소수민족의 예법이 각각 다르다고 소개했다. 어떤 소수민족은 가정에서도 부모 대신 민족신에게 제사를 지낸다는 것이다.

쉬 주석은 우리나라 국회 부의장 격인 중국 전국인민대표대회의 9·10기 부위원장을 지냈다. 또 베이징사범대학 교수로 중국훈고학연구회장을 역임했다.

올 봄에 열린 니산포럼에는 전 세계 학자 100여 명에 청중 2만여 명이 참석했다. 짝수 해는 니산이 있는 산둥에서 열리고 홀수 해는 세계 유명 도시를 돌며 문명 간 대화를 주제로 진행돼 왔다. 유교와 기독교, 유교와 유대교, 유교와 힌두교 등 관계자가 한자리에서 대화를 나눴고 중국의 도교·불교 인사도 참여한다. 쉬 주석이 중국 유교의 재건자로 불리는 이유다.

이에 비해 안동 인문가치포럼은 신앙·종교보다 퇴계 이황을 중심으로 한 인문정신에 더 초점이 맞춰졌다. 쉬 주석은 "량치차오(梁啓超) 등 중국 학자들은 일찍이 퇴계학의 가치를 알아봤다"며 "중·한 양국의 유학은 친형제 관계며 마땅히 협력해 발전시키고 세계에 알려야 한다"고 강조했다.

쉬 주석은 유교의 핵심 가치는 경쟁·갈등이 아닌 존중이라고 정리했다. 그는 "인류에게 닥치는 재난은 과거 공자·맹자 시대 또는 퇴계 시대와 다를 게 없지만 범위와 정도·속도는 엄청난 차이를 보인다"며 "산업화 이후 물질주의가 인문주의를 무너뜨렸기 때문"이라고 진단했다. 그래서 상대를 존중하고 사회·자연 등 여러 관계를 존중하는 유교의 가치가 현대 사회의 위기를 뛰어넘을 처방이라고 제시한다.

안동=글·사진 송의호 기자
yeeho@joongang.co.kr

그림 7
한·중 제사 차이
(중앙일보 2014. 7. 8.)

지방紙榜만 써서 지냅니다. 또 제사를 맡고 사당을 세운 집이 곁에 있더라도 그 집에서 지내지 않으니 그 폐단이 큽니다 …" 하니, 왕이 이르기를 "그 말이 옳다. 제사를 어떻게 신주에 지내지 않고 지방을 쓰는가?"라고 하였다. _중종실록 12년(1517) 8월 7일

이처럼 신주에 제사를 지내는 것이 원칙이었지만, 실생활에서는 지방을 많이 사용한 것 같다.

어머니 기일이다. 제사의 차례는 큰누님 댁이다. 일찍이 휘큰형 아들와 함께 청파동에 갔더니 염작은형 아들도 막 도착해 있었다. 바로 지방을 써서 제사를 거행하였다. 제사가 다 끝났을 때는 이미 해가 높이 솟았다. 지방을 사르고 제상을 거두고, 누님을 모시고 식사를 하면서, 술도 한잔

하였다. _이문건 일기, 1545년 1월 5일; 김경숙 글 74~75쪽 재인용

주인공은 어머니 기제사를 큰 누님 집에서 새벽에 지냈다. 그리고 신주를 큰형 집에서 옮겨 가지 않고 지방을 썼다.

신주나 지방에는 "현고학생부군신위顯考學生府君神位"라고 쓴다. '부군'은 아버지를 높이는 말이고 '학생'은 벼슬에 나가기 전의 선비 신분을 가리킨다. 평생 벼슬하지 못한 사람을 죽어서나마 한 단계 격상시켜주는 의미가 있다. 그런데 이익은 선비는 살아 있을 때도 학생이었으니 높임말은 아니라고 지적했다.

지금 세속에서 지위 없는 선비들을 가리켜서 살았을 때는 '유학幼學'이라 부르고 죽은 뒤에는 '학생'이라 부르는데, 이것은 잘못이다. 선비는 모두 학교에 속해 있으니 살아서는 누군들 학생이 아니겠는가? 또 늙어서 흰머리가 되어도 벼슬을 하지 않은 사람을 가리켜 유학이라 부르는 것도 옳지 못하다. _『성호사설』 인사문, 생원生員

혼인 때에 신랑이 사모관대를 착용하는 것도 신분 격상의 뜻이 있다. 죽은 여성에게 붙이는 '유인孺人'도 제일 낮은 품계의 벼슬아치 부인을 의미하는 것으로서, 여필종부의 사상을 반영한다. 아버지 성함은 쓰지 않으면서 어머니는 본관과 성을 쓰는 것도 남성에 딸린 여성이란 뜻이 담겨 있다.

'현고'는 '훌륭한 아버지'란 뜻인데 원래는 '황고皇考'라고 썼던 것이라 한다.

이른바 황백부皇伯父란 것은 황제의 백부로서 황자皇子·황손皇孫과 같은 종류입니다. 후세에 황고皇考·황비皇妣라고 신주에 쓸 때의 '황' 자는 '크다'는 뜻으로 높이는 것입니다. 위로 천자부터 아래로 서인까지 모두 사용하던 것인데, 원나라 때에 '황' 자를 피하여 '현顯' 자로 통용하게 되었습니다. _선조실록 즉위년(1567) 11월 4일

중국에서 '황' 자는 원래 조상이나 하느님의 미칭美稱으로 사용되던 말로, 진시황이 이 글자를 차용해서 '황제'란 용어를 처음 만들었다. 그러다 보니 서민부터 천자까지 모두 '황' 자를 쓰게 되어 참람하므로 후세에 와서 황 자를 현 자로 바꾸게 된 것이라 한다.

조선시대에 신주는 목숨처럼 여겼다. 오희문이 전라도를 여행하다가 임진왜란 발발 소식을 들었을 때에 걱정한 것이 가족과 함께 신주였다.

우리 아버님 신주는 동생이 어떻게 처리했는지, 정결한 곳에 묻었으면 좋으련만, 만일 이를 모시고 떠났다면 온전하지 못할까 걱정이다. 종가 선조의 신주는 믿을 만한 사람이 없으니, 만일 버려두고 피난 갔다면 반드시 불에 탔을 것이니 또한 민망하고 걱정스럽다. _『쇄미록』 임진남행일기

신주는 이처럼 중요시되었다. 그러기에 소중하고 정성스럽고 조심스럽게 간직하는 모양을 일러서 흔히 "신주 모시듯" 한다고 한다. 또 "신주 개 물어간다"는 말이 있는데, 가장 소중한 것을 남에게 빼앗겨 딱한 처지가 된 것을 이르는 말이다.

신주는 때로 목숨과도 바꿀 정도였다. 실제로 조선시대에는 위패를

산 사람과 동일하게 여겼다. 집안에 중요한 일이 생기면 생존한 부모에게 하듯이 조상 신주에 보고했다. 다음은 유희춘이 말년에 임금에게서 어의를 하사받고 집에 돌아와 신주에 보고하는 대목이다.

대곡에 있는 집에 들어가 신주할아버지와 아버지를 받들어 분향하고 술을 올렸다. 보고하는 축문에 "엎드려 하직하는 날에 성상께서 특별히 불러보고 말씀도 주셨고, 어의와 신발도 내려주시기까지 했으니, 감격스러운 눈물을 금할 수 없었습니다. 삼가 세상에 드문 경사이기에 감히 고하오니 흠향해주옵소서" 했다. 감격이 하늘까지 닿았다. _『미암일기』 1576. 11. 1.

그래서 실록에는 불길에서 신주를 구하다가 목숨을 잃은 사건이 종종 보고되고 있다.

황해도 재령의 출신 최유상이 집에 불이 나서 허겁지겁 뛰어나오느라 미처 그 어미의 신주를 모시고 나오지 못했다. 유상이 거센 불길 속으로 뛰어들어가 신주를 안고 나오다가 심한 화상을 입어 끝내 죽고 말았다. 관찰사가 이를 보고하니, 정문을 세워주라고 명했다. _현종실록 7년(1666) 3월 7일

여기서 출신은 과거에 급제하고 아직 벼슬길에 나아가지 않은 사람을 가리킨다.

그런데 천주학이 들어오면서 신주를 없애고 제사를 지내지 않는 사람들이 생기게 되니, 당시 사회로서는 그야말로 하늘이 무너지는 충격

이었을 것이다. 이 행위가 천주교 신자에 대한 강력한 박해의 배경이 된 셈이다. 다음은 윤지충 사건에 대해서 정조에게 아뢴 내용이다.

서양의 사악한 설이 언제부터 나왔고 누구에게서 전해진 것인지 모르겠습니다. 그러나 세상을 현혹시키고 백성을 속이며 윤리와 강상을 없애고 어지럽힌 것으로 어찌 진산군의 권상연·윤지충 두 흉적과 같은 자가 있겠습니까? 제사를 폐지하는 것으로도 부족해서 사당의 위패를 불사르고, 조문을 거절하는 것에 그치지 않고 부모의 시신을 내버렸습니다. 그러니 그 죄악을 따져보자면 어찌 하루라도 하늘과 땅 사이에 그대로 용납해둘 수 있겠습니까? 이와 같은 흉적을 고을 송사에 맡겨 두는 것은 실로 형벌을 크게 그르치는 것입니다. _정조실록 15년(1791) 10월 23일

진산군은 현재 충남 금산군이다. 윤지충1759~1791은 고종사촌인 정약용의 가르침을 받고 천주교에 입교하였고, 어머니가 죽자 위패를 폐지하고 제사도 지내지 않았다고 하여 전주에서 사형을 당했다. 이렇게 해서 우리나라 최초의 천주교 순교자가 되었고, 전주 전동성당에는 그의 순교상이 있다.그림 8 2014년 8월에는 방한한 프란치스코 교황에 의해 성인의 전 단계인 복자福者로 추대되었다.

신주를 위해 불 속에서 죽은 사람이나 신주를 없애 사형을 당한 사람이나 지금 시점에서 보면 혀를 찰 일이다. 그런데 지금도 그런 사태가 벌어지고 있으니, 얼마 전에 신문 기사로 보도된 북한에서 벌어진 사건이 그렇다. 사실 이 보도가 이 주제를 구상하게 된 계기가 되었다.

2007년 8월 집중호우 때에 "평남 성천군의 광부 김승진은 집이 물속

그림 8 전동성당의 윤지충 순교상(2008. 5.)

에 잠긴 상태에서 자식보다 먼저 초상화를 구했다"고 전했다. 또 강원도 화양읍 1천여 가구의 주민들이 자신의 재산보다 김일성·김정일 부자의 초상화를 먼저 꺼냈고, 봉포 협동농장원인 안성호는 초상화를 싸안고 나오다가 사망했다고 보도했다. 평남 양덕 임업설계연구소 설계원 김덕찬은 산사태가 집을 덮치자 아내에게 김일성 부자의 초상화를 먼저 건네고 자신은 흙더미에 묻히고 말았다고 전했다. 노동자 강형권도 물에 빠진 5살 딸을 버리고 초상화를 지켰고 산사태에 아내와 자녀를 잃으면서 초상화를 지켜낸 일도 있었다고 한다.조선일보 2007. 10. 13.

신주가 초상화로 바뀌기는 했지만, 목숨까지 바쳐가면서 지키고 그것이 칭찬이 되는 사회는 옛날에만 있었던 것이 아니다. 사람 목숨을 버려두고 신주나 초상화를 꺼내게 만들었던 사회적 강박이 전율스럽다.

국가 풍수와 개인 풍수

그림 1 도선국사 석관

전통적으로 배산임수背山臨水, 즉 뒤로 산이 감싸고 앞으로 물이 흘러가는 곳을 주거의 최적지로 꼽았다. 이에 따라 산남강북山南江北, 즉 산의 남쪽과 물의 북쪽이 양기가 뭉친 명당이라고 하여 지명에 양陽 자를 붙였고, 그 반대쪽에는 음陰 자를 붙였다. 예를 들어서 조선시대 한양漢陽은 한강의 북쪽에 있기 때문에, 경상남도 산청군의 옛 이름인 산음현山陰縣은 지리산 북쪽에 있기 때문에 붙여진 이름이다. 그런 의미에서 서울 강남은 지금 휘황찬란한 부촌의 대명사이지만, 풍수 관념으로 보면 음기가 서려 있는 곳이다.

1997년에 전라남도 광양에 있는 옥룡사 절터에서 중요한 유적이 발굴되었다. 승려의 무덤인 부도로 전해지는 곳을 발굴했더니 사리는 나오지 않고 석관에서 인골이 드러났다.[그림 1] 이것이 말로만 전해지던 도선국사[827~898, 그림 2]의 무덤이라 한다. 그는 옥룡사에서 후학들을 지도한

그림 2
도선국사 초상화(2009. 10.)

승려였다. 그런데 화장을 하지 않고 시신을 부도 아래에 묻은 것이 의아했다. 당시에는 승려들이 지금처럼 모두 화장을 하지는 않았던 모양이다.

그는 승려로서보다 우리나라 풍수지리설을 창시한 인물로 잘 알려져 있다. 사실 그보다 일찍 풍수지리설이 우리나라에 들어온 것이 분명하지만, 왜 그가 창시자로 지목되었는지는 모르겠다. 그가 당나라에 가서 풍수설을 배워왔다고 했지만 연대가 맞지 않고, 당나라에 간 사실조차 믿기 어렵다. 풍수지리설을 창시했다는 그의 뼈는 오히려 물속에 잠긴 채 발굴되었다. 그는 아마 고려 태조와 얽힌 고사 때문에 추앙받게 된 것인지도 모른다.

세조왕건 아버지가 지은 새 집을 보고 "기장을 심을 곳에 어찌 삼을 심었는가?" 하고는 곧 가버렸다. 부인이 그 말을 듣고 보고하니 세조가 거꾸러질 듯 급히 따라갔는데, 서로 한번 보자마자 구면처럼 되었다. 드디어 둘이 함께 곡령에 올라가서 산수의 맥을 연구하며 위로는 천문天文

을 보고 아래로는 시운時運을 살핀 다음 도선이 다음과 같이 말했다. … 세조는 그 말대로 집을 짓고 살았는데 그 달부터 위숙왕후가 태기가 있어 태조를 낳았다. _『고려사』 고려세가

왕王 자를 지금은 '임금'으로 훈독하지만 과거에는 '기자'로도 훈독했다. 따라서 기장穄과 기자는 발음이 유사하여 기장이 임금을 상징하였다. 이런 인연 때문인지 태조 왕건은 말년에 후대 왕들에게 당부하는 열 가지 훈계 가운데서도 도선의 가르침을 언급했다.

둘째, 모든 사원은 다 도선이 산수의 순역順逆을 점쳐서 개창한 것이다. 도선이 "내가 정한 곳 외에 함부로 더 창건하면 지덕地德을 훼손해 국운이 길지 못할 것이다"고 했다. 그러니 짐은 후세의 국왕·공후·후비·조신들이 각각 원당願堂이라 부르며 절을 더 창건한다면 큰 걱정거리가 될 것이라 생각한다. 신라 말에 절을 다투어 짓더니 지덕이 쇠퇴하여 멸망하기에 이르렀으니 어찌 경계하지 않겠는가. _『고려사』 태조 26년(943) 4월

그뿐 아니라 다섯째에서는 "서경西京, 평양은 수덕水德이 순조로워 우리나라 지맥의 근본이 되고 왕조를 만대에 전할 땅이니" 매년 일정 기간 머물게 했고, 여덟째에서는 "차령산맥 이남과 공주강公州江 밖은 산 모양과 땅 형세가 모두 거꾸로 달리니 인심도 그러하다"고 하면서 사람을 쓰지 말도록 지시했다.

11세기 말에는 도선을 이용하여 천도를 주장한 사례도 보인다.

신라 말년에 도선이라는 중이 있었는데, 당나라에 가서 일행一行에게 풍수지리의 방법을 배우고 돌아와 비기秘記를 지어서 후세에 전했다. 김위제는 그 술법을 배워서 수도를 남경南京, 현 서울으로 옮길 것을 청하여 글을 올렸다. "도선비기에는 '고려 땅에 세 서울이 있으니, 송악이 중경이고, 목멱벌서울이 남경이고, 평양이 서경이 된다. 11, 12, 1, 2월은 중경에서 지내고, 3, 4, 5, 6월은 남경에서 지내고, 7, 8, 9, 10월은 서경에서 지내면 36국이 와서 조공할 것이다'고 하였고, '건국한 후 160여 년에 목멱벌에 도읍한다'고도 했습니다. 그러므로 제 생각에 지금이 바로 새 서울로 옮길 때인 것입니다. …" _『고려사』 김위제 전기

풍수는 감여堪輿, 지리, 지술地術 등으로도 부른다. 또 『정감록』처럼 미래의 길흉을 예언한 성격을 띤 것을 풍수도참이라고 한다. 풍수란 말은 장풍득수藏風得水, 즉 바람을 잘 간직하고 물을 얻는다는 말에서 나왔다. 기氣는 바람을 만나면 흩어져버리고 물을 만나면 머문다고 한다. 그래서 풍수를 이용하여 땅의 기운을 얻으려 한 것이다.

인간의 운명을 좌우하는 것으로 하늘의 기운天氣, 땅의 기운地氣, 사람의 기운人氣이 있는데, 잉태되고 태어나는 순간에 천기는 이미 결정되는 것이고, 조상들의 선악으로 인기도 이미 결정되는 것이기에, 이 두 가지는 거의 숙명적이다. 따라서 천기와 인기에서 부족한 부분을 지기로 보충해보려는 노력이 풍수설의 출발이라 한다.

그런데 중국의 풍수에서는 물이 중요시되었던 데 비해서 우리나라에서는 산의 흐름이 중요시되어 대비가 된다. 중국 북부에 강수량이 적고, 중원의 너른 평원에 산이 없기 때문이다. 이런 지리적 차이 때문에

풍수설은 언제나 자생적인 것으로 설명되어 왔다.

우리 역사에 나타나는 거의 모든 풍수지리에 관한 논의는 언제나 도선을 중심으로 하여 전개될 뿐, 중국의 어떤 이도 권위를 지니고 등장하는 법이 없다. 풍수지리는 바로 이 나라 국토를 바탕으로 전개되는 해석이기 때문에 전혀 다른 땅 모양을 가진 중국의 풍수지리가 그리 도움이 될 수 없었기 때문이다. _박성래 책, 84쪽

땅의 기운을 받는 데에 중요한 것으로 생활하는 집과 조상의 유골이 묻혀 있는 무덤이 있다. 전자는 양택陽宅, 후자를 음택陰宅이라 한다. 고려시대에는 양택, 특히 도성을 비롯하여 전 국토의 지리 편제에 관심이 많았다. 다음은 도선국사가 지적했다는 우리 국토의 모습이다.

우리나라의 지형은 운항하는 배와 같다. 태백산·금강산은 머리요, 월출산·영주산은 꼬리요, 부안의 변산은 방향키요, 영남의 지리산은 노요, 능주화순의 운주산은 복부다. 배가 물에 뜨려면 화물로 머리와 꼬리, 등과 복부를 눌러주고 노와 키로 운행을 통제해주어야만, 기울거나 표류하거나 가라앉는 위험을 면하여 무사히 돌아올 수 있다. 그러니 절과 탑을 세우고 불상을 만들어 지세를 눌러야 하니, 특히 운주산 아래에 산맥이 구불구불 세차게 일어나는 곳에는 천불천탑을 세워 그 등과 복부를 견실하게 하고, 금강산·월출산에도 더욱 정성을 들여야 하니, 이는 머리와 꼬리가 중요하기 때문이다. _조선총독부 책, 205쪽

그림 3 운주사의 불상과 석탑(2005. 10.)

조선 후기에 간행된 것이기에 도선국사가 지은 것으로 믿기는 어렵지만, 왕건의 훈요십조訓要十條에 나오는 정신과 일맥상통한다. 그런데 이와 관련된 절이 있으니, 전남 화순에 있는 운주사가 그곳이다. 이 절은 도선국사가 창건하여 도력으로 하룻밤 사이에 천불천탑을 세웠다고 전해진다.[그림 3] 이것은 아마 위의 기록과 연관된 전설로 보인다. 이에 따라 운주사雲住寺란 명칭 대신에 풍수와 관련되어 운주사運舟寺로 쓰기도 했다. 1980년대에 전남대학교에서 발굴해보니 고려 말에서 조선 초기에 크게 번창했던 사찰로 확인되었다.

이곳에 가면 다양한 탑과 불상을 둘러볼 수 있다. 누워 있는 불상처럼 다른 곳과 전혀 달리 정제되지 않은 특이한 모습들이다. 그러기에 민중 신앙의 성지처럼 여겨지기도 한다. 천불천탑이 있다는 이곳에 지금은 석탑 17기, 석불 80여 기만 전해진다. 이처럼 중요한 지점에 절이나 탑을 세우는 이유는 다음 글을 통해 이해할 수 있다.

고려의 중 굉연이 '도선 전기'를 지었는데, 거기에서 "처음에 도선은 당나라에 들어가서 일행에게 배웠다. 일행이 삼한의 산수 그림을 보고 말했다. 사람에게 병이 있으면 혈맥을 찾아 침을 놓거나 뜸질을 하면 병이 낫는다. 산천의 병도 이와 마찬가지다. 절을 세우거나 부처를 세우고 탑을 세우는 것은 마치 사람에게 침을 놓는 것과 같다. 이것을 이름하여 비보裨補라고 한다"고 적었다. 뒤에 도선은 비보로 500사찰을 세웠다고 한다. 지금 돌부처나 절이 곳곳에 있는 것은 대개 그때에 세운 것이다. _『지봉유설』 외도부, 선문禪門

이 말처럼 그 많은 사찰과 불상을 도선이 세웠을 리는 없다. 오래되었다는 사찰은 거의 의상 아니면 원효가 창건했다는 설이 전해지는 것과 같다.

조선시대에 들어서면서 유학자들은 풍수설을 비판하기 시작한다. 지리설 무용론은 고려시대의 사상 논리를 극복하기 위한 것이요, 성리학의 중요성을 강조하려는 것이었다. 다음은 어효첨이 세종에게 아뢴 말이다.

(중국의) 삼대 이후에 장안에 도읍한 사례로는 서한이 햇수로 214년간이고, 서위·후주와 수나라 고조가 각각 20여 년씩이고, 당나라가 290년에 이르렀습니다. 낙양에 도읍한 사례로는 동한이 햇수로 196년, 조위와 서진은 40~50년씩이고, 수나라 양제는 겨우 13년입니다. 또 건강建康, 중국 장쑤성에 도읍한 사례로는 동진이 햇수로 105년이고, 송·제·양·진은 50~60년 내지 20~30년이며, 변경汴京에 도읍한 사례로는 오대시

기에 더욱 단명하여 10여 년 내지 4년에 그쳤고, 조씨趙氏의 송나라는 167년입니다.

이로 보건대 도읍한 땅은 같으면서 국운의 장단이 같지 않으니, 어찌 이와 같은 일이 발생하는 것입니까? 신이 풍수지리와 무관하다고 아뢰는 것은 이 때문입니다. 그런데 우리 서울에서 성 북쪽 길을 막으면 복이 되고 통하면 화가 되며, 성 안의 산기슭을 흙으로 돋우면 길하고 돋우지 않으면 흉하다고 말하니, 유교 경전의 어느 옛 일에 근거한 것입니까. _세종실록 26년(1444) 12월 21일

동일한 땅에 도읍했는데도 국가의 운명이 달랐던 역사적 사실을 들어 풍수설을 비판하고 있다. 다음도 왕에게 아뢰면서 풍수설을 비판한 대목이다.

우리나라는 땅이 좁은데, 서울을 둘러싼 4산 아래를 침범한 집을 많이 철거하기까지 하니, 이는 풍수설에 현혹되어서 그런 것입니다. … 개성부는 500년 동안 고려의 도읍지였기에 왕릉이 많은 편이지만 산 하나만을 사용했습니다. 그래서 지금까지 그곳을 능동陵洞이라 부르고 있습니다. 또한 중원 땅에는 구릉이 많지 않은데 어찌 청룡과 백호를 선택하겠습니까. 대개 화와 복은 여기에서 말미암는 것이 아니니, 바람 없고 양지바른 곳을 선택할 뿐이며 풍수설에 현혹되어서는 안 됩니다. _명종실록 3년(1548) 2월 8일

집안에서도 풍수설을 믿지 말라고 자손에게 훈시했으니, 이원익

1547~1634의 당부가 그러하다.

아버지에서 아들로 아들에서 손자로 기운이 서로 전해진다. 그러므로 살아서는 한 집안에 있기를 바라고 죽어서는 같은 선영에 묻히기를 바라니, 이것이 천리와 인정으로 보아도 자연스러운 것이다. 그런데 세상 사람들은 풍수에 얽매여 선영이 아니라 다른 곳에서 무덤 자리를 잡는 일이 허다하다. 설사 풍수설이 믿을 만하다고 해도, 이는 조상을 버리고 복을 구하는 것이니, 신이 반드시 돕지 않을 것이다. 하물며 그 설이 본래 허무맹랑하여 아무 근거도 없는 것임에서랴. _『오리집』 보유편, 서시자손書示子孫

그러나 풍수는 쉽게 사그라지지 않았다. 솔선수범을 보여야 할 궁궐에서도 그 명맥은 꾸준히 이어졌다. 창경궁 안에 있는 문정전을 수리하면서 광해군이 지시한 내용이다.

동향으로 개조하면 편리하고 마땅할 듯하니, 속히 시문룡과 성지 등의 술관術官, 풍수 담당 관리들에게 물어서 보고하도록 하라. _광해군일기 7년(1615) 11월 11일

서울은 풍수상 명당자리로 알려져 있다. 주산인 북악산이 뒤를 받쳐주고, 청룡인 낙산과 백호인 인왕산이 좌우로 감싸며, 남쪽으로는 가까이 남산안산과 멀리 관악산조산이 보호하고 있고, 외수外水인 한강과 내수인 청계천이 젖줄을 이루고 있다. 다만, 낙산이 인왕산보다 산세가 약

그림 4 흥인지문 현판(2014. 8.)

그림 5 숭례문 현판(2005. 5.)

하다고 해서 동대문 현판에 '흥인지문興仁之門'이라 해서 '지之'를 넣어 보완했다.그림 4 '지' 자가 산줄기와 비슷한 모습이기 때문이다. 또 남대문 현판은 세로로 세워놓았으니,그림 5 이것은 관악산 화기火氣가 들어오지 못하도록 막기 위한 것이라고 한다. 남대문 밖에는 남지南池라는 연못이 있어 불에 상극인 물을 가두어두었다. 또 동남쪽에 문이 트여서는 안 된다는 풍수가의 말을 받아들여 남소문을 없앴고, 남녀 간의 음란한 풍기를 막는다고 북쪽 정문인 숙정문을 닫아버렸다고 전한다.그림 6

평양은 배의 형상을 하고 있어서 우물을 파지 않았다고 한다. 우물을 파면 배에 구멍을 뚫는 형국이 되기 때문이란다. 제주도 성읍 마을도 역시 그런 이유 때문에 우물이 없다고 한다.

그렇지만 조선시대에는 이러한 양택보다 개인의 발복을 중심으로 하는 음택 선정에 집중되었다. 국가 풍수에서 개인 풍수로 전환한 것이다. 세종대왕릉은 다른 왕릉과 달리 도성에서 멀리 떨어진 여주에 있다. 최근에 첫 매장지로 전해지던 국정원 경내의 무덤을 발굴해보니, 조선시대의 다른 사람 무덤으로 밝혀졌다. 이리하여 원위치를 알 수 없

그림 6 숙정문(2007. 11.)

게 되었지만, 처음 묻힌 곳이 터가 좋지 않다고 해서 현재 위치로 옮긴 것이다. 다음은 원주목사가 상소한 글이다.

신이 저으기 영릉의 장지를 상고해보니, 처음에는 광주 대모산 아래에 있다가 그 뒤에 여주로 옮겼으니, 그 당시 개장에 대한 논의들이 필시 나라 역사책에 자세히 기록되어 있을 것입니다. 무슨 이유로 옮겼는지는 모르겠으나 전해오는 소문에 따르면, 영릉에 처음 장례를 지낸 뒤로 문종의 재위가 짧았고 노산군[단종]이 양위하였으며, 6명의 대군들이 잇따라 일찍 죽는가 하면 덕종[성종 아버지]이 또 오래 살지 못하였으므로, 당시에 모두 대모산의 무덤 자리가 불길하다고 탓했기 때문에 마침내 개장하기로 결단했다고 합니다. 이리하여 예종 1년[1469]에 여주로 옮겼는데, 여주는 풍수상으로 국가 능묘 중에서 첫째로 일컬어지는 곳입니다.

그림 7 정조 첫 왕릉터(2009. 5.)

_인조실록 8년(1630) 2월 4일

정조의 무덤인 건릉도 터가 좋지 않다고 해서 아버지 사도세자의 무덤 동쪽 언덕에서 서쪽으로 옮겼다. 지금 융릉 서쪽에 있는 건릉이 그곳이다. 그런데 처음 매장지가 근래에 택지개발지로 편입되면서 효심의 상징 장소인 이곳을 보존해야 한다는 운동이 벌어졌었다.그림 7

건릉 이장지를 화성수원 옛날 향교 터로 정하라고 명했다. … 판부사 김사목은 말하기를 "수원의 옛날 향교 터는 풍수가의 말뿐만 아니라 살펴본 여러 신하들이 너나없이 찬미하였습니다" 하고, … 임금이 "경들의 말이 매우 옳다. 더군다나 상지관相地官, 풍수 보는 관리이 모두 크게 길하여 교하보다 낫다고 하니, 다시 다른 의논이 있겠는가? 옛날 향교 터로

확정하겠다"고 했다. _순조실록 21년(1821) 4월 21일

다시 대한제국 시기에 명성황후의 무덤인 홍릉도 원래는 청량리에 있다가 터가 좋다는 금곡으로 이장했다. 그래서 고종과 명성황후는 금곡에 순종과 함께 묻혀 있으니, 홍유릉이 그곳이다.

왕실에서 이러했으니 양반을 위시한 백성들도 명당자리를 찾는 데에 혈안이 되었다. 박제가1750~1805는 『북학의』1778에 이렇게 적었다. "우리나라에서는 부처나 노자를 숭상하는 것보다 풍수설에 더 빠져 있다. 지관 행세를 하면서 천 리 길을 나서면 어디서든 잘 대접을 받으며 다닐 수가 있을 정도다. 이런 풍조는 전라도 지역이 특히 심해서 열이면 아홉 집이 지관 일을 한다." 다음 글은 이보다 이른 17세기의 상황을 보여준다.

사헌부에서 "… 빈궁과 영달, 화와 복은 본디 천명으로 타고난 것인데 어찌 매장지와 연관되겠습니까? 그런데도 사람들이 무지하여 망령되게 복을 구하고자 감여를 믿어 정신을 좀먹게 합니다. 요즈음 사대부로서 무덤을 이장하지 않은 사람은 열에 두셋도 안 되는데 아랫 백성들도 이를 본받으니, 재산을 갉아먹고 백성을 괴롭히는 것이 불교보다 심합니다. 투장偸葬이 그치지 않고 다툼이 많이 일어나는 것은 지관이 재물을 노려 사람들을 속이기 때문이니, 법을 세워 엄금하지 않을 수 없습니다 …"고 아뢰니, "해당 관청에서 보고한 뒤에 처리하도록 하라"고 했다.

이때에 사대부들이 감여설에 현혹되어 상사를 당하면 크게 길하다는 땅을 꼭 찾아내려고 하였다. 이리하여 지관을 두루 불러들여 양식을 메

고 멀리까지 돌아다니고, 땅을 얻지 못하면 한 달이 넘어도 묻지 않았다. 힘 있는 자는 백성의 경작지를 빼앗거나 남의 집을 훼손하기도 한다. 또 불운하여 소망을 이루지 못하면, 조상의 장지가 좋지 않다고 탓하며 이장을 어지럽게 한다. 유식한 사람이라도 속된 풍속에서 스스로 벗어나지 못하여, 사헌부에서 이렇게 아뢴 것이다. 해당 관청에서 다시 심의해서 금지 법령을 정하지 말자고 왕에게 아뢰어 요청했는데, 대개 세속의 풍조에 얽매여서 그렇게 된 것이다. _숙종실록 22년(1696) 3월 4일

18세기 실학자였던 이덕무1741~1793도 다음과 같이 풍자했다.

옛날에 한 풍수쟁이가 한 어리석은 자제를 꾀어서 어느 언덕을 가리키며 "여기가 돼지주둥이 형국이다"고 하고, 앞에 있는 작은 바위를 가리키며 "이것은 돼지 똥의 형국이다. 그러니 돼지주둥이에다 장사 지내면 말로 표현할 수 없을 정도로 부자가 될 것이다"고 하자, 이 어리석은 자제가 과연 그 부모를 장사 지냈다.

아, 세상 사람들이 오직 부자 되기만 바라서 풍수들에게 현혹되니, 조상을 욕되게 하는 부끄러운 일인지를 미처 생각하지 못한다. _『청장관전서』 이목구심서耳目口心書 2

풍수설에 현혹되어 좋은 자리는 매표埋標를 해두었다. 이것은 미리 점찍은 사람이 사발 그릇에 자신의 이름과 날짜, 누구를 모실 자리인가 등을 써서 아래위로 마주 덮어 묻어놓는 것을 말한다. 이 매표를 파내는 것은 무덤을 파내는 것처럼 취급했으나, 실은 법 조문에 없는 것이다.

중국 강남에 표류했던 선비 최두찬1779~1821도 중국과 비교하면서 이렇게 비판했다.

우리나라는 풍수설을 따라서 부모를 장사 지내는 자들이 다른 사람의 무덤가를 빼앗거나 남이 들어와서 장사 치르는 것을 금지한다. 심한 경우에는 이미 장사를 지냈다가도 여러 차례 옮긴다. 그들은 시신이 편안하지 못하여 자손의 화복에 영향을 끼친다고 말한다.

내가 오월吳越, 중국 남방에서 관동關東, 산해관 동쪽까지 이르렀는데, 중국 사람들은 무덤을 밭이나 들판 가운데에 쓰기도 하고, 강이나 호숫가에 쓰기도 하여 산 위에다가 자리 잡지 않는다. 오나라와 월나라 사이에는 명산이 없는 것이 아니고, 연경 이북에는 뭇 봉우리가 없는 것이 아니다. _『승사록』 411쪽

풍수설이 성행하면서 무덤 쓰는 방식도 달라졌다. 조선 전기만 해도 산 아래에서 위로 올라가며 무덤을 조성하는 일이 많았다. 파주에 있는 율곡 집안의 묘소만 봐도 율곡 부부가 부모보다 위에 묻혀 있다. 그러나 조선 후기에는 이런 것을 역장逆葬이라 해서 금기시했다. 후손이 감히 조상의 머리에 올라갈 수 없는 데다가, 이럴 경우에 위에서 내려오는 땅의 기운을 후손이 차단하는 것으로 생각했다. 자연히 무덤은 위에서 아래로 내려가며 쓰게 되었다.

또 명당 자리에는 몰래 묻는 투장도 이루어졌다. "기생방과 묘지는 나중에 들어간 자가 주인이 된다"는 속설이 조선시대에 널리 유포되어 있었다. 그래서 자리가 좋다고 하는 남의 무덤 자리를 침범하여 새로

무덤을 쓰게 되면 지금까지의 기운을 독점할 수 있다고 믿었다. 그러나 이 또한 속설에 불과한 것이다. 정약용은 이렇게 비판했다.

"나중에 들어간 자가 주인이 된다"는 말은 법전에 보이지 않는다. 묘지 문제로 송사하는 집에서 흔히 "나중에 들어간 자가 주인이 된다"고 말하는데, 근래에는 수령들 역시 이렇게 말한다. 시골의 몽매한 선비들은 이 말을 성현의 경전처럼 외우고 법전인 양 끌어댄다. 그러나 실은 협잡배들의 못된 말이다. 속담에 "기생과 무덤은 나중에 들어간 자가 주인이 된다"고 하는데, 대개 이 말이 유포되어서 그런 듯하다. _『목민심서』 형전, 청송聽訟 하

이런 속설이 널리 퍼짐에 따라 심지어 왕릉 주위에도 몰래 무덤을 쓰는 일이 자주 벌어졌다. 다음은 고려 태조 왕건릉 주변에 투장한 것을 적발한 사례다.

경기감사가 조사해서 숭의전崇義殿 고려 왕들의 사당 근처에 투장한 것이 2기이고, 송도의 태조릉 근처에 투장한 것이 170기에 이른다고 아뢰었다. 이에 거리의 원근에 따라 무덤을 평평하게 만들거나 그대로 두거나 이장시키기를 예조에서 요청하였다. _현종실록 1년(1660) 10월 7일

자연히 무덤 자리를 두고 싸움이 자주 벌어졌다.

사간원에서 "부산첨사를 지낸 이저가 매장지를 다투어, 상복을 입은 채

직접 몽둥이를 들고 사람을 때렸으며, 심지어 다른 사람의 무덤을 파내기까지 했으니, 일이 매우 놀랍습니다. 붙잡아 심문하소서" 하고 아뢰니, 임금이 따랐다. _현종개수실록 2년(1661) 11월 29일

필자 집안에서 묘를 이장할 때에 보니, 겉은 멀쩡한데 안에 물이 들어차 있고, 그 반대로 겉은 보잘것없는데 안은 아주 좋은 경우가 있었다. 이러니 아무리 지관이라도 땅속을 어찌 제대로 알 수 있겠는가? 앞서 말한 도선의 무덤만 봐도 그렇다. 순조의 무덤 자리를 잘못 잡았다가 징벌을 받은 사례다.

대왕대비가 "산릉에 흙빛이 흡족하지 않고 뇌석腦石이 깨져 상할 염려가 있다 하니, 작업을 즉시 중지하고 총호사摠護使, 국상을 총괄하는 벼슬 이하가 다시 길한 땅을 찾아보도록 하라"고 지시하고, 또 "상지관 이시복을 격식을 갖추어 잡아 와서 가두도록 하라"고 지시했다. _헌종실록 1년(1835) 2월 29일

흥선대원군이 아버지 남연군의 무덤을 잘 옮긴 바람에 아들이 왕위에 오를 수 있었다고 전해진다. 지금 충남 덕산에 있는 묘소를 가보면 문외한이라도 명당자리인 것을 느낄 수 있다.그림 8 대통령을 꿈꾸는 사람들이 조상 무덤을 옮겼다는 얘기는 가끔 들어보았을 것이다. 이처럼 아직도 무덤을 잘 써서 조상 덕을 보겠다는 생각을 떨쳐버리지 못한다. 조선시대에 유행한 풍수의 폐단이 아직도 살아 있는 것이다.

서양의 한 서점에 들렀다가 풍수Feng-Sui에 관한 책들이 한곳에 진열되어 있는 것을 보고서 서양에서도 관심이 많은 것을 알게 되었다. 싱

그림 8
남연군 묘(2001. 4.)

가포르에서는 지금도 풍수에 따라 건물을 짓는다. 싱가포르 1달러짜리 동전이 팔각형을 이루는 것도 풍수설 때문이라고 한다. 지하철 공사로 용의 혈맥을 끊게 되면 국운에 큰 타격이 올 것이고, 그렇게 되지 않으려면 모든 싱가포르 사람들이 팔괘八卦를 지니게 해야 한다는 스님의 말을 듣고 마침내 그 해결책으로 동전을 팔각형으로 만들었다는 것이다. 동전은 누구나 가지고 있게 마련이기 때문이다.

본래의 풍수는 아직도 우리 생활에 유용하다. 풍수의 본질이 자연과의 조화를 추구한다는 점에서 그렇다. 이미 20년이 넘은 일이지만 서울대학교 지리학과에 풍수를 연구하는 교수가 부임한 적이 있었다. 그 교수의 발표회에서 스스로 경험하고 느끼는 것을 어떻게 학문적으로 풀어내느냐 하는 문제를 두고 쟁론이 벌어진 적이 있었다. 그렇지 못할 경우에 풍수론은 학문이 아니라는 말까지 나왔다. 결국 그 교수는 학교를 떠나고 말았으니, 그 후에 오히려 사회적으로 풍수에 대한 열풍이 불어 대중적인 인기를 끌었던 기억이 있다.

참고 자료

프롤로그

『경도잡지』(유득공 저); 이석호 옮김, 『朝鮮歲時記』 東文選, 1991.

『고려도경』(서긍 저); 한국고전번역원 홈페이지.

『고려사』; 누리미디어·동방미디어 홈페이지.

『봉사일본시견문록』(조명채 저, 『해행총재』 수록); 한국고전번역원 홈페이지.

『북사(北史)』(이연수 저).

『사기(史記)』(사마천 저).

『삼국사기』(김부식 저); 동방미디어 홈페이지.

『삼국유사』(일연 저); 동방미디어 홈페이지.

『삼국지(三國志)』(진수 저).

『성호사설』(이익 저); 한국고전번역원 홈페이지.

『쇄미록』(오희문 저); 이민수 역, 『쇄미록』 상·하, 해주오씨추탄공파종중, 1990.

『승정원일기』; 국사편찬위원회 홈페이지.

『여유당전서』(정약용 저).

『연행일기』(김창업 저, 『연행록선집』 수록); 한국고전번역원 홈페이지.

『열하일기』(박지원 저); 한국고전번역원 홈페이지.

『예기』.

『오주연문장전산고』(이규경 저); 한국고전번역원 홈페이지.

『익재난고』(이제현 저); 한국고전번역원 홈페이지.

『제왕운기』(이승휴 저).

조선왕조실록; 국사편찬위원회 홈페이지.

『지봉유설』(이수광 저); 이종술 등 역, 『지봉집, 지봉유설』 한국의 사상대전집 19, 동화출판공사, 1977.

『탐라문견록』(정운경 저); 정민 옮김, 『탐라문견록, 바다 밖의 넓은 세상』 휴머니스트, 2008.
『해동잡록』(권별 저, 『대동야승』 수록); 한국고전번역원 홈페이지.
『해유록』(신유한 저, 『해행총재』 수록); 한국고전번역원 홈페이지.

가린-미하일롭스키 저, 『러시아인이 바라본 1898년의 한국, 만주, 랴오둥반도』 동북아역사재단, 2010.
국립중앙박물관, 『조선시대 풍속화』 2002.
김광언, 『지게 연구』 민속원, 2003.
김대행, 『웃음으로 눈물 닦기』 서울대학교출판부, 2005.
까를로 로제티 저, 윤종태·김운용 역, 『꼬레아 꼬레아니』 서울학연구소, 1994.
샤를 바라·샤이에 롱 지음, 성귀수 옮김, 『조선기행-백여 년 전에 조선을 다녀간 두 외국인의 여행기-』 눈빛, 2006.
아손 그렙스트, 『스웨덴 기자 아손, 100년 전 한국을 걷다-을사조약 전야 대한제국 여행기-』 책과함께, 2005.
양영조, 「태껸과 태권 사이에는」 『우리는 지난 100년동안 어떻게 살았을까』 1, 역사비평사, 1998.
에릭 비데 지음, 니코비 그림, 최미경 옮김, 『한국의 일상 이야기-어느 프랑스인이 본 처가의 나라 꼬레-』 눈빛, 2003.
에릭 홉스봄 외 저, 박지향·장문석 공역, 『만들어진 전통』 휴머니스트, 2004.
에밀 부르다레, 『대한제국 최후의 숨결』 글항아리, 2009.
엘리자베스 키스·엘스펫 K. 로버트슨 스콧 지음, 송영달 옮김, 『영국화가 엘리자베스 키스의 코리아(1920-1940)』 책과함께, 2006.
이사벨라 버드 비숍 지음, 이인화 옮김, 『한국과 그 이웃나라들』 살림, 1994.
이성무, 『조선시대 당쟁사』 1, 아름다운 날, 2007.
이윤기, 「흥보다가 한 수 배우다」 『내려올 때 보았네』 비채, 2007.
정연식, 『일상으로 본 조선시대 이야기』 1, 청년사, 2001.
제이콥 로버트 무스 지음, 문무홍 외 옮김, 『1900, 조선에 살다』 푸른역사, 2008.
지그프리트 겐테 지음, 권영경 옮김, 『독일인 겐테가 본 신선한 나라 조선, 1901』 책과함께, 2007.
카르네프 외 4인 지음, A.이르게바예브·김정화 옮김, 『내가 본 조선, 조선인: 러시아 장교 조선 여행기』 가야넷, 2003.
퍼시벌 로웰 지음, 조경철 옮김, 『내 기억 속의 조선, 조선 사람들』 예담, 2001.

한국고대사회연구소 편, 『역주 한국고대금석문』 I, 가락국사적개발연구원, 1992.
한국역사연구회, 『조선시대 사람들은 어떻게 살았을까』 1, 청년사, 1996.
한국역사연구회 편, 『역주 나말여초금석문』 상·하, 혜안, 1996.

삶과 죽음

『계곡집』(장유 저).
『고려도경』(서긍 저); 한국고전번역원 홈페이지.
『고려사』; 누리미디어·동방미디어 홈페이지.
『고사기』; 노성환 역주, 『일본 최고의 역사서 고사기』 중, 예전사, 1994.
『과정록』(박종채 저); 박희병 옮김, 『나의 아버지 박지원』 돌베개, 1998.
『규원사화』(북애자 저).
『근재집』(박윤원 저).
『농암집』(김창협 저).
『난중일기』(이순신 저); 노승석 옮김, 『이순신의 난중일기』 동아일보사, 2005.
『논어』.
『대금국지(大金國志)』(우문무소 저).
『동문선』; 한국고전번역원 홈페이지.
『목민심서』(정약용 저); 다산연구회 역주, 『역주 목민심서』 IV, 창작과비평사, 1984.
『목은문고』(이색 저).
『미암일기』(유희춘 저); 담양향토문화연구회, 『미암일기초』 1992.
『북학의』(박제가 저); 안대회 옮김, 『북학의』 외편, 돌베개, 2003.
『삼국사기』(김부식 저); 동방미디어 홈페이지.
『삼국유사』(일연 저); 동방미디어 홈페이지.
『삼봉집』(정도전 저); 한국고전번역원 홈페이지.
『삼산재집』(김이안 저).
『성호사설』(이익 저); 한국고전번역원 홈페이지.
『송와잡설』(이기 저, 『대동야승』 수록); 한국고전번역원 홈페이지.
『쇄미록』(오희문 저); 이민수 역, 『쇄미록』 상·하, 해주오씨추탄공파종중, 1990.
『십청헌집』(김세필 저).
『어우야담』; 박명희 외 역주, 『於于野譚』 1, 전통문화연구회, 2001.
『연려실기술』(이긍익 저); 한국고전번역원 홈페이지.
『열하일기』(박지원 저); 한국고전번역원 홈페이지.

『영고탑지(寧古塔志)』.

『예기』.

『오리집』(이원익 저).

『오주연문장전산고』(이규경 저).

『용재총화』(성현 저); 한국고전번역원 홈페이지『대동야승』.

『일본서기』.

『제왕운기』(이승휴 저).

『장자』.

『조경일록』(김육 저,『연행록선집』 수록); 한국고전번역원 홈페이지.

조선왕조실록; 국사편찬위원회 홈페이지.

『지봉유설』(이수광 저); 이종술 등 역,『지봉집, 지봉유설』 한국의 사상대전집 19, 동화출판공사, 1977.

『청장관전서』(이덕무 저); 한국고전번역원 홈페이지.

『청파극담』(이육 저,『대동야승』 수록); 한국고전번역원 홈페이지.

『태종문황제실록(太宗文皇帝實錄)』.

『표해록』(최부 저); 서인범·주성지 옮김,『표해록』 한길사, 2004.

『한국불교전서』(불교문화연구원 저).

『한수재집』(권상하 저).

『화담집』(서경덕 저).

『회남자』(유안 저).

강우방·김승희,『감로탱』 예경, 1995; 증보판, 2000.

국립역사민속박물관,『銅鐸の美』 毎日新聞社, 1995.

국립중앙박물관 외,『단원 김홍도: 탄신 250주년 기념 특별전』 삼성문화재단, 1995.

권오영,「순장을 통해 본 고대사회」『역사비평』 1993년 여름호.

김경숙,「기제사와 묘제」『조선시대 생활사』 2, 역사비평사, 2001.

김경숙,『조선의 묘지 소송』 문학동네, 2012.

김상보,『조선시대의 음식문화』 가람기획, 2006.

김영식,『주희의 자연철학』 예문서원, 2005.

김헌선,『한국의 창세신화-巫歌로 보는 우리의 신화-』 길벗, 1994.

로베르 플라실리에르 지음, 심현정 옮김,『고대 그리스의 일상생활-페리클레스 시대-』 우물이 있는 집, 2004.

마르코 폴로 저, 김호동 역주, 『마르코 폴로의 동방견문록』 사계절, 2000.

Mercedes de la Garza, *The Mayas: 3000 Years of Civilization*, Monclem Edicions & Bonechi, 1999.

문화재청 편, 『한국의 초상화』 2007.

박성래, 『한국사에도 과학이 있는가』 교보문고, 1998.

백성현·이한우, 『파란 눈에 비친 하얀 조선』 새날, 1999.

샤를 바라·샤이에 롱 지음, 성귀수 옮김, 『조선기행-백여 년 전에 조선을 다녀간 두 외국인의 여행기-』 눈빛, 2006.

송기호, 「발해의 '다인장'에 대한 연구」 『한국사론』 11, 서울대학교 국사학과, 1984.

신동원, 『조선사람의 생로병사』 한겨레신문사, 1999.

신명호, 『조선 왕실의 의례와 생활』 돌베개, 2002.

신지영·이준정, 「인골 추출 콜라겐의 탄소·질소 안정동위원소 분석을 통해 본 경산 임당 유적 고총군 피장자 집단의 식생활」 『한국고고학보』 70, 2009.

아손 그렙스트 지음, 김상열 옮김, 『스웨덴 기자 아손, 100년 전 한국을 걷다-을사조약 전야 대한제국 여행기-』 책과함께, 2005.

양관 저, 장인성 외 역, 『중국역대 능침제도』 서경문화사, 2005.

에릭 비데 지음, 니코비 그림, 최미경 옮김, 『한국의 일상 이야기-어느 프랑스인이 본 처가의 나라 꼬레-』 눈빛, 2003.

Eugen Strouhal, *Life of Ancient Egyptions*, The American University in Cairo Press, 1996.

이사벨라 버드 비숍 지음, 이인화 옮김, 『한국과 그 이웃나라들』 살림, 1994.

이와무라 시노부(岩村忍), 『元朝秘史』 中央公論社, 1963.

이이화, 『이이화의 역사풍속 기행』 역사비평사, 1999.

자크 제르네 지음, 김영제 옮김, 『전통중국인의 일상생활』 신서원, 1995.

제이콥 로버트 무스 지음, 문무홍 외 옮김, 『1900, 조선에 살다』 푸른역사, 2008.

조선총독부, 「도선국사실록」 『조선사찰사료』 상, 1911.

주영하, 『그림 속의 음식, 음식 속의 역사』 사계절출판사, 2005.

진준현, 「조선시대 회화에 보이는 여성풍속」 『한벽문총』 19, 동방예술연구회 월전미술문화재단, 2011.

최두찬 저, 박동욱 옮김, 『승사록, 조선 선비의 중국 강남표류기』 휴머니스트, 2011.

최인선 외, 『光陽 玉龍寺址』 II, 광양시·순천대학교박물관, 2006.

카르네프 외 4인 지음, A. 이르계바예브·김정화 옮김, 『내가 본 조선, 조선인: 러시아 장교 조선 여행기』 가야넷, 2003.

카르망 베르낭 지음, 장동현 옮김, 『잉카』 시공 디스커버리총서 34, 시공사, 1996.
퍼시벌 로웰 지음, 조경철 옮김, 『내 기억 속의 조선, 조선 사람들』 예담, 2001.
페르낭 브로델 저, 주경철 옮김, 『물질문명과 자본주의』 I-2, 일상생활의 구조 上, 까치, 1995.
펫 테인 엮음, 안병직 옮김, 『노년의 역사』 글항아리, 2012.
하야시 미나오 지음, 이남규 옮김, 『고대 중국인 이야기』 솔, 1998.
한국국학진흥원, 『유교문화박물관』 2006.
허남진 외, 『한국 철학사상 연구자료집』 (미간).
헤로도토스 저, 박광순 옮김, 『歷史』 상·하, 범우사, 제2판, 1996.

사진, 그림 출처

프롤로그

세 대 중 두 대가 커피 판매기; 송기호 사진 (19쪽)

화로에 차 끓이는 장면; 국립중앙박물관, 『조선시대 풍속화』 2002, 236쪽 (25쪽)

낮은 집들 사이에 불쑥 솟은 시골의 아파트; 송기호 사진 (33쪽)

고구려 덕흥리 벽화의 소 수레; 편찬위원회, 『조선유적유물도감』 5, 1990, 169쪽 (37쪽)

진시황릉 출토 수레; 송기호 사진 (38쪽)

지게 진 토우; 국립중앙박물관 사진 (39쪽)

아이를 업고 머리에 인 여인과 지게 진 남자; 국립중앙박물관 소장(중박200812-495 허가); 국립중앙박물관, 『조선시대 풍속화』 2002, 192쪽 (40쪽)

함북 주을의 여인들; 서울대학교박물관 전시 사진 (41쪽)

멕시코인의 물건 운반; 송기호 사진 (42쪽)

아이 업은 아이누인; 송기호 사진 (42쪽)

길거리 풍경; 국립중앙박물관, 『조선시대 풍속화』 2002, 65쪽 (44쪽)

북한산 등산; 송기호 사진 (45쪽)

대표적인 고구려 산성인 백암성; 송기호 사진 (50쪽)

석모도 염전; 송기호 사진 (51쪽)

드라마 '대장금'; 인터넷 자료 (53쪽)

만주족, 즉 과거 여진족의 중심지였던 지린시 쑹화강; 송기호 사진 (59쪽)

추억의 나무빗을 파는 연변의 상인; 송기호 사진 (62쪽)

경복궁 발굴에서 나온 청기와와 황기와; 송기호 사진, 국립중앙박물관 "발굴에서 전시까지(2007)" 특별전 (65쪽)

천리마운동; 인터넷 자료 (66쪽)

조선시대 기록물을 보관하고 있는 규장각; 송기호 사진 (71쪽)

동래온천 길가의 재첩국 장수; 송기호 사진 (78쪽)

안동 입구; 송기호 사진 (82쪽)

안동 하회 마을의 간고등어 식단; 송기호 사진 (83쪽)

해미읍성; 문화재청 자료 (90쪽)

평양감사 향연도; 국립중앙박물관 소장(중박200812-495 허가); 국립중앙박물관, 『조선시대 풍속화』 2002, 45쪽 (92쪽)

압록강변의 북한 풍양리 부근; 송기호 사진 (94쪽)

러시아의 마트료쉬카; 송기호 사진 (96쪽)

베트남의 아오자이; 송기호 사진 (97쪽)

에든버러의 백파이프와 킬트; 송기호 사진 (98쪽)

대쾌도의 태껸 장면; 서울대학교박물관 소장 (99쪽)

아기 업고 머리에 이고; 국립중앙박물관 소장(중박200812-495 허가); 국립중앙박물관, 『조선시대 풍속화』 2002, 132쪽 (102쪽)

물건을 머리에 이고 아기에게 젖 물리는 여인; 최석로 해설, 『민족의 사진첩』 II, 민족의 뿌리, 서문당, 1994, 163쪽 (102쪽)

장례 풍습을 그린 영화 '축제' 포스터; 인터넷 자료 (105쪽)

춤추는 아샨티족 장례식; Ghanaweb 인터넷 자료 (107쪽)

광개토왕비; 송기호 사진 (116쪽)

교산동 마애약사상과 명문; 송기호 사진 (120쪽)

『열하일기』 시작 부분; 규장각 소장; 송기호 사진 (124쪽)

'유명조선국'이 새겨진 비석; 서울역사박물관 야외 전시; 송기호 사진 (125쪽)

천하도지도; 규장각 소장 (126쪽)

삶과 죽음

세티2세 무덤의 태양 표현; 송기호 사진 (131쪽)

이집트의 천지창조 신화; Eugen Strouhal, *Life of Ancient Egyptions*, The American University in Cairo Press, 1996, p.239 (132쪽)

오회분 4호묘의 지상과 천상 세계; 조선일보사, 『집안 고구려 고분벽화』 1993, 40쪽 (135쪽)

성학십도 제1도 (137쪽)

황룡사지; 송기호 사진 (146쪽)

영화 '아일랜드' 포스터; 인터넷 자료 (148쪽)

'페이스 오프'가 현실로; 조선일보 2005. 12. 2. (149쪽)

아담의 창조; 인터넷 자료 (149쪽)

각저총에 그려진 호랑이, 곰; 讀賣テレビ放送 編,『好太王碑と集安の壁畵古墳』木耳社, 1988, 117쪽 (150쪽)

오회분 5호묘의 농사신 염제(신농씨) 모습; 한국방송공사,『고구려 고분벽화』1994, 161쪽 (151쪽)

영화 '매트릭스' 포스터; 인터넷 자료 (161쪽)

나고야 성에서 본 가카라시마; 송기호 사진 (167쪽)

부아암; 이태호,『그림으로 본 옛 서울』서울시립대학교 서울학연구소, 1995, 49쪽 (169쪽)

삼막사 남근석과 여근석; 송기호 사진 (170쪽)

아이를 낳는 산실 풍경; 강우방·김승희,『감로탱』예경, 2010, 194쪽 (171쪽)

나주 완사천 유적; 송기호 사진 (172쪽)

석탑 글씨; 송기호 사진 (173쪽)

우즈베키스탄의 편두 두개골; 송기호 사진 (174쪽)

마야인의 편두; Mercedes de la Garza, *The Mayas: 3000 Years of Civilization*, Monclem Edicions & Bonechi, 1999, p.17 (174쪽)

편두와 발치; 부산박물관,『부산의 역사와 문화』2002, 36쪽 (175쪽)

가족계획 포스터; 국가기록원 전시, 송기호 사진 (178쪽)

진 땅에서 무릎 꿇고 아버지를 대하는 아들; 백성현·이한우,『파란 눈에 비친 하얀 조선』새날, 1999, 227쪽 (179쪽)

일본 어린이가 그린 생선 가게; 국립역사민속박물관,『銅鐸の美』每日新聞社, 1995, 13쪽 (181쪽)

이집트 벽화; 브리티시 뮤지엄 전시, 송기호 사진 (181쪽)

경수연도첩;『서울역사박물관』2002, 55쪽 (182쪽)

칠태부인경수연도; 부산박물관 사진 (182쪽)

독서하는 여인; 서울대학교박물관 소장 (184쪽)

팩차기; 송기호 사진 (190쪽)

퇴계의 활인심방; 한국국학진흥원,『유교문화박물관』2006, 49쪽 (191쪽)

창경궁에서 재현된 영조 오순잔치; 송기호 사진 (193쪽)

고양이와 나비를 그린 황묘농접도; 간송미술관 소장; 국립중앙박물관 외 편,『단원 김홍도』삼성문화재단, 1995, 193쪽 (196쪽)

최영 장군 묘; 송기호 사진 (200쪽)

안동 권씨 족보; 서울신문 2009. 7. 8. (202쪽)

윌리엄 브로디 소개; 송기호 사진 (205쪽)

개성 만월대와 송악산; 국립문화재연구소 발굴 자료 (211쪽)

박문수 초상; 문화재청 편,『한국의 초상화』2007, 103쪽 (214쪽)

황희 초상; 국립춘천박물관 전시; 송기호 사진 (216쪽)

영화 '도쿄 택시'에서; 인터넷 자료 (221쪽)

마을과 무덤이 어우러진 모습; 서울대학교박물관 유리건판 사진 (222쪽)

호환 장면; 강우방·김승희,『감로탱』예경, 1995, 62쪽 (223쪽)

복원된 무령왕릉의 지석; 국립공주박물관 전시, 송기호 사진 (228쪽)

시묘살이 기사; 중앙일보 2010. 5. 9. (231쪽)

윤관 장군 묘소; 송기호 사진 (235쪽)

시왕도의 한 부분; 송기호 사진 (237쪽)

이집트의 사후 심판; 카이로박물관 소장; 송기호 사진 (238쪽)

지옥 모습; 강우방·김승희,『감로탱』예경, 1995, 114쪽 (239쪽)

이집트 '태양의 배'; 송기호 사진 (240쪽)

망자 배송도; 조선화보사 출판부,『조선고분벽화』조선화보사, 1985, 그림 109 (241쪽)

고깔모자 쓴 스키타이 사신; 송기호 사진 (242쪽)

우드헨지; 송기호 사진 (244쪽)

아즈텍의 인신 공양; 인터넷 자료 (245쪽)

무덤 주인공 주위의 순장자들; 中国社会科学院考古研究所安阳工作队,「河南安阳市殷墟王裕口村南地2009 年发掘简报」『考古』2012-12, 도판 2 (246쪽)

제사 구덩이의 희생자들; 中国社会科学院考古研究所安阳工作队,「河南安阳市殷墟王裕口村南地2009 年发掘简报」『考古』2012-12, 도판 1 (247쪽)

순장된 가야 처녀의 복원; 국립가야문화재연구소 보도자료 (249쪽)

지산동 73호분 발굴 모습; 송기호 사진 (250쪽)

주인공 발치의 순장자; 국립대구박물관,『압독 사람들의 삶과 죽음』2000, 36쪽 (251쪽)

연꽃에서 새로 태어나는 사람; 고구려 장천1호분 벽화 (252쪽)

일본의 하니와; 동경국립박물관 전시; 송기호 사진 (253쪽)

왕릉과 고령 시가지; 송기호 사진 (260쪽)

기자 피라미드, 오른쪽이 쿠푸 왕 피라미드; 송기호 사진 (262쪽)

종묘의 제기; 국립고궁박물관 전시; 송기호 사진 (265쪽)

예천 권씨 종택의 소반들; 송기호 사진 (267쪽)

동래 정씨 사당; 송기호 사진 (271쪽)

타이완 공자 사당의 신주; 송기호 사진 (273쪽)

한·중 제사 차이; 중앙일보 2014. 7. 8. (274쪽)

전동성당의 윤지충 순교상; 송기호 사진 (279쪽)

도선국사 석관; 최인선 외, 『光陽 玉龍寺址』 II, 광양시·순천대학교박물관, 2006, 도판 (280쪽)

도선국사 초상화; 국립중앙박물관 전시; 송기호 사진 (281쪽)

운주사의 불상과 석탑; 송기호 사진 (285쪽)

흥인지문 현판; 송기호 사진 (289쪽)

숭례문 현판; 송기호 사진 (289쪽)

숙정문; 송기호 사진 (290쪽)

정조 첫 왕릉터; 송기호 사진 (291쪽)

남연군 묘; 송기호 사진 (297쪽)